国家出版基金项目
NATIONAL PUBLICATION FOUNDATION

"一带一路"沿线国家教育政策法规研究丛书

格鲁吉亚、亚美尼亚、阿塞拜疆、摩尔多瓦

教育政策法规

主编 / 张德祥 李枭鹰

编译 / 薄云　李枭鹰　甘孝波　李复辰　李琮　董婷婷

大连理工大学出版社
Dalian University of Technology Press

图书在版编目(CIP)数据

格鲁吉亚、亚美尼亚、阿塞拜疆、摩尔多瓦教育政策
法规 / 薄云等编译. — 大连：大连理工大学出版社，
2020.11

("一带一路"沿线国家教育政策法规研究丛书 /
张德祥，李枭鹰主编)

ISBN 978-7-5685-2715-6

Ⅰ.①格… Ⅱ.①薄… Ⅲ.①教育政策－格鲁吉亚②
教育政策－亚美尼亚③教育政策－阿塞拜疆④教育政策－
摩尔多瓦 Ⅳ.①D936.021.6②D951.152.16

中国版本图书馆 CIP 数据核字(2020)第 187440 号

GELUJIYA YAMEINIYA ASAIBAIJIANG MOERDUOWA
JIAOYU ZHENGCE FAGUI

大连理工大学出版社出版

地址：大连市软件园路 80 号   邮政编码：116023
发行：0411-84708842   邮购：0411-84708943   传真：0411-84701466
E-mail：dutp@dutp.cn   URL：http://dutp.dlut.edu.cn
上海利丰雅高印刷有限公司印刷   大连理工大学出版社发行

幅面尺寸：185mm×260mm   印张：16   字数：336 千字
2020 年 11 月第 1 版   2020 年 11 月第 1 次印刷

责任编辑：白　璐   责任校对：王凌翀
封面设计：奇景创意

ISBN 978-7-5685-2715-6   定　价：112.00 元

总 序

共建"一带一路"是中国提出的伟大倡议,也是中国与"一带一路"沿线国家的共同愿望。"一带一路"倡议出自中国,却不只属于中国,而属于"一带一路"沿线所有国家,乃至全世界。中国是"一带一路"的倡导者和推动者,沿线所有国家是"一带一路"的共商者、共建者和共享者。

为推进共建"一带一路"伟大倡议,让古丝绸之路焕发新的生机与活力,以新的形式使亚欧非各国联系更加紧密,互利合作迈向新的历史高度,中国政府于 2015 年 3 月 28 日发布了《推动共建丝绸之路经济带和 21 世纪海上丝绸之路的愿景与行动》,强调"一带一路"是促进共同发展、实现共同繁荣的合作共赢之路,是增进理解信任、加强全方位交流的和平友谊之路。中国政府倡议,秉持和平合作、开放包容、相互借鉴、互利共赢的理念,全方位推进务实合作,打造政治互信、经济融合、文化包容的利益共同体、命运共同体和责任共同体。

为贯彻落实《推动共建丝绸之路经济带和 21 世纪海上丝绸之路的愿景与行动》,2016 年 7 月 13 日中华人民共和国教育部牵头制定了《推进共建"一带一路"教育行动》。该文件指出,推进共建"丝绸之路经济带"和"21 世纪海上丝绸之路",为推动区域教育大开放、大交流、大融合提供了大契机。"一带一路"沿线国家教育加强合作、共同行动,既是共建"一带一路"的重要组成部分,又为共建"一带一路"提供人才支撑。中国愿与沿线国家一道,扩大人文交流,加强人才培养,共同开创教育的美好明天。

自共建"一带一路"倡议提出至 2019 年 8 月底,已有 136 个国家和 30 个国际组织与中国签署了 195 份共建"一带一路"合作文件。"一带一路"是一个多极的和多文化的世界,无论是政治、经济、文化、教育、生态还是种族、民族、宗教、习俗等,不同国家或地区之间存在这样或那样的差异。因此,只有全面了解民间需求与广泛民意、消除误解误判,只有国家的学者、企业家、政府部门、民间组织和民众充分理解各国的国际关系、宗教信仰、历史文化、风俗习惯、法律法规和民心社情,才能更好地推动"一带一路"建设。也就是说,"一带一路"沿线国家建立政治互信、经济融合、文化包容的利益共同体、命运共同体和责任共同体,必须根基于沿线国家间的"文化理解或认同",而这又与教育尤其是高等教育的交流合作密切相关。

　　教育政策法规是了解一个国家教育发展状况和治理水平的重要窗口,是各国之间教育合作交流的基本依据。为此,教育部牵头制定的《推进共建"一带一路"教育行动》呼吁沿线国家"加强教育政策沟通",即通过开展"一带一路"教育法律、政策协同研究,构建沿线各国教育政策信息交流通报机制,为沿线各国政府推进教育政策互通提供依据与建议,为沿线各国学校和社会力量开展教育合作交流提供政策咨询;积极签署双边、多边和次区域教育合作框架协议,制定沿线各国教育合作交流国际公约,逐步疏通教育合作交流政策性瓶颈,实现学分互认、学位互授联授,协力推进教育共同体建设。

　　大连理工大学切实贯彻《推进共建"一带一路"教育行动》的精神,精心谋划和大力支持"一带一路"教育研究。该校原党委书记张德祥教授带领课题组成员克服文本搜集、组建团队、筹措经费等多重困难,充分发挥学校高等教育研究院、"一带一路"高等教育研究中心、中俄暨独联体合作研究中心以及教育部国别和区域研究中心"独联体国家研究中心"的优势和特色,积极参与和服务于"一带一路"的推进和共建,编译"一带一路"沿线国家教育政策法规,并在国内率先开展"一带一路"沿线国家教育政策法规研究,具有很好的教育发展战略意识和强烈的服务国家发展战略的责任感和使命感。中国高等教育学会大力支持这项工作,将"'一带一路'国家高等教育政策法规研究"立项为2016年高等教育科学研究"十三五"规划重大攻关课题,并建议课题组首先聚焦于编译"一带一路"沿线国家的教育法、高等教育法以及教育中长期发展规划等,及时为国家推进共建"一带一路"教育行动搭建教育政策沟通桥梁。该课题组根据中国高等教育学会专家组的意见,组织力量,编译了这套《"一带一路"沿线国家教育政策法规研究丛书》。作为中国高等教育学界的一名老兵,看到自己的学生们带领国内一批青年学者甘于奉献、不辞辛劳、不畏艰难,率先耕耘在"一带一路"沿线国家教育研究这片土地上,我由衷地感到欣慰。同时,大连理工大学出版社全力支持这套丛书的出版,不遗余力地为丛书的出版工作提供支持,使这套丛书能及时出版发行。最后,我真诚地希望参与这项工作的师生们努力工作,高质量、高水平地把编译成果呈现给"一带一路"的教育工作者。

　　是为序。

潘懋元于厦门大学高等教育研究中心
2019 年 9 月 10 日

前　言

2015 年 3 月 28 日《推动共建丝绸之路经济带和 21 世纪海上丝绸之路的愿景与行动》和 2016 年 7 月 13 日《推进共建"一带一路"教育行动》的相继颁布,将"政策沟通"置于"五通"之首,让我们意识到编译《"一带一路"沿线国家教育政策法规研究丛书》的重要性和紧迫性。对我们来说,承担这一艰巨任务是一种考验,更是一种使命。

2016 年中国高等教育学会组织申报高等教育科学研究"十三五"规划课题,将"'一带一路'背景下我国高等教育国际化研究"列入重大攻关课题指南。我们在这个框架之下组织申报的"'一带一路'国家高等教育政策法规研究",获得了中国高等教育学会专家组的认可和支持,这对我们是极大的鞭策和鼓励。2016 年 11 月,我们认真筹备和精心谋划,参加了中国高等教育学会组织的开题论证工作,汇报了课题的研究设想。听取了专家组的宝贵意见后,我们及时调整了课题研究重心。我们考虑首先要聚焦于编译"一带一路"沿线国家教育政策法规,因为,我们对许多国家的高等教育政策法规还不了解,国内也缺乏这方面的资料。编译这些资料既可以为我们日后的研究打下基础,也可以为其他研究者和部门进行相关研究、制定政策提供基础性的资料和参考。于是,我们调整了工作思路,即先编译,然后再进行研究。同时,考虑到许多国家的高等教育政策法规常常包括在教育政策法规中,我们的编译从"高等教育政策法规"拓展到"教育政策法规",这种转变正好呼应了《推进共建"一带一路"教育行动》中的"政策沟通"。

主编《"一带一路"沿线国家教育政策法规研究丛书》,是一项相当繁重和极其艰辛的工作,其中的酸甜苦辣只有经历了才能体会到。第一,参与共建"一带一路"的国家相当多,截至 2019 年 8 月底,已有 136 个国家和 30 个国际组织与中国签署了共建"一带一路"合作文件。这套教育政策法规研究丛书虽然只涉及其中的 69 个国家,但即使是选择性地编译这些国家的教育法、高等教育法以及中长期教育发展规划等,也需要大量的人力、财力等的支持。第二,不少"一带一路"沿线国家的教育本身不够发达,与之密切关联的教育政策法规通常还在制定和健全之中,我们只能找到和编译那些现已出台的政策法规文本,抑或某些不属于政策法规却比较重要的文献。编译这类教育政策法规时,我们根据实际需要对某些文本进行了适当删减。由于编译这套丛书的工作量很大、历时较长,我们经常刚编译完某些国家旧有的教育政策法规,新的教育政策法规又出台了，我们不得不再次翻译最新的文本而舍弃旧有的文本。如此反反复复，做了不少"无用功"。即便如此，我们依然不敢担保所编译的教育政策法规是最新的。第三，"一带一路"沿线国家或地区的官方语言有 80 多种，涉及非通用语种 70 种（这套教育政策法规研究丛书涉及的 69 个国家，官方语言有 50 多种），我们竭尽全力邀请谙熟非通用语种的人士加盟，但依然还很不够。由于缺乏足够的谙熟非通用语种的人士加盟，很多教育政策法规被迫采用英文文本。在编译过程中，我们发现那些非英语国家的英文文本的表达方式与标准英文经常存在很大的出入，而且经常夹杂着这样或那样的"官方语言"或"民族语言"。这对编译工作是一个极大的挑战和考验，我们做到了尽最大努力去克服和处理。譬如，新西兰是一个特别注重原住民及其文化的国家，其教育政策法规设有专门的毛利语教育板块，因而文本中存有大量的毛利语。为了翻译这些毛利语，编译者查阅了大量有关毛利文化的书籍和文献，有时译准一个毛利语词语要花上数十天甚至更长的时间。类似的情况经常碰到，编译者们付出了难以计量的劳动，真诚地希望这套丛书的出版能给他们带来足够的精神上的慰藉。

为了顺利推进研究工作，我们围绕研究目标和研究重点，竭尽全力组建结构合理的研究团队，制订详尽的研究计划，规划时间表和线路图，及时启动研究工作，进入研究状态。大连理工大学积极参与"一带一路"建设，高度重视"一带一路"沿线国家教育研究工作，成立了"'一带一路'高等教育研究中心"、"中俄暨独联体合作研究中心"和教育部国别和区域研究中心"独联体国家研究中心"。大连理工大学、大连外国语大学、大连民族大学、杭州师范大学、广西民族大学、广西财经学院、广西职业技术学院、广西桂林市委党校、南开大学、海南大学、重庆大学、赤峰学院、天津市教育科学研究院等单位的有关专家、学者、教师、学生积极参与此项工作，没有他们的艰辛付出和辛勤劳动，编译工作将举步维艰。这项工作得到了大连理工大学出版社的大力支持，出版社的同志们不畏艰辛、不厌其烦、不计回报，为这套丛书的出版付出了难以想象的汗水和精力。对此，课题组由衷地表示感谢。

张德祥　李枭鹰
2019 年 9 月 8 日

目 录

CONTENTS

格 鲁 吉 亚

格鲁吉亚位于南高加索中西部。北接俄罗斯,东南和南部分别与阿塞拜疆和亚美尼亚相邻,西南与土耳其接壤,西邻黑海。海岸线长 309 千米。亚热带海洋性气候,1 月平均气温 3～7℃,8 月平均气温 23～26℃。面积 6.97 万平方公里,人口372.35 万(2020 年 1 月)。

首都是第比利斯,人口 117.11 万。主要民族为格鲁吉亚族(占 86.8%),其他民族有阿塞拜疆族、亚美尼亚族、俄罗斯族及奥塞梯族、阿布哈兹族、希腊族等。官方语言为格鲁吉亚语,居民多通晓俄语。全国由首都第比利斯、9 个大区、1 个自治州(南奥塞梯)、2 个自治共和国(阿布哈兹、阿扎尔)组成。

公元前 6 世纪,在现格鲁吉亚境内建立了奴隶制的科尔希达王国。公元 4～6 世纪建立封建国家。公元 6～10 世纪基本形成格鲁吉亚族。公元 8～9 世纪初建立卡赫齐亚、爱列京、陶-克拉尔哲季封建公国和阿布哈兹王国。19 世纪初,格鲁吉亚被沙皇俄国兼并。1918 年 5 月 26 日成立格鲁吉亚民主共和国。1921 年 2 月 25 日成立格鲁吉亚苏维埃社会主义共和国。1922 年 3 月 12 日加入外高加索苏维埃社会主义联邦共和国,同年 12 月作为该联邦成员加入苏联。1936 年 12 月 5 日,格鲁吉亚苏维埃社会主义共和国正式成为苏联加盟共和国。1990 年 11 月 4 日发表独立宣言,定国名为"格鲁吉亚共和国"。1991 年 4 月 9 日正式宣布独立。1995 年 8 月 24 日通过新宪法,定国名为"格鲁吉亚"。

2019 年,格鲁吉亚 GDP 为 177 亿美元,同比增长 0.6%,外贸总额 128.3 亿美元,同比增长 2.7%,贸易逆差 53.1 亿美元。

注:以上资料数据参考依据为中国外交部官方网站格鲁吉亚国家概况(2020 年 10 月更新)。

格鲁吉亚普通教育法

第一章　一般规定

第一条　格鲁吉亚与普通教育领域有关的法律和本法的适用范围

1. 格鲁吉亚与普通教育领域有关的法律包括《格鲁吉亚宪法》、宪法协定、国际协定和条约、本法,以及其他主要和次要法律。

2. 本法规定了开展普通教育活动的条件,规定了对普通教育进行管理和资助的原则和程序,规定了所有普通教育机构的等级划分、设立、运作、重组、清算、授权和认证的规则,规定了普通教育机构开展教学活动的条件和程序。

第二条　术语释义

1. 授权:获得设立普通教育机构资格的程序,旨在确保达到开展适当活动、颁发国家承认的教育文件所必需的标准。

2. 认证:确定普通教育机构的教育计划是否符合认证标准的程序,旨在引入普通教育机构的系统性自我评估,完善质量保障机制,提高教育质量。

3. 品牌化:根据格鲁吉亚教育和科学部所确定的标准而建立的个别学校评估制度。在学校品牌建设过程中,获得认证的教育计划将得到最高评分。

4. 辅助性个人工作:为实现国家课程所设立的目标,教师在国家和学校所规定的课程(学时)之外进行的课外工作。

5. 学校校长的道德守则:关于学校校长的一套行为准则。

6. 违纪行为:违反普通教育机构的内部规定的行为。

7. 纪律调查:普通教育机构为确定学生或教师的违纪行为而采取的一系列措施。

8. 纪律处分:根据普通教育机构的内部规定,确定违纪行为影响程度的举措。

9. 国家资格框架:综合格鲁吉亚基础和中等普通教育所有适用资格的文件。

10. 国家课程:对各级普通教育的教学时间分配的规范、对教育环境所需条件和建议的汇总、学生必要的学习任务、学生在完成各层次教育后必须获得的成绩(技能和知识)清单以及如何获得这些技能和知识的相关说明文件。

11. 国家课程提供的补充教育服务:公立学校根据学校课程,在国家课程所列科目的最大学时数目内提供的服务。

12. 国家课程未提供的补充教育、辅导服务:公立学校根据国家课程提供的、未列入辅导课程和国家课程科目的教育和辅导服务。

13.国家评估制度:国家采用的一套用来检查学生成绩是否符合国家课程所规定的成绩水平以及达到这些水平的可行性的制度。

14.外部学习(实习)规则:独立完成普通教育计划的学生获得相关证明的国家文件的规则。

15.学券:国家为资助学生接受普通教育,以有形和无形的形式发放给学生的可兑现的金融工具。

16.普通教育:为职业和公共生活而开展的针对格鲁吉亚公民的教育和培训。格鲁吉亚完整的普通教育体系为12年学校教育。

17.普通教育的国家目标文件:根据本法确定的、适用于本国普通教育制度目标的文件。普通教育的国家目标文件是制定国家课程的基础,是普通教育制度的基本指标。格鲁吉亚政府应根据格鲁吉亚教育和科学部部长的建议通过普通教育的国家目标文件,并提交格鲁吉亚议会批准。

18.普通教育体系:格鲁吉亚完整的普通教育体系由三个层次组成:初等教育(6年)、基础教育(3年)和中等教育(3年)。

19.普通教育制度:包括国家课程、学校课程、实施这些课程的普通教育机构以及确保接受普通教育的国家机构和公法人的结合体。

20.普通教育机构、学校:按照格鲁吉亚教育和科学部部长规定的方式获得授权,根据国家课程开展普通教育活动,并且至少完全覆盖一个层级普通教育的公法人或私法人。

21.普通教育机构的行政和财务自主权:以公立学校的董事会、行政部门、教师委员会、学生自治机构、纪律委员会、上诉委员会及其他机构等为代表的普通教育机构的自治权。

22.已删除。

23.自我评估:检查学校正在进行的教育过程是否符合普通教育的国家目标文件、国家课程的规定以及格鲁吉亚教育和科学部制定的国家课程普通教育机构标准。学校、教师、学生和家长应参与该自我评估过程。

24.全纳教育:具有特殊教育需求的学生与同龄人一起接受普通教育。

25.资本支出:用于获得资本资产、战略和特殊用品、货物、土地、无形资产、建筑物和构筑物、机械设备、器材、车辆和其他固定资产的资金,以及用于维修、建设和改造的资金。

26.私立学校:设立为私法人的普通教育机构。

27.班级:根据国家课程和教育机构章程的建议,针对一组学生临时开展普通教育任意层级、为期至少一个学年的集体学习的普通教育机构。

28.教师:符合教师专业标准规定的具有专业知识、技能和资历,且在普通教育机构中至少讲授一门科目的人员。

29.教师职业道德准则:关于教师的一套职业操守准则。

30.教师专业标准:按照本法第二十一条第三项的规定,指所有职位的教师都必须具备的专业责任、知识、技能、价值和资格的清单。

31.初任教师:临时在普通教育机构任教以待取得教师资格的人。

32.普通教育机构学生的流动:根据格鲁吉亚法律和普通教育机构制定的规则,学生在格鲁吉亚国内外自由学习并接受认可和评估的学习过程。

33.已删除。

34.教师职前、专业发展和职业晋升计划:格鲁吉亚政府按照本法规定批准的、基于教师职业标准确定的开启教学生涯、教师评价、专业发展和职业晋升机制的教师专业持续发展计划。

35.学生:根据格鲁吉亚法律入读普通教育机构的人。

36.个性化课程:根据国家课程为具有特殊教育需求的学生设计的课程,是学校课程的一部分。

37.学生行为守则:关于学生的一套行为准则。

38.家长:学生的父母或监护人。

39.教育机构资源官:接受适当的教育,在合同基础上维持公共秩序,无犯罪记录且具有法律能力的格鲁吉亚公民。

40.教育机构资源官道德准则:关于教育机构资源官的各种违纪行为、纪律责任、纪律处分以及形成有关裁判权的程序的一套强制性行为准则。

41.小型学校:囿于当地条件,学生数较少的学校。由格鲁吉亚教育和科学部负责制定小型学校的标准。

42.多语言教育:旨在发展和提高学生不同语言的学习能力的教育,包括在普通教育系统中进行组织研究,以提高学习和使用这些语言的效率。

43.具有特殊教育需求的学生:与同龄人相比学习困难,需要为其修改国家课程,实施个性化课程计划的学生。

44.全纳教育多学科小组(简称多学科小组):通过鉴定和评估残疾儿童的个性化教育需求,为其选择最佳教育类型的专家团队。

45.专家小组:格鲁吉亚教育和科学部内设的、依照本法就未成年人的转交措施申请做出决定的小组。

46.社会工作者:监护和监管机构的被授权人员。

47.寄宿学校:教育过程受到格鲁吉亚教育和科学部部长命令管理的专门教育机构。

48.已删除。

49.教学活动:课内外教师和学生共同进行的活动。

50.试点项目:关于国家课程目标以及在学校实现这些目标的方式方法的可行性研究项目。

51.已删除。

52.学校时间:由学校课程规定的教育过程,以及由学校启动、组织、监管、资助、赞助的其他活动的持续时间。

53.学校课程:按照国家课程规定,指明某一普通教育机构必需的学习负担,根据国家课程确定补充教育服务、国家课程未提供的补充教育和辅导服务的课程以及在学校开展的教育活动。

54.公立学校:设立为公法人的普通教育机构。

55.已删除。

56.已删除。

57.行政管理:学校校长、副校长和会计部门。

58.教师委员会:学校教师的自治团体。

59.董事会:学校自治的最高选举机构。

60.个人搜索:经学校校长授权的人员、持有许可证或在学校校长监督下的教育机构资源官或当局代表,为查明和检取违纪工具、受到违纪行为影响的物品、因违纪行为而获得的财物或宝贵财产,以及确定违纪行为所必需的物品和文件而开展的一项行动。

第三条 普通教育国家政策

1.普通教育国家政策的基本目标:

(1)创造条件把学生培养成为具有民族和全人类共同价值的自由人。

(2)培养学生的智力和身体技能,向学生提供必要的知识,使其建立健康的生活方式,形成基于自由和民主价值观的公民意识,确保学生重视文化价值观,增进对家庭、社会、国家和地区权利和义务的理解。

2.为实现本条第一项所定目标,国家应确保:

(1)所有人开放、平等地接受终身普通教育。

(2)将格鲁吉亚普通教育体系融入国际教育体系。

(3)公立学校有远离宗教和政治协会的自由,私立学校有远离政治协会的自由。

(4)制定包含通过鉴定和评估学习质量对普通教育过程进行总体规划和管理在内的国家评估、国家课程和认证体系。

(5)对普通教育机构的授权和认证采用后勤、软件和人力资源标准。

(6)普通教育机构的行政和财务自主权。

(7)预防普通教育机构的暴力行为。

(8)引入全纳教育。

(9)监管教师职业。

第四条 教学语言

1.普通教育机构的教学语言为格鲁吉亚语,而在阿布哈兹自治共和国则为格鲁吉亚语或阿布哈兹语。

2.如果阿布哈兹自治共和国普通教育机构的指导语言是官方语言之一,则必须强制使用第二种官方语言进行教学。

3.根据格鲁吉亚法律,母语不是格鲁吉亚语的格鲁吉亚公民,应有权利根据国家课程使用母语接受完整的普通教育。在此类普通教育机构中进行官方语言教学和在阿布哈兹自治共和国进行两种官方语言教学都具有强制性。

4.在格鲁吉亚国际协定和条约规定中,普通教育机构的教学语言可能是外语。在此类普通教育机构进行官方语言教学和在阿布哈兹自治共和国进行两种官方语言教学都具有强制性。

5.具有听觉障碍的儿童接受教育的专门学校,应使用手语及类似语言进行教学。

6.具有视觉障碍的儿童接受教育的专门学校,应使用盲文系统进行教学。

第五条 国家课程

1.为实现本法第三条确定的目标,国家应规定必要的学科群、各学科教学时数及其分配情况和所需学习量,并根据对各级普通教育的教育环境所需条件和建议等的汇总制定出国家课程。

如有必要,学校应在国家课程框架内为具有特殊教育需求的学生制定个性化课程。

2.国家课程应制定学生在完成某个年级或教育层级后,每个科目或科目群必须获得的成绩(技能和知识)清单。国家课程还应包括为具有特殊教育需求的学生而制定的个性化课程。

3.国家课程应包括以下学科群:

(1)官方语言。

(2)数学。

(3)外语。

(4)社会研究。

(5)科学。

(6)技术。

(7)美育。

(8)体育。

4.在根据本法第四条第三项开展教学的普通教育机构中,根据本条第三项第一目和第四目所规定的学科群的教学语言应为格鲁吉亚语,而在阿布哈兹自治共和国,教学语言则为格鲁吉亚语或阿布哈兹语。

5.所有普通教育机构都必须遵守国家课程要求。

6.国家课程和学校课程确定的科目教学必须是学术性的、公正的和非歧视性的。

第六条 普通教育

1.获得完整的普通教育意味着通过毕业考试,并由相关的国家批准文件证明该学生已完成学业。格鲁吉亚教育和科学部应确定国家文件的样本以及举行毕业考试的程序和条件。

在普通教育机构(其普通教育计划已获得认证)就读且达到国家课程标准规定水平的学生,应免除其参加本条第一项规定的毕业考试。

2.按照格鲁吉亚教育和科学部的规定,从个人能力方面考虑,只有在特殊情况下,学生才可以提前完成普通教育课程计划。

3.若学生家长提出要求,普通教育机构有义务按照格鲁吉亚教育和科学部所设计的模式向学生颁发结业证书。

4.在达到基本教育水平之前,学生不应终止在普通教育体系中的学习。

5.持有任何教育水平结业证书的人员,均有权在格鲁吉亚全境继续下一层级的学习。

具有特殊教育需求,即使是没有教育背景或因某些原因缺课的人,也有权被学校录取,或继续在适合其年龄的班级学习,或无须根据多学科小组的意见参加考试(最多不超过两门课程),然后进行外部学习。

6.普通教育中的小学教育应从 6 岁开始。

7.已删除。

第七条　普通教育入学

1.国家应确保每个学生(包括具有特殊教育需求的学生)享有使用官方语言或其母语在尽可能靠近其居住地接受普通教育的权利。

2.如果本条第一项规定的权利不能通过标准学券行使,则国家应在格鲁吉亚教育和科学部批准的适当定向计划范围内,向这些学生提供更多的学券和额外资金。

3.通过增加学券和额外资金,格鲁吉亚教育和科学部应确保:

(1)公立学校的每个人都能够开放、平等地接受终身普通教育。

(2)在公立学校引入全纳和多语言教育。

(3)改善公立学校的后勤、软件和人力资源。

(4)为公立学校的教师、行政和辅助人员提供适当的劳动报酬。

(5)公立学校的健康环境。

(6)在学习过程中使用不止一种管理手段,如重组而保持公立学校的平衡,在位于乡镇和高地地区的公立学校和由多部门组成的公立学校中也是如此。

4.按照《格鲁吉亚监禁法》规定,国家应确保在拘留场所的人员也可以接受普通教育。

第二章　学生、家长和教师的基本权利和义务

第八条　基本保障

1.学生、家长、教师及其协会有权享有受本法保护和学校认可的一切权利和自由,以及根据课堂或校内规定,享有不受任何歧视地平等使用所有学校资源的权利和自由。

2.学校有权在上课时间或校内,一视同仁地限制未经授权的人的权利和义务。

3.为遵守本法,当发生下列危险情况时,学校可根据学生、家长、教师及其协会在课堂和校内的权利和义务制定以下非歧视性和中立的限制性原则:

(1)危害健康、生命和财产安全。

(2)促使吸毒、酗酒或吸烟等违法行为。

(3)散布淫秽信息或诽谤他人,引起种族或宗教纷争,煽动犯罪或暴力行为等。

(4)妨碍正在进行的学习过程、学校活动或校园内的自由活动。

4.针对学生、家长和教师的权利和自由的任何限制都必须是合理的、适当的、最低限度的,还必须按照规定方式通过恰当、公平的程序加以应用,完全遵守教师职业道德准则。

5.学生、家长和教师的权利和自由不得以实质上相当于废止的方式加以限制。任何限制或规定都可能包括对行使其权利和自由的地点、时间和形式的中立限制,但这些限制不会对信息或意见的内容或表达效果产生影响,还有可能采用有效的替代方式来行使这些权利和自由。

6.本法认可的学生、家长和教师的权利和自由,在行使过程中应当是合法的。若出现争议,则行使这些权利和自由的非法行为的举证责任应在于该限制的发起人。

7.学校对违背本法宗旨的事项不提供资助。

8.本法不得否认本法中未具体规定但源自格鲁吉亚法律的国际公认的权利和自由。

第九条 接受普通教育的权利

1.为促进个性发展,获得在个人和社会生活中取得成功的平等机会所需的知识和技能,每个人都享有平等接受完整普通教育的权利。小学教育和基础教育是强制性教育。

2.国家应建立普通教育制度,并为确保学生接受普通教育提供适当的社会经济条件。

3.为确保具有特殊教育需求的学生能够接受教育、适应社会以及融入社会生活,应根据国家课程规定,在课程或教育计划中制订个性化课程或额外培训计划,并由国家提供资金资助。

4.普通教育可以通过外部学习获得。通过外部学习达到国家课程标准规定水平,并顺利通过学校毕业考试的学生,有权获得证明自己已接受完整普通教育的文件。

格鲁吉亚教育和科学部应规定关于通过外部学习接受普通教育的程序和条件。格鲁吉亚教育和科学部有权确定《格鲁吉亚行政法》总则规定的提交和审查关于通过外部学习方式接受普通教育的行政索赔的相关时限。

5.结合自身的年龄特点、劳动力及家庭条件,学生可按照格鲁吉亚教育和科学部规定的其他方式接受普通教育。

6.国家应保护学生和家长的教育选择自由。家长的教育选择自由不意味着：

(1)有权不接受普通教育。

(2)妨碍实现本法所规定目标的教育。

7.学校有义务采取一切合理措施，以确保对学生的学习进行公正评估。不得根据纪律记录对学生进行学术评估。

8.学生有权受到保护，免遭不公待遇、忽视和虐待。

9.学校有义务保障学生在课堂、校园或邻近地区的健康、生命和财产的安全。为此，私法人普通教育机构应被授权与公法人教育机构资源官办公室签订服务协议。公法人教育机构资源官办公室向公立普通教育机构提供的服务，应由格鲁吉亚国家预算提供经费。

10.学校有义务采取一切合理措施，观察并阻止课堂、校园或邻近地区发生侵犯学生、家长和教师的权利和自由的行为。

11.被开除的学生有在另一所学校继续学习的权利。

12.学生有权按照格鲁吉亚教育和科学部规定的方式，从一所学校转到与之前所接受的普通教育层次相同的另一所学校。

第十条　认识自身权利和自由

1.学生、家长和教师有权了解自身权利和自由，以及了解限制这些权利和自由的理由。

2.学校有义务向新生及其家长和新进教师告知各自所享有的权利和自由。

3.如果学生、家长和教师的权利和自由受到限制，学校有义务在合理的时限内向其解释限制理由。

第十一条　参与学校管理的权利

1.学生、家长和教师有权亲自或通过选举产生的代表参与学校管理。

2.学生、家长和教师有权从学校获取任何信息，但有关个人资料的信息除外。

3.学生、家长和教师有权并有可能就学校正在考虑的与他们有关的问题发表意见，有权亲自或通过代表参与解决此类问题。

4.在未注意学生真正兴趣的情况下，不得对学生采取任何行动。

第十二条　上诉权

1.为保护自身的权利和自由，学生、家长和教师有权对教师和学校的非法行为和其他不法行为提起上诉，并就造成的任何损害获得全额赔偿。

2.学校有义务建立独立、公正审查上诉的有效机制。

3.公立学校校长与学校教职员工之间、董事会与公立学校校长之间以及公立学校校长与格鲁吉亚教育和科学部之间所发生的劳资纠纷应作为民事纠纷，由法院通过民事诉讼进行裁决。

4.已删除。

5.根据学校校长的授权委托书,格鲁吉亚教育和科学部或其下属机构的职员应是民事和行政程序期间公立学校在法庭上的代表。但在阿扎尔自治共和国和阿布哈兹自治共和国,此类代表应是格鲁吉亚教育领域相关部委或教育和科学部的职员。

第十三条 中立和非歧视

1.普通教育机构学习过程不得政治化。

2.不得在普通教育机构利用学习过程开展旨在宗教灌输、劝诱或强迫同化的活动。该规定不局限于公立学校在公共假期和历史日期的庆祝活动,以及试图建立国家和建设全人类共同价值的事件。

3.不得对入学存在任何歧视。该原则不排除开展军事、专业艺术和体育训练的普通教育机构以及具有其他地位的学校进行竞争性选择的可能性。必须在竞争性选择中考虑个人的特殊教育需求。

4.学校不得使用它们所掌握的权力和资源,直接或间接地歧视学生、家长、教师及其协会。

5.任何差异性行为或特例都应当视为歧视,除非该行为或特例是公平合理的,并确保每个人和群体能自由发展,享有平等机会。

6.学校应促进学生、家长和教师之间相互宽容和尊重,不论其社会、种族、宗教、语言和世界观归属如何。

7.学校应保护少数群体在平等的基础上自由使用本民族语言的权利,保护和彰显其文化归属的个人和集体权利。

第十四条 言论自由

1.学生、家长和教师在校期间有权按照法律规定的方式查询、获取、制作、储存、处理或传播任何信息和意见;有权在格鲁吉亚法律以及本法规定的限制范围内,利用学校资源查询、获取、制作、储存、处理或传播任何信息和意见。

2.学生有权发表个人意见,并要求尊重自己所发表的意见。

3.不得违反本校编辑的独立性和学校图书馆图书审查制度。为避免未成年人遭受与其年龄不符的文学方面的影响,该规定不得妨碍学校施加非歧视和中立的限制。

4.学生、家长和教师有权按照规定的方式吸引慈善性质的自愿捐赠。学校将采取合理措施来阻止敲诈勒索财物或其他物品的行为。

5.只有不与实现国家课程所设定的目标相抵触,学生和教师才能够在学习、教学和研究范围内享有学术自由。

6.只要不限制学生和教师的言论自由,学校则有权引进校服。而学生和教师有拒绝穿校服的权利。

7.学校在引进校服时,必须考虑学生的经济状况,并为无支付能力的学生免费提供校服。

第十五条　集会自由

1.经事先通知,学生、家长和教师享有按照法律规定的方式在学校自由集会的权利。

2.禁止学校违背学生、家长和教师的意愿,领导或控制其正在进行的集会。必要时学校有权出席学生、家长和教师集会。

3.除格鲁吉亚法律规定的情况外,外部人员只有应邀后方可参加学生集会,以确保校园安全。

第十六条　结社自由

1.学生、家长和教师有权享有按照法律规定的方式结社的自由权利。

2.除法律规定情况外,学校不得干预学生协会、家长协会和教师协会的活动。

3.不允许外部人员领导或控制学生协会。

第十七条　隐私权

1.学生、家长和教师应享有隐私权。不得要求他们透露其私人生活信息。

2.在收集、存储学生、家长和教师的个人资料时,学校有义务遵守本法和《格鲁吉亚行政法》总则的规定。

3.有关学生学习成绩的资料应与纪律处分记录分开存放。

4.学校有权要求学生和教师接受疾病、酗酒和吸毒体检。学校有义务确保其进行适当体检。

5.不得随意限制师生隐私权和个人交流的权利,不得随意限制转让给学生和教师个人使用的学校财产的不可侵犯权。

第十八条　信仰自由

1.学生、家长和教师有权享有信仰自由和宗教自由,有权按照法律规定的方式自愿选择和改变任何信仰或世界观,或没有信仰或世界观。

2.不得向学生、家长和教师强加从根本上违背其信仰和宗教的义务,除非侵犯到他人的权利或妨碍国家课程所确定教育水平的实现。

3.在学校放置的宗教标志不得用于非学术性目的。

4.为接受宗教教育,公立学校的学生有权利用学校以外的时间学习宗教知识或举行宗教仪式。

第十九条　纪　律

1.学校纪律应在尊重学生和教师自由的基础上受到保护。

2.学校内部规章所提出的要求、纪律调查和处罚必须合理、正当和适度。

3.除格鲁吉亚法律规定的责任外,学校的内部规章还可能包括对学生的警告、严重警告、禁止学生上课、暂时停学、实施对学校有益的活动和其他纪律处罚。如果一个学生被暂时停学,应立即通知其家长。学校有义务根据管理者的职务教育学生,禁止学生上课或暂时将学生开除出校。

4. 学校应按照内部规章规定的方式,通过合法程序进行纪律调查。

5. 在进行纪律调查时,学校有义务向学生或教师解释其违纪行为的实质。

6. 如果对学生进行纪律处分或开展纪律调查,则必须立即通知其家长。学生有权与其家长一起出现,解决与其有关的问题。

7. 学校有义务采取措施,防止学生在学习过程中因纪律处罚而出现严重滞后的情况。

8. 除非有证据证明某人,并有合理的假设(通过个人搜查可能会揭示出违反学校内部规章制度规定的不当行为),否则不得对学生进行个人搜查。而对学生的个人搜查只能由经该校校长授权的人员或持有许可证的教育机构资源官或在校长或学校行政代表的监督下进行。不得对学生进行集体个人搜查。在进行个人搜查时,应由经学校校长授权的人员或持有许可证的教育机构资源官就此事提前通知学生。

9. 除非学校有正当理由,否则学生或教师不得因其非在校时间和校外的行为而受到纪律处分。

10. 在纪律调查期间学生和教师有权保持沉默,但不应因沉默而免除其纪律责任。

11. 教师有权做出禁止学生上课的决定,学校校长有权做出暂停学生最长 5 个上课日学习的决定。纪律委员会有权以无记名投票方式,做出暂停学生 5 至 10 个上课日学习或开除学生的决定。

(1)在小学和基础教育阶段,学校不得开除学生。

(2)当学生被要求为学校开展有益工作时,应确定下列内容:开展有益工作的内容、程序和条件;在校园内开展有益工作的地点;初等教育阶段学生开展有益工作的时间每日不得超过 1 小时,基础教育阶段学生开展有益工作的时间每日不得超过 2 小时,中等教育阶段学生开展有益工作的时间每日不得超过 3 小时;被授权监督为学校开展有益工作的学生的表现的人员。在家长的同意下,学生可能被要求为学校开展有益工作。学生在为学校开展有益工作时所遭受的损失,国家应根据格鲁吉亚法律予以赔偿。在这种情况下,举证责任由学校行政管理部门负责。

12. 紧急情况下,在校时间或在校内与学生沟通之前,警察或其他公务员有义务将沟通目的和案件情况告知学校,并通过学校联系学生,但法律规定的情况除外。除非学生的权利受其家长侵犯,否则学校有义务向学生解释其权利,并就此立即通知其家长。

第二十条 禁止暴力和确保安全

1. 禁止对学生或学校其他人员施加暴力。在出现身体和言语虐待情况下,学校有义务按照格鲁吉亚法律规定,立即做出适当的反应。

2. 执法机构为确保安全而在校园内采取的行动,应由格鲁吉亚法律予以规定。

第二十一条 教师的其他权利和义务

1. 普通教育机构的教师有权:

（1）要求该机构提供必要的工作条件。

（2）根据格鲁吉亚教育和科学部所确定的规则领取薪资。

（3）获得每六年一次的资格晋升，且有权在保留职位的同时享受最多 1 年的无薪假期。

（4）行使格鲁吉亚法律规定的其他权利。

2.教师有义务：

（1）为学生提供优质教育。

（2）致力于学生的个人发展和公民意识的形成。

（3）致力于自身的专业发展。

（4）参与教师岗前培训计划、专业发展计划及职业晋升计划。

（5）遵守教师职业道德准则。

（6）履行格鲁吉亚法律和劳工协议所规定的义务。

（7）按照格鲁吉亚法律和劳工协议的规定，向普通教育机构提供有关自身健康状况的信息。

3.因有预谋犯罪而被定罪且定罪未被撤销的人，不得成为教师。

4.教师满工作周的薪资不得低于格鲁吉亚规定的公务员的最低工资水平。

5.普通教育机构和教师之间应根据格鲁吉亚法律订立劳动协议。

6.教师薪资应随着学校经费预算的增加而增加。

第三章　教师职业

第二十二条　教师的职业类别和标准

1.教师主要有以下几种职业类别：

（1）小学教师：在普通教育机构中讲授至少一门小学教育科目的教师。

（2）基础或中学教师：在普通教育机构中讲授至少一门基础或中等教育层次科目的教师。

（3）专业教师：在普通教育机构可讲授基础或中等教育层次一个科目组内所有科目的教师。

（4）艺术或体育专业教师：在普通教育机构可讲授适当教育层次一个独立科目或科目组内的艺术或体育所有科目的教师。

（5）特殊教育教师：教育在小学教育阶段具有特殊教育需求的学生，并促进他们参与小学、基础或中等教育层次教育过程的教师。

（6）军事科目专业教师：学校课程规定的不受入门计划要求，且根据格鲁吉亚法律进行登记注册限制的军事领域的教师。

（7）小学多语种教师：在教学语言非格鲁吉亚语的普通教育机构或部门的小学教育层次，讲授一门或多门不同语言科目的教师。

（8）基础或中学的多语种教师：在教学语言非格鲁吉亚语的普通教育机构或部门的基础教育和中等教育层次，讲授一门或多门不同种语言科目的教师。

2.根据国家教师专业发展中心的建议，格鲁吉亚教育和科学部应当为教师制定包括各类教学专业标准在内的教师专业标准。格鲁吉亚教育和科学部与格鲁吉亚国防部协调制定军事科目专业教师的专业标准。所有普通教育机构的教师都必须遵守教师专业标准。

3.普通教育机构中的职业培训，可由根据《格鲁吉亚职业教育法》的规定担任职业教育教师的人员来实施。

第二十三条 教师教育

1.本法第二十二条第一项中第一至第三目所规定的教师必须至少具有学士学位或同等学力，且根据格鲁吉亚法律的要求接受教师培训计划，另外还须符合教师专业标准所规定的要求。

2.根据本法第二十二条第一项第二、三目所规定的内容，对于发育迟缓（在认知功能和适应行为方面存在缺陷）、感觉障碍（伴有听觉和视觉障碍）、行为和情绪障碍（反复和持续表现为不合群、攻击性行为和不服从，且并非精神方面的病症，也并非情绪波动或其他疾病的伴随症状）的儿童实施特殊教育项目的、在校从事教学的教师，必须符合本条第一项所规定的要求，还必须按照格鲁吉亚教育和科学部所规定的特殊教育方法接受教师培训计划。

3.根据本法第二十二条第一项中第五目所规定的内容，教师必须具有特殊教育学士学位或同等学力，且按照格鲁吉亚教育和科学部所规定的程序和已确定学分接受通过认证的特殊教育计划，另外还须符合教师专业标准所规定的要求。

4.根据本法第二十二条第一项第四目所规定的内容，教师必须符合教师专业标准所规定的要求。此外，基础或中等教育层次的艺术或体育专业教师还须具备：

（1）接受完整的普通教育。

（2）接受一定的艺术或体育高等教育或体育职业教育以及格鲁吉亚法律规定的教师培训计划。

5.根据本法第二十二条第一项第六目所规定的内容，教师必须符合教师专业标准规定的要求。此外，军事科目的专业教师还须：

（1）接受完整的普通教育。

（2）接受一定的军事教育以及格鲁吉亚法律规定的教师培训计划。

6.本法第二十二条第一项第七、八目所规定的教师必须具有学士学位或者同等学力，能够流利地使用包含格鲁吉亚语在内的两种语言，符合教师专业标准所规定的要求。

7.已删除。

8.格鲁吉亚国防部有权为军事科目专业教师制定额外的资格要求。

第二十四条 初任教师

1.按规定方式在国家教师专业发展中心登记注册,并符合格鲁吉亚法律要求的人员,可以获得教师入职的权利。

2.国家教师专业发展中心只能登记符合法律规定资格的人员。

3.普通教育机构有义务在入职周期向初任教师支付薪资。

4.初任教师应享有本法规定的一切权利,但享有最低教学薪资以及参加本法规定的公立学校董事会选举的权利除外。

5.除本条第七项规定的情形外,初任教师的任期不得超过2年。

6.入职周期结束后,学校校长应按照规定方式,就初任教师是否符合教师专业标准和教师职业道德准则的规定向国家教师专业发展中心提交一份文件。该文件可包括下列决定之一:

(1)初任教师已按照既定程序顺利完成入职周期。

(2)初任教师未能按既定程序完成入职周期。

7.如果普通教育机构的空缺职位未根据格鲁吉亚法律被占用,则不符合格鲁吉亚法律对教师的教育要求,但已经接受教师培训计划的人员,则有权在填补空缺职位之前,在普通教育机构任教一段时间。

8.本条第七项规定的、授予初任教师教学权的时限应由国家教师专业发展中心按照格鲁吉亚教育和科学部的规定来确定。

第二十五条 教师的岗前培训、专业发展和职业晋升

1.教师的岗前培训、专业发展和职业晋升应按照格鲁吉亚政府根据本法批准的教师岗前培训、专业发展和职业晋升计划来实施。

2.根据教师的岗前培训、专业发展和职业晋升计划,教师不论在种族、肤色、语言、性别、宗教、政治和其他意见、社会归属、社会出身、经济和社会地位以及居住地等方面存在何种差异,都享有被平等对待的权利。

3.教师的岗前培训、专业发展及职业晋升计划,旨在培训合格的教师,提高教师能力以确保其专业发展。另外,在提高教师学习和教学质量的同时提高学生的成绩。

4.为了达到本条第三项所规定的目标,教师的岗前培训、专业发展和职业晋升计划应确定:

(1)职前教师的入职程序。

(2)公立学校教学工作公告和比赛的程序。

(3)教师评估标准以及为教师评估设立电子系统的程序。

(4)与教师岗前培训、专业发展和职业晋升有关的其他问题。

5.已删除。

6.教师的专业发展和职业晋升可通过以下途径获得资助:

(1)普通教育机构的资金,包括学校学券收入。

（2）格鲁吉亚教育和科学部批准的适当定向计划资金。

（3）教师本人自筹资金。

（4）捐赠者捐赠的资金。

（5）格鲁吉亚法律允许的其他资金。

第二十六条　教师培训和专业发展计划认证

1.教师培训和专业发展计划可由根据格鲁吉亚法律登记注册的自然人或法人实施,针对军事科目专业教师的培训和专业发展计划也可由格鲁吉亚国防部的相关部门来实施。

2.教师培训和专业发展计划,包括高等教育计划,应由作为公法人的国家教育质量促进中心来实施认证。

3.教师培训和专业发展计划的认证程序和费用由格鲁吉亚教育和科学部部长根据国家教育质量促进中心的建议,并在与国家教师专业发展中心达成协议的基础上予以批准。

4.在教师培训和专业发展计划认证的决定中应包括一个计划的学分数。

第四章　普通教育资助

第二十七条　国家对普通教育的资助

1.国家应确保学生接受完整的普通教育。国家对普通教育机构的学生应持续给予12年的经费资助。

2.普通教育机构的学生应由国家通过符合生均财政标准的适当学券进行资助。

3.由格鲁吉亚国家财政通过符合生均财政标准的适当学券来资助学生接受教育。标准学券和增加学券的数额应根据国家课程规定达到某一教育层级所需最大学习量来确定,兼顾不同条件的学生的经济能力,并遵循平等原则,以确保学生受教育的权利。学券在支付普通教育机构当前费用后,剩余资金可用于支付该机构的资本成本。

4.每位家长均有权获得一张学券,用于资助其适龄儿童在依照本条第二项规定所分配的教育机构中接受教育。若学生选择了符合本条第二项规定的另一个机构,则国家也应当继续提供资助。

5.公立学校的资本成本应由国家、地方自治机构或公立学校支付。

6.根据格鲁吉亚教育和科学部的行政法规规定,公立学校有权在格鲁吉亚教育和科学部批准的适当定向计划内,以增加学券的形式接受格鲁吉亚国家预算提供的额外资金。

（1）格鲁吉亚教育和科学部应支付由格鲁吉亚教育和科学部部长设立的、作为公法人的公立寄宿学校的辅导服务费用以及学生的普通教育、生活条件、医疗保健和食品方面的费用。

（2）阿扎尔自治共和国教育部、文化和体育部应支付位于阿扎尔自治共和国境内的公立寄宿学校的辅导服务、生活保障、医疗保健和食品方面的费用。

7.本条所确定的经费应适用于格鲁吉亚公民、持有中立身份证和中立旅行证件或临时身份证的人士、外国人(包括在国外居住的具有同胞身份的外国公民)、无国籍人士和具有难民身份或人道主义身份的人士。

第二十八条　对补充教育和辅导服务的资助

1.若学生在普通教育机构接受 12 年的教育后未能达到国家课程或修改后的课程所规定的基本教育水平,董事会应要求设立一个适当的地方自治机构以继续资助学生接受教育,直至学生达到基本的教育水平。在这种情况下,公立学校有义务为学生提供其他接受教育的途径。

2.若学生在接受 3 年的教育后未能达到普通教育的平均水平,根据学生的申请,董事会应有权要求设立一个适当的地方自治机构以继续资助学生接受教育。地方自治机构有权选择任何法定的继续学习形式。

3.根据董事会的要求,阿扎尔自治共和国境内的地方自治机构和阿扎尔自治共和国教育部、文化和体育部可以支付补充教育和辅导服务的费用。格鲁吉亚政府、阿扎尔自治共和国政府和地方自治政府可以资助特殊目标教育计划。

第五章　普通教育制度的管理

第二十九条　格鲁吉亚议会在普通教育领域的权力

1.确定国家政策和管理的重点领域,制定普通教育法案。

2.在格鲁吉亚教育和科学部提交后的一个月内,批准格鲁吉亚政府通过的国家普通教育目标文件。

3.定期听取格鲁吉亚教育和科学部部长关于国家政策实施、财务活动以及国家和地区普通教育计划实施情况的报告。

第三十条　格鲁吉亚政府在普通教育领域的权力

1.格鲁吉亚政府应实施普通教育领域的国家政策。

2.格鲁吉亚政府应:

(1)在格鲁吉亚教育和科学部提交国家普通教育目标文件后的一个月内予以通过,并提交格鲁吉亚议会批准。

(2)根据格鲁吉亚教育和科学部、经济与可持续发展部以及财政部的建议,批准每名学生的财政标准、标准学券和增加学券的相应数额。

(3)确定证明普通教育的国家文件副本的加急签发和签发费用。

(4)根据格鲁吉亚教育和科学部的建议,批准教师岗前培训、专业发展和职业晋升计划。

3.已删除。

第三十一条　格鲁吉亚教育和科学部在普通教育领域的权力

1.根据格鲁吉亚普通教育相关法律,特别是格鲁吉亚宪法、宪法协定、国际协定和条约、本法、其他法律和辅助法律,格鲁吉亚教育和科学部应:

（1）在普通教育领域实行统一的国家政策。

（2）制定国家普通教育目标文件，并提交格鲁吉亚政府。

（3）制定一个确定教育系统指标的基本文件。

（4）制定和批准公法人国家教师专业发展中心的章程，公法人教育机构资源官办公室、公法人教育和科学基础设施发展局和公法人教育管理信息系统。

（5）批准多学科小组的成员和章程。

（6）向总理提名担任公法人教育和科学基础设施发展局局长职位的候选人。

（7）任免公法人教育管理信息系统负责人。

（8）批准专家小组章程。

（9）经与格鲁吉亚总理协调，任免公法人国家教师专业发展中心负责人。

（10）任免公法人教育机构资源官办公室负责人。

（11）批准教育机构资源官道德准则。

（12）批准公法人教育机构资源官办公室提供的合同服务费用。

（13）制定和批准国家课程，并促使其顺利实施国家课程。

（14）批准普通教育领域的国家资格框架。

（15）制订儿童保健中心的教育和辅导计划以及其他计划，并推动计划实施。

（16）批准学校毕业考试计划。

（17）开展各项研究工作，促进普通教育发展。

（18）已删除。

（19）已删除。

（20）批准教育机构的授权和教育机构教育计划认证的各项规定和费用。

（21）经与相关部委和机构协调，确定普通教育机构校舍的建筑标准。

（22）经与格鲁吉亚财政部协调，确定学券的发放和转让程序。

（23）采取必要措施，让所有学生，包括具有特殊教育需求的学生和已被学校开除的学生在内都能够接受教育；制定外部教育认证规定；制定学生从一个普通教育机构到另一个普通教育机构的转学规定；制定可采用替代方式获得教育的条款；制定全纳教育的引进、开发和监测程序，以及具有特殊教育需求学生的鉴定机制。

（24）根据《格鲁吉亚公法人法》设立公法人并批准其章程，以获得普通教育机构地位，并有权对其进行重组和清算。根据阿布哈兹自治共和国和阿扎尔自治共和国教育部的建议，执行本条所规定的措施。

（25）根据《格鲁吉亚私法人法》设立私法人，以获得普通教育机构地位。

（26）组织公立学校校长竞选，并向公立学校董事会提名公立学校校长候选人。

（27）根据格鲁吉亚法律组织新成立、重组公立学校的第一次董事会选举，并在校长选举之前任命学校代理校长。

（28）已删除。

（29）若经法院生效判决确认的公立学校的校长被该学校董事会非法解雇，则教育和科学部有权未经通知就解雇该学校董事会。

（30）已删除。

（31）批准在国外学习过程中接受普通教育或完整的普通教育的认可程序和费用，批准格鲁吉亚颁发的教育文凭真实性的验证程序和费用。

（32）批准普通教育机构学生的流动程序。

（33）批准国家评估计划。

（34）批准举办全国教育奥林匹克的程序。格鲁吉亚教育和科学部有权决定由提交和审查与全国教育奥林匹克有关的行政投诉的程序和时限，来代替《格鲁吉亚行政总法》确定的程序和时限。

（35）批准学校品牌化程序。格鲁吉亚教育和科学部有权决定由提交和审查与学校品牌有关的行政投诉的程序和时限，来代替《格鲁吉亚行政总法》确定的程序和时限。

（36）批准举行学校毕业考试的程序和条件。格鲁吉亚教育和科学部应有权决定提交和审查与学校毕业考试有关的行政投诉的程序和时限，而不是《格鲁吉亚行政总法》确定的程序和时限。

（37）批准公法人教育管理信息系统提供的合同服务费用。

（38）批准普通教育机构招收学生及暂停学生身份的程序。

（39）批准公法人教育和科学基础设施发展局提供的合同服务费用。

（40）与国际组织、其他国家及其普通教育机构在质量监测与保障领域开展合作。

（41）批准普通教育机构教科书的审批程序和费用。

（42）确保国家对公立学校的控制，并负责遵守格鲁吉亚普通教育法律。为此，根据格鲁吉亚法律，应授权格鲁吉亚教育和科学部对学校进行财务检查。

（43）建立公法人或私法人校外教育机构。

（44）建立公法人国家教育质量促进中心，以组织包括普通教育机构在内的教育机构的授权与认证。

（45）建立公法人教育和科学基础设施发展局。

（46）建立公法人教育管理信息系统。

（47）建立公法人国家教师专业发展中心。

（48）确定举行公立学校校长竞选和教师选拔的程序以及选举和终止董事会成员任期的程序和条件。格鲁吉亚教育和科学部应有权确定提交和审查与公立学校校长竞选有关的行政投诉的时限和程序，而不是《格鲁吉亚行政总法》确定的时限和程序。

（49）根据公法人国家教师专业发展中心的建议，批准：

①已删除。

②教师专业标准。

③已删除。

④教师职业道德准则。

⑤已删除。

⑥登记注册和完成入职期的程序,以及签发完成入职期证明文件的形式和程序。

⑦已删除。

⑧已删除。

⑨学生行为守则。

⑩学校校长道德准则。

(50)批准授予成功教师地位并给予奖励的程序。

(51)从格鲁吉亚教育和科学部的中央办公室或领土机构的工作人员名单中,任命公立学校(格鲁吉亚国防部设立的学校除外)董事会成员;在阿布哈兹自治共和国和阿扎尔自治共和国境内,根据教育领域相应部委的建议,从该部委中央办公室或领土机构的工作人员名单中任命公立学校董事会成员。

(52)确定学生全年在校时间的最长和最短天数,确定假期的最长和最短天数,并有权决定学年的开始和结束时间、假期的开始时间和期限以及特殊情况。

(53)批准普通教育机构课堂出勤登记簿的格式。

(54)已删除。

(55)确定公立学校校长和竞选机构成员的登记注册程序。

(56)与工会协调确定公立学校教师薪资的最低限额和条件,并批准与学校教师签订的劳动合同的强制性条款。

(57)已删除。

(58)与工会协调规划活动,以提升教师资格。

(59)根据公法人国家教育质量促进中心的建议,并与公法人国家教师专业发展中心达成协议,批准教师培训和专业发展计划的认证规定和费用。

(60)与格鲁吉亚司法部达成协议,批准普通教育国家证明文件的格式和颁发程序。

(61)为公立学校编号,制定命名程序。

(62)有权引入补助金和奖学金,以鼓励才华横溢的学生。

(63)制定学生个人资料的登记注册程序。

(64)已删除。

(65)确定入读普通教育机构需提交的必要文件的清单。

(66)行使格鲁吉亚法律规定的其他权力。

(67)批准教师纪律处分程序的规则。

(68)被授权为格鲁吉亚教育和科学部系统内运作的公法人提供服务设置费用。

(69)为提交和审议不同于《格鲁吉亚行政总法》规定的申诉,被授权制定与格鲁吉亚教育和科学部部长规范性法案所规定考试有关的时间限制和程序。

2.为行使本条第一项规定的权力,格鲁吉亚教育和科学部根据《关于格鲁吉亚政府结构、权力和活动秩序的格鲁吉亚法》的规定,有权在格鲁吉亚全境设立、改造和废除自己的权力机构,批准其章程以及任免其正、副领导人。格鲁吉亚教育和科学部的权力机构由国家预算提供经费。

3. 已删除。

4. 本条第一项第二十六、二十七、三十八目规定的内容不适用于实施军事训练和教育计划的普通教育机构;本条第一项第二十九、三十八、四十二、四十八目所规定的职能由格鲁吉亚国防部在普通教育机构中执行。

第三十二条　格鲁吉亚各部委在普通教育领域的权力

1. 为获得除普通教育计划外还提供艺术、体育专业培训和教育的普通教育机构的地位,格鲁吉亚教育和科学部应根据各自隶属部委的建议设立公法人。格鲁吉亚教育和科学部可为这些机构制定不同的授权或认证要求。在国家课程之外的艺术、体育专门培训和教育,包括小学和基础教育层次,应由其隶属部委和地方自治机构提供经费。

(1) 为获得除普通教育计划外还提供艺术、体育专业培训和教育的普通教育机构的地位,格鲁吉亚教育和科学部、格鲁吉亚文化和文物保护部以及格鲁吉亚体育与青年事务部应设立私法人。

(2) 为获得除普通教育计划外还提供军事专业培训和教育的普通教育机构的地位,格鲁吉亚国防部应设立公法人,并对其实施国家控制。该机构应:

①接受格鲁吉亚教育和科学部部长规定的授权。

②由格鲁吉亚国防部按照本法第二十七条的规定提供经费。

(3) 格鲁吉亚国防部应:

①为本条第一项第二目所规定的机构制订军事专业训练和教育计划,并确保计划实施。

②为本条第一项第二目所规定的机构的军事科目分别任命一名主任、军事主管和专业教师,被任命者身份为军人或平民。

2. 国家课程以外的军事、艺术、体育专业培训和教育计划,应根据格鲁吉亚法律由隶属部委监督实施。

第三十三条　格鲁吉亚各相关机构在普通教育领域的权力

1. 已删除。

2. 国家教师专业发展中心。

(1) 国家教师专业发展中心是一个公法人,由格鲁吉亚教育和科学部对其实施国家控制。

(2) 公法人国家教师专业发展中心的职能:

①根据格鲁吉亚法律登记注册教师个人信息资料。

②制定教师专业标准。

③通过与教师协会和组织协调,制定教师职业道德准则。

④在普通教育机构登记教师和初任教师的空缺职位。

⑤制定初任教师登记注册和完成入职期的程序。

⑥已删除。

⑦制订教师岗前培训、专业发展和职业晋升计划。

⑧参与并协商制订教师培训和专业发展教育计划的认证条款。

⑨已删除。

⑩根据格鲁吉亚法律参与教师的专业发展和职业晋升。

⑪已删除。

⑫制定学生行为守则和学校校长道德准则。

⑬行使格鲁吉亚法律,包括本法规定的其他权力。

3. 教育和科学基础设施发展局

(1)教育和科学基础设施发展局是公法人,由格鲁吉亚教育和科学部对其实施国家控制。

(2)公法人教育和科学基础设施发展局的职能是:

①在格鲁吉亚教育和科学部内为教育和科学机构修复、建造和供应库存和设备。

②行使公法人教育和科学基础设施发展局章程规定的其他权力。

4. 教育管理信息系统

(1)格鲁吉亚教育和科学部应内设公法人教育管理信息系统,应由格鲁吉亚教育和科学部对公法人教育管理信息系统所开展的活动实施整体管理和国家控制。

(2)公法人教育管理信息系统的功能:

①发展信息技术基础设施。

②获取现代信息和通信技术。

③根据格鲁吉亚法律,登记注册公立学校校长和董事会成员。

④根据格鲁吉亚法律,登记学生的个人资料并保存校外教育机构的登记册。

⑤按照格鲁吉亚教育和科学部的规定,保存普通教育机构,特别是公立学校校长、校长未履行公务时的代理副校长、董事会成员的登记册。

⑥保存高等教育机构的登记册,特别是国立高等教育机构的校长和行政负责人的相关信息;还要按照格鲁吉亚教育和科学部的规定对公法人高等教育机构代表委员会发言人进行登记注册。

⑦严格组织和控制会计文件的流转。

⑧对根据生效的法院定罪判决和格鲁吉亚法律被剥夺在教学和教育机构工作权利的人员进行登记注册。

⑨通过将现代信息和通信技术引入格鲁吉亚教育和科学部,来促使该部门正常运作。

⑩计划对教育和科学领域正在进行的事项,包括对格鲁吉亚教育和科学部所实施项目和计划的成果进行调查。

⑪对教育和科学领域正在进行的事项,包括对格鲁吉亚教育和科学部所实施项目和计划的成果进行直接研究或通过第三方研究。

⑫制定教育系统的基本指标。

⑬根据格鲁吉亚法律规定,对有关人员进行培训和再培训。

⑭实施职业教育、普通教育、格鲁吉亚语和自由教育培训计划。

⑮行使教育管理信息系统章程赋予的其他权力。

(3)应由格鲁吉亚教育和科学部部长任免教育管理信息系统负责人。

(4)教育管理信息系统负责人应管理教育管理信息系统的活动,负责实现教育管理信息系统的目标,并行使教育管理信息系统章程赋予的其他权力。

第三十四条　阿布哈兹自治共和国和阿扎尔自治共和国教育部在普通教育领域的权力

1.在阿布哈兹自治共和国和阿扎尔自治共和国,其教育部应:

(1)成为实施国家普通教育政策的普通教育系统的主要管理机构。

(2)确保遵守格鲁吉亚普通教育法律。

(3)组织实施国家课程。

(4)确保所有普通教育机构遵守格鲁吉亚教育和科学部根据其章程规定而制定的标准。

(5)已删除。

(6)按照格鲁吉亚教育和科学部规定,对普通教育机构实施评估。

(7)将普通教育机构、校外教育和辅导机构的章程提交格鲁吉亚教育和科学部批准。

(8)设立作为私法人的校外辅导机构。

(9)保存普通教育机构的登记注册;根据本法和普通教育领域的次级法律,对公立学校校长、校长无法履行公务时的代理校长、董事会成员进行登记注册,并将登记注册资料提交教育管理信息系统,数据资料应在教育管理信息系统注册后生效。

(10)按照本法规定,为普通教育发展提供资助。

(11)举行公立学校校长竞选。

①允许学校校长在自由裁量权规定范围内享有休假和停止休假的决定权。

②提名由格鲁吉亚教育和科学部任命的公立学校董事会成员的候选人;向格鲁吉亚教育和科学部提交关于其退出董事会成员的建议。

(12)在出现经法院生效判决确认的公立学校的校长被学校董事会非法解雇的情况时,有权未经通知就解散该学校董事会。

(13)已删除。

(14)索取文件和资料,或就公立学校对格鲁吉亚法律的遵守情况进行实地研究。

(15)已删除。

(16)已删除。

(17)按照格鲁吉亚教育和科学部规定,收取上一学年公立学校关于遵守格鲁吉亚法律、学习过程和财务运营等年度执行情况的报告。

（18）行使格鲁吉亚法律,包括本法赋予的其他权力。

2.为行使本条第一项所赋予的权力,阿布哈兹自治共和国和阿扎尔自治共和国的教育部有权在各自境内设立、改组和废除其权力机构,批准这些机构的章程,并任免其正、副负责人。

3.若教育部的存在不是由格鲁吉亚、阿布哈兹自治共和国和阿扎尔自治共和国法律决定的,那么按照本法规定,由格鲁吉亚教育和科学部行使本条第一项和第二项所赋予的权力。

第三十五条　地方自治机关在普通教育领域的权力

1.支持学校有效开展本法规定的活动,并通过法律规定的措施,来确定由地方预算拨付且用于完成学校课程的额外财政资金的数额。

2.促进公立学校按照学校课程规定,实施国家课程之外的教育和辅导计划。

3.为学生提供协调一致的社会和医疗服务。

4.采取措施,确保被学校开除的学生接受普通教育。

5.采取措施,确保因疾病或其他合理理由而无法上课的学生接受普通教育。

6.在法律规定的情形下,提供学生往返接送服务。

7.采取措施,确保学生上学。

8.有权要求相关机构提供地方预算拨付经费处理情况的资料。

9.根据本条第一项的规定,若发生财务侵权,可就终止校长的权力向学校董事会提交提案;若董事会不作为,地方自治机构有权就解散董事会和提前终止校长权力一事,向格鲁吉亚教育和科学部提交提案。

10.任命其境内学校的董事会成员。

11.建立面向学前教育的私法人辅导机构、校外教育机构、校外教育和辅导机构以及校外辅导机构。

12.行使格鲁吉亚法律,包括本法规定的其他权力。

第六章　普通教育机构运作的法律依据

第三十六条　普通教育机构的组织形式和法律形式

1.普通教育机构(学校)是根据《格鲁吉亚公法人法》设立的公法人,或根据《格鲁吉亚私法人法》设立的私法人。

格鲁吉亚法律规定,私法人不需设立另一独立法人就可被授权开展普通教育活动。

2.普通教育机构应提供小学教育、基础教育和中等教育层次的普通教育。

3.已删除。

4.已删除。

5.已删除。

6.本法第一章、第二章、第三章、第四章、第五章、第六章和第十五章所规定内容应适用于私立学校。

7.已删除。

第三十七条 普通教育机构的授权与认证

1.授权是针对获得普通教育机构地位,并有资格颁发国家认可的教育文件而进行适当活动的标准程序。

2.认证是确定普通教育机构的教育计划是否符合认证标准的程序,以便对教育机构进行系统性自我评估,完善质量保障机制,提高教育质量。

3.普通教育机构可自愿获得认证。

4.为确保授权和认证,格鲁吉亚教育和科学部应设立国家教育质量促进中心。

5.国家教育质量促进中心应当对普通教育机构进行授权和认证,监督授权和认证要求的履行情况;在违反规定的情况下,该中心有权要求普通教育机构授权委员会(以下简称授权委员会)和教育计划认证委员会(以下简称认证委员会)废除授权和认证。

6.国家教育质量促进中心应内设授权委员会和认证委员会。

为实施普通教育机构的授权,国家教育质量促进中心应组建一个普通教育机构授权专家小组,该小组的组建程序和活动开展由教育机构授权章程予以规定。授权委员会应根据授权文件和普通教育机构授权专家小组的意见做出授权决定。授权委员会的成员应由格鲁吉亚总理根据格鲁吉亚教育和科学部的建议进行任免。授权委员会的权力应由保证其功能独立于教育机构和国家机关的《教育机构授权章程》予以规定。

7.格鲁吉亚教育和科学部部长应确定普通教育机构授权和认证的程序、条件和费用。

8.国家应支付公立学校的授权费用。

9.国家教育质量促进中心有义务就授权和认证问题向普通教育机构提供法律援助。国家教育质量促进中心应就授权和认证问题编制年度建议书。

10.若撤销普通教育机构的授权,则该机构学生在授权撤销之前所完成的教育计划应视为有效。

第三十八条 普通教育机构的权利和义务

1.普通教育机构的权利:

(1)尽可能地向那些无法独立往返家校的学生提供交通工具。

(2)要求教育机构的教师、其他员工、学生及其家长遵守格鲁吉亚法律和该机构章程的规定。

(3)为全纳教育创造必要的条件。

(4)为实现本法设定的目标,与其他学校和社会组织进行合作。

(5)为了学生的健康和全面发展,在校园内提供医疗保健设施,包括心理援助、食物设施等。

(6)为学生提供一个多元化的学校图书馆,以确保学生的全面发展,增强其国家认同感,使其了解民族和全人类共同价值以及文化多样性。

(7)根据教师专业发展水平,采取措施提高教师薪资。

(8)已删除。

2.普通教育机构的义务:

(1)为学生提供符合现代标准,并基于国家和全人类共同价值的健康生活方式以及民主和平等原则的教育。

(2)为学生创造学习过程中需要的所有条件。

(3)遵守为普通教育机构制定的国家课程。

(4)当国家课程规定的任一科目缺少教科书时,可使用已经格鲁吉亚教育和科学部批准的教科书开展普通教育活动。

(5)与格鲁吉亚劳动、卫生与社会事务部以及地方自治机构协调采取保健措施。

(6)考虑到学生的年龄特点,通过将学生与其相应教育层次的其他年龄段学生分开,并创造机会以其他方式获得普通教育。

(7)确定残疾学生的福利,并为其创造必要的学习条件。

(8)防止将非科学的观点或理论讲授为科学理论或事实。

(9)具备一个自我评估系统。

(10)确保学生在校期间或学习期间的安全。

(11)根据格鲁吉亚法律,聘用公立学校的初任教师。

(12)根据格鲁吉亚法律,向公法人国家教师专业发展中心提交普通教育机构所雇用教师的个人资料以及有关教师和初任教师空缺职位的信息。

(13)在现有资源范围内,包括通过资助或共同资助教师参与专业培训计划,促进教师的专业发展。

3.经与家长协商,当发生下列情况时,公立学校有权向学生提供由国家课程规定的额外付费教育服务:

(1)额外教育服务不是由同一所学校的教师提供给各自的学生的。

(2)额外教育服务不是以课堂形式呈现给学生的。

(3)在学校课程规定的学习负荷范围内的学习过程中,不提供此类服务。

4.公立学校有权为学生提供补充教育和辅导服务,包括国家课程并未予以规定的付费服务。公立学校应有义务确保该学校所有学生都能够平等地获得此类服务。

第三十九条　普通教育机构的重组和清算

1.当发生下列情况时,应由其创办人对公立学校进行重组或清算:

(1)机构活动违反了宪法。

(2)机构的物质或人力资源需要优化。

(3)机构已基本上将其活动转化为企业活动。

(4)已删除。

(5)格鲁吉亚法律规定的其他情形。

2.私立学校应按照格鲁吉亚的法律规定进行重组和清算。

3.公立学校的重组和清算,将导致被重组和被清算的公立学校终止其管理机构的权力。根据格鲁吉亚法律,在重组的公立学校选举校长之前,格鲁吉亚教育和科学部部长应指定一名代理校长,并在校长选举之前授权其行使校董事会的权力,但格鲁吉亚教育和科学部另有规定的情况除外。

第七章　普通教育机构的管理原则

第四十条　责任与结构

1.在学校校长职权范围内,公立学校的组织机构或其成员应对国家课程的完成负责;应对格鲁吉亚普通教育法律、格鲁吉亚教育和科学部的行政法规负责;还应对学校的教育辅导过程和资金的定向支出负责。

2.普通教育机构的结构组成应包括教师委员会、董事会、行政部门、学生自治机构和纪律委员会。此外还可能包括根据纪律委员会所做决定提起上诉的上诉委员会。

本条第二项所规定的公立学校的每个机构应对其授权范围内做出的决定负责。

3.根据相关章程,普通教育机构应实施:

(1)专业艺术教育和培训计划可能设有艺术总监的职位,其任命程序和权限应由本法和所在机构章程予以规定。

(2)军事教育和培训计划可能设有军事首领的职位,其任命程序和权限应由本法和所在机构章程予以规定。

4.公立学校应基于公开、透明的原则实施管理。

第四十一条　利益冲突

1.董事会成员不得兼为学校管理部门成员。与学生就读学校具有劳动关系的学生家长,不得成为该校董事会成员。

2.实施普通教育、高等教育和职业教育计划的私法人,不得使用实施这些计划的公法人的不动产。

按照《格鲁吉亚高等教育法》第十一条规定,本条第二项规定不适用于公法人艺术(体育)高等教育机构和实施校外艺术(体育)教育计划的私法人普通教育机构。

3.除劳动协议外,由公立学校所签订协议的第二方不得为学校校长、行政部门的其他成员、董事会成员或以上人员的近亲。就本条而言,"近亲"一词是指《格鲁吉亚公共服务利益冲突和腐败法》中第四条第二项所界定的人员。

4.学校校长及其近亲之间订立劳动协议时,必须征得董事会的同意。董事会成员如果是协议第二方的近亲,则不得参加投票。

5.董事会成员、纪律委员会成员和上诉委员会成员之间不得具有密切关系。但经格鲁吉亚教育和科学部同意的小型学校除外。

第八章　普通教育机构的董事会

第四十二条　董事会

1.董事会由从家长和教师委员会中平等选举产生的6～12名代表、中等教育机构学生自治机构选举产生的1名代表、格鲁吉亚教育和科学部任命的1名代表、格鲁吉亚国防部在实施军事训练和教育计划的普通教育机构任命的1名代表组成,任期3年。地方自治机构有权任命1名董事会成员。董事会也可从学校已经确认的捐赠者中选出1名董事会成员。在确定小型学校董事会成员人数时,除非经格鲁吉亚教育和科学部同意,否则无一例外。从家长中选举产生的董事会成员必须同等地代表学校的每个教育层次。董事会成员只能连任两届。

2.从家长和教师委员会中选出的董事会成员人数由学校章程予以规定。

3.格鲁吉亚教育和科学部有权委托其代表进入董事会,并享有审议表决权。

4.格鲁吉亚教育和科学部、地方自治机构均有权随时撤回其在董事会的代表。

5.董事会由董事会主席领导、召集并主持董事会会议。董事会主席应由家长、教师委员会和地方自治机构的代表在其任期范围内从董事会成员中交替选举产生。作为学生自治代表的董事会成员不得当选为董事会主席。

董事会特别会议可由不少于在册的三分之一的成员召集,或按照本法第三十一条第一项第五十一目所规定的内容,由格鲁吉亚教育和科学部委员会在董事会所任命的代表召集。若董事会主席未能出席董事会特别会议,则董事会有权由在册的多数董事会成员选举会议主席,并授予其在特别会议上行使董事会主席的权力。

6.每个学年的学期伊始,董事会应至少举行三次会议。

第四十三条　董事会的职能

1.董事会应：

(1)依照本法第四十二条规定,学校校长应由在册的大多数董事会成员选举产生,并经格鲁吉亚教育和科学部登记注册。该项规定不适用于实施军事训练和教育计划的普通教育机构。

(2)根据学校校长的建议,批准学校预算,确保由学校校长编制的年度报告的公开性。实施军事训练和教育计划的普通教育机构的预算,应由格鲁吉亚国防部批准,预算草案则由该机构校长和董事会编制。

(3)根据学校校长的建议,批准学校内部管理规定,综合确定违纪行为和纪律处罚清单以及学生开除条件。

(4)学校课程和教材应与教师选定的由教师委员会编制,且供教师在学年期间教学使用的已经批准的教材清单一致。

(5)由行政管理部门监控资金支出和财产处置情况。

（6）若学校校长违反劳动合同和格鲁吉亚法律规定，董事会有权解除与其签订的劳动关系。

（7）对于家长和教师委员会代表的选举选票和协议，需在董事会进行存储登记。

（8）根据学校章程规定进行审查投诉并采取适当措施。

（9）有权指定一名校长向公法人国家评估和考试中心提出根据国家课程举行学校毕业考试的申请。

（10）当教师存在违反劳动协议、辅导活动要求和法律规定的其他情形时，董事会有权要求学校校长终止与其签订的劳动关系。

（11）根据学校章程选出一个由中等教育层次相同人数的教师、学生及其家长组成的纪律委员会来审查违纪行为，并授权董事会来审查关于纪律委员会所做决定的投诉，或根据章程规定设立上诉委员会。上诉委员会和董事会也应审查关于学校校长违纪决定的投诉。不得召集纪律委员会或上诉委员会的特别成员审查某一案件。

（12）同意学校校长提交的学校章程草案。

2.董事会应按本条第一项第一、二、三、四、十、十二目所规定的内容，由在册的大多数成员做出决定，其中应由在册的三分之二的成员做出本条第一项第六目所规定的决定。

3.本条第一项第一、二、六目所规定的内容，不适用于实施军事训练和教育计划的普通教育机构。

第四十四条　董事会选举程序

1.同等人数的家长、教师委员会和中等教育机构的学生自治代表，应当入选董事会。

2.由格鲁吉亚教育和科学部制定董事会选举程序，根据家长的受教育水平，在平等和公开原则的基础上采取无记名投票方式进行选举。

3.格鲁吉亚教育和科学部有权决定提交和审查有关董事会选举的行政诉讼的程序和时限，而非《格鲁吉亚行政总法》规定的程序和时限。格鲁吉亚教育和科学部关于董事会选举的决定，应向法院提起上诉，而且上诉不得中止有争议的行为。

4.董事会选举结果应在根据格鲁吉亚教育和科学部所规定程序进行登记注册后方可生效。

第四十五条　董事会和董事会成员权力的终止

1.出现下列情况时，应终止董事会成员的权力：

（1）教师委员会终止董事会成员作为董事会中教师委员会代表的权力。

（2）终止董事会中教师委员会代表的董事会成员的劳动关系。

（3）身为董事会成员的学生代表已被学校开除或转到另一个教育层次。

（4）身为董事会成员的学生代表已被暂停学生身份。

（5）在相应教育层次的三分之一的家长要求遵循"一学生一票"的原则。

（6）董事会成员死亡。

（7）董事会成员辞去董事会成员的职务。

（8）针对董事会成员的定罪判决已生效。

（9）法院宣布董事会成员失踪，或死亡，或确认其为支持受益人，但法院判决另有规定的除外。

（10）身为家长的董事会成员与学生就读的公立学校之间存在劳动关系。

（11）董事会成员成为行政部门的职员。

2.已被解雇的董事会成员，在其剩余任期内的职位，应由选举中获得比其他候选人更多选票，但其选票还不足以参与董事会选举的家长或教师委员会成员予以补充。

3.出现下列情况时，应终止董事会的职权：

（1）当公立学校进行重组，包括合并（兼并）、分立（分离）等情形发生时，应终止其职权。

（2）格鲁吉亚教育和科学部根据本法第三十一条第一项第二十九目所规定的情形做出决定时，应终止其职权。

（3）根据格鲁吉亚教育和科学部的决定，当董事会不能履行格鲁吉亚法律规定的义务时，则应终止其职权。

4.董事会有义务将确定本条第一项所规定理由的文件提交教育管理信息系统。教育管理信息系统在登记注册上述文件后，终止该董事会成员的权力。上述文件应在提交后 30 日内予以登记注册。除非教育管理信息系统在文件提交后的 30 日内通知学校已发现的违规行为，否则文件应被视为已登记注册。

5.若本条第一项第三目所确定的理由失效，则已被终止权力的董事会成员应予以恢复。

第九章　普通教育机构的管理

第四十六条　管理

1.学校管理机构由校长、副校长和会计师组成。

2.根据本法选举产生或任命的校长，应为具有高等教育学历和 3 年或以上工作经验，并符合格鲁吉亚法律要求的格鲁吉亚公民。学校校长应当通过选举或任命产生，任期 6 年，且只能连续两届当选或被任命为同一所学校的校长。

在本法第三十二条第一项第二目所规定的教育机构中：

（1）校长可以是格鲁吉亚国防部部长任命的军人。本法第九章规定的校长的权利和义务不适用于此类学校的校长，但本法第八章第四十三条规定的职责除外。

（2）校长和副校长，包括作为代理校长的副校长，或者在没有副校长职位的情况下，或者学校校长、代理校长无法履行其职责时，任何可履行学校校长职责的学校雇用人员的任免信息，都应在教育管理信息系统上登记注册。

3.学校校长或代理校长应任命副校长,或者在没有代理校长职位的情况下,或者学校校长、代理校长无法履行其职责时,任何可履行学校校长职责的学校雇用人员,都应将其信息提交教育管理信息系统进行登记注册。

4.若校长权力被终止,或者学校校长在 60 个工作日内无法履行其职责,则格鲁吉亚教育和科学部有权任免代理校长,在任命代理校长之前,学校校长的职责应由依照本条第三项规定在教育管理信息系统中登记注册的人员代为履行。

学校校长的选举或代理校长的任命将会提前终止该学校副校长的权力。

5.学校校长不得兼任同一所学校的其他有偿职位。作为特例,学校校长有权根据格鲁吉亚法律开展教学活动。

6.实施专业艺术教育和培训计划的普通教育机构的艺术总监,有权行使学校校长的权力。

第四十七条　校长选举程序

1.格鲁吉亚教育和科学部应根据其确定的程序,在公开竞争的基础上,遵循透明、平等和公平竞争的原则,选出一位学校校长候选人。

为组织公立学校校长竞选,格鲁吉亚教育和科学部有权确定参加竞选的费用。

2.校长由董事会在册的大多数成员以无记名投票的方式,遵循自由和平等原则,从格鲁吉亚教育和科学部提名并参与校长竞选的候选人中选举产生。

与校长竞选有关的争议性案件,应向法院提起上诉,法院不得中止有争议的行为。

3.身为董事会成员的校长候选人不得参与投票。

4.董事会须将学校校长选举的议定书和董事会条例的核证副本,提交教育管理信息系统。选举结果将在教育管理信息系统登记注册上述文件后生效。

5.董事会应根据格鲁吉亚教育和科学部批准的合同要求,与在教育管理信息系统登记的当选校长订立劳动协议。

6.若董事会未根据公立学校校长的选举程序选举校长,则格鲁吉亚教育和科学部有权在其自由裁量权范围内任命一位校长。

7.已删除。

第四十八条　校长的职责

1.校长应:

(1)管理学校。

(2)代表学校处理与第三方的关系,但本法和学校章程规定的情形除外。

(3)将学校的内部规定和预算提交董事会审批。

(4)编制学校工作人员清单。

(5)参与教师委员会制定学校课程的活动。

(6)根据格鲁吉亚教育和科学部批准的条件和程序,与教师和学校其他人员订立并履行协议。

（7）当学校教师违反合同规定，或者教学活动中存在不当行为，或者经证实其教学无能时，学校校长有权按照法律规定，在合同到期前解除与学校教师的劳动协议，此外：

①经董事会同意，才有权与同为董事会成员的教师终止劳动协议。

②经格鲁吉亚教育和科学部的相关权力机构同意后，学校校长方可休假，同时格鲁吉亚教育和科学部的相关权力机构也具有终止学校校长休假的自由裁量权。

③在阿布哈兹自治共和国和阿扎尔自治共和国境内，经教育领域的相关部委同意后，学校校长方可休假，同时其境内的教育领域相关部委也具有终止学校校长休假的自由裁量权。

④实施军事训练和教育计划的学校校长，经格鲁吉亚国防部同意后方可休假，同时格鲁吉亚国防部也可在其自由裁量权范围内终止学校校长休假。

（8）在每年 12 月 10 日之前，向董事会提交一份关于研究过程的报告，并在格鲁吉亚法律规定的时限内提交一份财务报告。

（9）获取授权订立协议，包括有关学校财产的协议，但根据学校章程或格鲁吉亚法律，对需要通过董事会及其学校控制机构同意的交易除外。

（10）按照学校章程规定进行审查申诉并采取适当措施。

（11）监督学校的学习和辅导过程。

（12）制定学校章程草案，并提交董事会批准；同时将议定的学校章程草案提交教育和科学部批准。

（13）经董事会委派，根据国家课程组织学校的毕业考试，向公法人国家评估与考试中心提出申请并订立协议。

（14）新设立或重组的公立学校，在设立首届董事会之前，代为履行公立学校管理机构的职能。

（15）在解散董事会并终止其权力，或者未能选举出董事会，或者董事会未根据格鲁吉亚法律行使其权力的情况下，学校校长可代为履行公立学校董事会的职能。

（16）履行格鲁吉亚法律和学校章程规定的其他职能。

2.按照格鲁吉亚法律和学校章程规定，学校校长应签署一定的法律条例。

3.经与军事部部长或艺术总监协调，由实施军事、专业艺术教育和培训计划的普通教育机构的学校校长，按照各自章程规定行使本条款所规定权力。

第四十九条　校长权力的终止

1.授权机构应根据格鲁吉亚法律和劳动协议规定，通过规定程序终止公立学校校长的权力。根据格鲁吉亚法律，公立学校校长的权力也可以在其达到退休年龄时终止。公立学校校长权力终止的理由和程序（包括劳动协议的终止），与选举和任命校长的程序一致。

2.授权机构在教育管理信息系统登记相关决定后，可终止该学校校长的权力。

3.在格鲁吉亚教育和科学部选举或任命学校校长之前,其职责将由格鲁吉亚教育和科学部任命的代理校长代为履行。

4.实施军事训练和教育计划的普通教育机构,在任命学校校长之前,其职责应由格鲁吉亚国防部的法律条例所规定人员代为履行。

第十章　普通教育机构教师委员会

第五十条　教师委员会相关概念

1.教师委员会的所有教师和初任教师都应享有平等投票权。若有超过半数的成员出席教师委员会会议,则授权召开教师委员会会议。

2.经三分之一的教师委员会成员同意即可召开教师委员会会议,并可要求董事会听取其代表的建议。

3.教师委员会由教师委员会主席领导,主席从教师委员会在册的多数成员中选出,任期3年。教师委员会主席应召集和领导教师委员会会议。

4.应在教师委员会设立个人工作小组,该小组针对职权范围内的问题执行教师委员会的指示,并对教师委员会负责。

5.教师委员会应通过多数票做出决定,且票数不得少于总票数的三分之一。

6.在实施专业艺术教育和培训计划的普通教育机构,教师委员会的权力可由艺术委员会行使。艺术委员会由艺术委员会负责人领导,该负责人应根据教育机构章程规定的程序进行选举或任命。

第五十一条　教师委员会的职能

1.与学校校长共同制定学校课程,并按照国家规定与董事会协调批准该课程。

2.必要时与校长协调批准个人课程。

3.与董事会协调批准教学材料,包括教师根据教育层次和科目而选定的学年中使用的教科书清单。

第十一章　普通教育机构学生自治

第五十二条　学生自治

1.学生自治机构是根据本法和学校章程选举产生的机构,是代表学校的一个机构。

2.中小学生应选举自己的自治机构。

3.小学生自治机构的选举应根据学生所在年级,并在透明、平等的原则下,采取无记名投票方式进行。

4.由自治机构选出的主席领导学生自治机构。

第五十三条　小学生自治机构的功能

1.形成关于学校内部规章制度的建议。

2.被授权向董事会提交有关学校所有重要问题的建议。

3.选举代表进入董事会。

4.根据格鲁吉亚法律和学校章程,参与处置所获得的补助金。

5.通过五分之一的成员提议,组建学校俱乐部。

第十二章 教育机构资源官和教育机构资源官办公室

第五十四条 教育机构资源官、教育机构资源官办公室

1.格鲁吉亚教育和科学部应内设一个公法人教育机构资源官办公室(简称教育机构资源官办公室),目的在于:

(1)确保公法人普通教育机构的公共秩序。

(2)在协议基础上确保私法人教育机构的公共秩序。

(3)在协议基础上确保格鲁吉亚教育和科学部内设公法人的公共秩序。

2.由格鲁吉亚教育和科学部部长对教育机构资源官办公室的活动进行整体管理和控制。

3.除了不同年龄阶段学生的发展规律和教育机构资源官的专业义务与价值等要素外,凡是接受过完整的普通教育,通晓官方语言,健康状况良好并足以胜任此职务,通过格鲁吉亚教育和科学部批准的培训计划,年满 20 岁且无犯罪记录的、有能力的格鲁吉亚合法公民,均可被任命为教育机构资源官。

学校校长应与董事会协调后,任免公法人普通教育机构的资源官。

4.教育机构资源官在执行公务时应穿制服。教育机构资源官的制服应由格鲁吉亚教育和科学部批准。

第五十五条 教育机构资源官办公室负责人

1.应由格鲁吉亚教育和科学部任免教育机构资源官办公室负责人。

2.当选为教育机构资源官办公室负责人的人员应接受了高等教育。

3.教育机构资源官办公室负责人应:

(1)管理教育机构资源官办公室的活动,负责实现教育机构资源官办公室制定的目标。

(2)确保及时和适当执行格鲁吉亚教育和科学部部长的指示。

(3)向教育机构资源官提供有关公务履行的适当指示。

(4)向格鲁吉亚教育和科学部部长提交有关资源官绩效的建议和统计报告。

(5)行使教育机构资源官办公室章程规定的其他权力。

第五十六条 教育机构资源官的权利和义务

1.教育机构资源官应:

(1)监测教育机构及其周边地区。

（2）将教育机构及其周边地区出现的犯罪行为,通知相应的执法机构。

（3）应教育机构董事会、教师委员会、行政管理部门以及学校校长、教师等人员的要求,与具有社会行为困难的学生进行个别沟通、访谈,并对该学生行为进行监督。

（4）向学生提供有关民防、交通安全、行政违法和刑事犯罪及其后果的信息。

（5）将具有社会行为困难的学生的情况告知家长和教育机构的相应授权人员。

（6）发生紧急情况（火灾、洪水和地震等）时,保护学生、员工及其他留在普通教育机构的人员,并为其疏散提供便利。

（7）调解学生之间的对抗,查明冲突情况并加以解决。

（8）参加具有社会行为困难的学生的家长会议。

（9）独立、或与教育行政部门共同确保教育机构内的秩序和纪律。

（10）根据格鲁吉亚教育和科学部批准的格式,针对普通教育机构中发现的违法行为,编写普通教育机构的违规报告,并将该报告提交教育机构的授权人员和教育机构资源官办公室的负责人。

（11）针对普通教育机构已经确定的违规行为建立电子数据库。

（12）为查找和扣押违纪行为工具、受违纪行为影响的物品、违纪行为所获得物品或者贵重物品、调查违纪行为所必需的物品和文件等,实施个人搜索。

（13）在格鲁吉亚法律直接确定的情形中使用特殊手段。

2.教育机构资源官应邀出席教育机构的会议,并就其职权范围内的问题发表意见。

第五十七条　对教育机构资源官的法律保护

1.教育机构资源官在执行公务时应受到法律保护。在执行公务时,资源官的法律要求对所有学生都具有约束力。

2.除法律规定的情形外,任何人都无权干涉教育机构资源官的公务活动。

3.教育机构资源官在执行公务时,因受到的妨碍、侵犯名誉和尊严、抵制、威胁而表现出的暴力和对生命、健康或财产的侵犯,都应当承担格鲁吉亚法律规定的责任。

4.教育机构资源官应根据格鲁吉亚法律履行职责。

5.教育机构资源官有权向法院申请捍卫自己的权利和自由。

第五十八条　对教育机构资源官的社会保护

1.教育机构资源官必须接受国家强制保险。

2.教育机构资源官在执行公务时遭受的损失,应根据格鲁吉亚法律,由格鲁吉亚国家预算全额赔偿。

3.若某教育机构资源官在执行公务时死亡,格鲁吉亚国家预算将向资源官家属（继承人）划拨一笔总计不超过 15 000 格鲁吉亚拉里的费用。此外,资源官的丧葬费用由国家承担。

4.如果教育机构资源官在执行公务时致残,根据格鲁吉亚法律规定的伤害严重程度,应给予其总计不超过 7 000 格鲁吉亚拉里的费用。

5.应根据格鲁吉亚法律,为教育机构资源官缴纳养老金。

6.对于本法未做规定的其他社会保护措施和福利,应根据格鲁吉亚立法,在格鲁吉亚国家预算划拨的经费范围内,由教育机构资源官确定。

第五十九条　教育机构资源官使用武力和特殊手段的情形和程序

1.教育机构资源官在因采取较宽容措施而导致无法执行公务时,有权使用武力和特殊手段。教育机构资源官所采用的特殊手段清单应由格鲁吉亚教育和科学部部长批准。

2.根据本款第一项的规定,教育机构资源官有权使用武力和特殊手段,旨在:

(1)阻止犯罪并逮捕罪犯。

(2)击退对教育机构及其周边地区人员的攻击。

(3)阻止执行公务时所受抵制。

(4)若有合理理由相信被捕人员可能藏匿或伤害他人,有权将其移交警方。

3.在使用武力和特殊手段之前,教育机构资源官必须:

(1)针对使用武力和特殊手段来警告他人,并给予其合理时间来满足资源官的要求,但因时间延误可能致使资源官或其他人的生命和健康处于危险之中,或者造成其他严重后果,或者不能提前发出警告的情形除外。

(2)根据危险的性质使用武力和特殊手段,将伤害降到最低限度。

(3)应在使用武力或特殊手段后的 24 小时内,由教育机构资源官办公室负责人书面通知格鲁吉亚教育和科学部。

(4)勿将他人的生命和健康置于危险之中。

4.体罚和特殊手段不得适用于孕妇和残疾人,除非其活动明显危及教育机构资源官或其他人员的生命和健康。

第十三章　未成年人的转介

第六十条　转介未成年人的程序

1.应按照未成年人利益最大化原则确定转介(未成年人参与各种文化教育活动,或通过其他措施转学到其他学校或寄宿学校)期限。在向专家委员会提出申请后的六个月内,应对年满 12 岁但未满 18 岁的、具有反社会行为的未成年人予以转介。

2.反社会行为对未成年人的心理和社会发展、自身或他人的安全、社会福利或法律秩序都构成威胁,应对其进行不少于 6 个月的系统观察,但未成年人犯下严重或特别严重罪行的情形除外。

3.在特殊情形下,年满 10 岁的未成年人可参照《格鲁吉亚刑法》所规定的行为,已达到刑事责任年龄的人员若发生此类行为,需承担刑事责任。

4.转介不适用于犯有《格鲁吉亚刑法》规定的非法或有罪行为,且在该行为发生时已达到《格鲁吉亚刑法》规定的刑事责任年龄的未成年人。

5.应由格鲁吉亚教育和科学部内设的一个专家小组做出转介未成年人的决定,其中专家小组成员包括社会工作者、律师、教师和心理学家。专家小组组长和成员应由格鲁吉亚教育和科学部部长任命。

6.学校、资源官、未成年人的家长、检察官、区域督察和社会工作者均有权就未成年人的转介情况向专家小组提出申请。申请书必须包括对未成年人的行为描述和可确认其行为的随带文件。

7.在审查转介问题前,社会工作者应在专家小组的协助下,对未成年人进行生理-心理-社会评估。

8.专家小组按照本法和专家组章程规定的授权人员的申请,审查并解决转介问题。专家小组的章程应由格鲁吉亚教育和科学部部长予以批准。

9.在审查转介问题时,专家小组应听取申请人、未成年人(基于其自身利益)及其家长和社会工作者的建议。如有必要,专家小组也可决定听取其他人的建议。

10.在审查未成年人转介的相关问题后,专家小组应就审查过程确定的情况做出决定。做决定时还必须考虑到未成年人的生理-心理-社会评估的结果。

11.专家小组可就以下事项做出决定:

(1)转介未成年人的不适当性。

(2)采取哪种转介措施(包括转学到寄宿学校)以及该措施的适用条件。

(3)将未成年人转学到寄宿学校(在法庭提出动议)。

12.只有在其他措施不足以实现未成年人再社会化的情况下,专家小组才可决定(提出动议)将未成年人转学到寄宿学校。未成年人应转学到寄宿学校直至下一学期结束。

13.只有在未成年人的家长拒绝将其转学到寄宿学校时,才应启动有关将未成年人转学到寄宿学校的动议。

14.当发生下列情况时,专家小组有权未经法院申请,便自行决定将未成年人转学到寄宿学校:

(1)经未成年人家长的书面同意。

(2)未成年人犯有严重或特别严重的罪行。

15.在本法第十一条规定(将未成年人转学到寄宿学校除外)和本条第十四项第一目规定的情形下,不得就专家小组做出的决定提起上诉。

16.应将专家小组的决定告知转介未成年人的申请人及其家长。

第六十一条　未成年人转介决定的执行

1.转介未成年人的决定,应由未成年人的家长和相关机构的授权人员执行。必要时,还应在决定时限内执行。若违反时限,则经专家小组申请,可由社会工作者代为执行。

2.当社会工作者被阻止执行将未成年人转学到寄宿学校的决定时,其有权向警方申请,以执行该决定。

3. 如果本条第一项确定的人员未能执行转介（转学到寄宿学校除外）未成年人的决定，将被处以 300 格鲁吉亚拉里罚款。

4. 任何重复本条第三项所规定的行为，可能被处以 500 格鲁吉亚拉里罚款。

5. 当出现本条第三项和第四项所确定的行政违法行为时，应由专家小组授权的人员起草一份关于行政违法的议定书。法院应审理案件，并根据《格鲁吉亚行政违法法典》的规定做出处罚决定。

6. 在本条第四项确定的情形下，专家小组有权对将未成年人转学到寄宿学校的问题进行审查，并根据本章规定的程序做出决定。

7. 按照《格鲁吉亚行政违法法典》规定，应在确定的自愿执行期限届满后强制执行罚款。按照《格鲁吉亚法律执法程序》规定，应由法警强制执行罚款。

第六十二条　关于未成年人转介决定的修订

1. 在适用于转介（转入寄宿学校除外）未成年人的决定中所指明措施的期限届满之前的 15 日内，社会工作者应将有关未成年人所取得的积极成果和（或）现有困难的资料提交专家小组。若未成年人被转学到寄宿学校，应当由寄宿学校专家根据格鲁吉亚教育和科学部部长规定的程序，将本条所规定资料提交专家小组。专家小组有权做出终止、改变或延长未成年人转介的决定。

2. 若未成年人的社会心理康复取得积极进展，但尚未完全恢复，则应延长转介时间。

3. 若未能达到既定目标或不再需要实现此类目标，则应改变转介措施。

4. 若改变转介措施，或延长将未成年人转学到寄宿学校的期限，或延长未成年人在寄宿学校的停留时间，则应按照本章规定做出决定。

第十四章　普通教育机构的国家控制、财产、经费、问责和会计

第六十三条　国家控制

1. 国家对学校的控制应由格鲁吉亚教育和科学部、格鲁吉亚法律规定的其他国家控制机构实施。根据格鲁吉亚法律以及本法规定，阿布哈兹自治共和国和阿扎尔自治共和国则由其教育部来实施。

2. 国家控制包括对普通教育机构遵守格鲁吉亚法律和格鲁吉亚教育和科学部的行政法规情况的监督。

3. 在下一个学年开始之前，公立学校应向格鲁吉亚教育和科学部提交一份关于上一年度对格鲁吉亚法律的遵守情况和研究进展情况的报告，并由格鲁吉亚教育和科学部确定提交报告的形式和时间。

4. 为实施对本法规定的控制，格鲁吉亚教育和科学部应要求学校提供文件和资料，或者就学校对格鲁吉亚法律、格鲁吉亚教育和科学部的行政法规的遵守情况开展实地研究。

5.学校须在格鲁吉亚教育和科学部提出请求后的 15 日内,向其提交所要求的信息资料。

6.若本法第四十条第二项确定的公立学校的组织机构,违反了格鲁吉亚法律或格鲁吉亚教育和科学部的行政法规,格鲁吉亚教育和科学部有权向该学校发出书面警告,并将有关提前终止学校校长权力的合理建议提交董事会。董事会应当在格鲁吉亚教育和科学部所建议的期限内,审查有关提前终止学校校长权力的问题。

(1)根据本条第六项规定,若董事会在其任期届满前未终止学校校长的权力,则有义务对其决定进行辩解。格鲁吉亚教育和科学部有权拒绝董事会的决定,并在学校校长任期届满前终止其权力。利害关系方可对本条第六项所确定的建议以及关于提前终止校长权力的最终决定提起上诉。

(2)对于格鲁吉亚教育和科学部就本条第六项所规定的问题而颁布的法案有可能被提起上诉,法案不得中止有争议的行为。

7.格鲁吉亚教育和科学部有权实施以下国家控制:

(1)若公立学校的活动违反了格鲁吉亚法律,则有权解散其董事会。

(2)若公立学校因学校校长的活动一年内收到两份书面警告,则有权在校长任期届满前终止其权力。

(3)若公立学校因代理校长的活动一年内收到两份书面警告,则有权在代理校长任期届满前终止其权力。

(4)若公立学校未能在书面警告规定的期限内消除违规行为,则有权解散董事会和在学校校长(代理校长)任期届满前终止其权力。

(5)若学校校长(代理校长)的权力在其任期届满前按照本条第七项规定而终止,格鲁吉亚教育和科学部有权任命学校代理校长。

8.已删除。

9.若学校校长或代理校长的权力在其任期届满前根据本条第六项和第七项的规定被提前终止,或因学校校长(代理校长)违反劳动协议被董事会、格鲁吉亚教育和科学部终止权力,则权力被终止的人员 3 年内不得担任公立学校校长(代理校长)、副校长或其他任何职位。

第六十四条　公立学校的财产

1.公立学校的建筑和土地归国家所有,并根据格鲁吉亚法律规定的无限制且免费的物权协议,转让给学校。

2.经格鲁吉亚教育和科学部同意,公立学校可处置由国家转让的财产。根据格鲁吉亚法律,阿布哈兹自治共和国和阿扎尔自治共和国也都需要经其境内相关教育部门的同意,其所管辖的公立学校才可处置由国家转让的财产,但本条第三项规定的情形除外。

3.为了教师的专业发展,公立学校有权将学校的临时处置权转让给实施获得认证的教师专业发展计划的机构。

第六十五条　普通教育机构的经费

1.依照本法和相关次级法律,学校主要经费来源是根据本法第二十二条第五项规定的程序而发放的学券。

2.公立学校有权吸引格鲁吉亚法律允许的其他资金,包括经济活动收入,但有害学生健康和身心发展的活动除外。所得款项仅用于实现法律规定的学校目标和职能。

3.学校所有收支情况都应在预算中呈现。

4.学校应有独立的银行账户和印章。

第六十六条　普通教育机构的报告和记录

1.公立学校校长应按照董事会批准的学校预算来分配经费。

2.在紧急情况下,学校校长有权未经董事会同意,将不超过 10% 的资金从一个预算项目转移到另一个预算项目。但这一改变不能导致教师薪资的下降。若学校预算未获批准,学校校长有权按月支付不超过上一年预算的十二分之一的款项。

3.价值超过学校预算 5% 的协议的订立,需要征得董事会同意。

4.公立学校应根据格鲁吉亚法律编制财务和经济活动的会计和报告文件。

第十五章　过渡和最后规定

第六十七条　本法施行后的规范性法案失效

1.本法施行后,1997 年 6 月 27 日颁布的《格鲁吉亚教育法》中的部分款项规定,以及以不同方式规范本法所规定关系的格鲁吉亚法律的所有规则均无效。

2.格鲁吉亚教育和科学部部长 2003 年 2 月 25 日关于《批准国家普通教育机构章程和附带措施》的第 16 号令、以不同方式规范本法所规定关系的格鲁吉亚法律规范性法案以及国家政府机构根据此批准的所有规范性法案或其内容均应失效。

第六十八条　法律草案的起草

1.在 2007—2008 学年开始之前,格鲁吉亚教育和科学部必须起草《关于辅导活动、职业教育和教育机构及计划认证草案》。

2.已删除。

3.已删除。

4.截至 2015 年,格鲁吉亚教育和科学部必须批准对教师进行纪律处分的程序。

5.截至 2010 年 10 月 1 日,格鲁吉亚教育和科学部必须通过本法第三十一条第一项第三十四目所规定的规范性法案。

第六十九条　教育和辅导机构

1.教育和辅导机构可以是公法人,也可以是私法人。

2.格鲁吉亚教育和科学部应根据《格鲁吉亚公法人法》设立教育和辅导机构公法人,批准其章程,对其实施国家控制、重组或清算,并任免该法人的负责人。

3.除了学前班,属于公法人的教育和辅导机构,应由国家财政预算和格鲁吉亚法律允许的其他收入进行资助。

第七十条　校外艺术和体育机构

1.仅实施艺术教育和培训计划,不含普通教育计划的校外艺术机构,应根据格鲁吉亚法律设立为私法人,由格鲁吉亚文化和古迹保护部根据《格鲁吉亚公法人法》或私法对其实行国家控制、重组和清算,批准其章程,任免这些机构的负责人。

2.仅实施体育教育计划,不包含普通教育计划的校外体育机构,应根据格鲁吉亚法律设立为私法人,由格鲁吉亚体育与青年事务部根据《格鲁吉亚公法人法》或私法对其实行国家控制、重组和清算,批准其章程,任免这些机构的负责人。

3.阿扎尔自治共和国行政区域内只实施艺术和体育教育课程、不包含普通教育计划的校外艺术和体育机构,应设立为私法人。由阿扎尔自治共和国教育、文化和体育部根据私法批准其章程,任免这些机构的负责人。

4.只实施艺术和体育教育计划、不包含普通教育计划的校外艺术和体育机构,应根据私法设立为私法人,由地方自治执行机构批准其章程,任免这些机构的负责人。

第七十一条　校外艺术和体育教育机构的教师

1.已删除。

2.应根据格鲁吉亚政府批准的《教师职前培训、专业发展和职业晋升计划》,对校外艺术或体育教育机构教师实施职前培训,实施专业发展和职业晋升计划。

3.已删除。

4.校外艺术或体育教育机构应履行本法规定的义务,并行使本法规定的其在教学活动中的权力。

5.为制定校外艺术或体育教育机构教学活动的管理条件和程序,格鲁吉亚文化和古迹保护部、体育与青年事务部应参与有关校外艺术和体育教育机构教师培训和发展的教师培训与专业发展计划认证章程的部分制定工作。

第七十二条　中等职业教育机构

1.在以下情形下,中等职业教育机构可以是公法人,也可以是私法人:

(1)在 2008—2009 学年开始之前,若该法人在 2006—2007 学年开始之前的 2 年内已开始实施中等职业教育计划,且未实施普通教育计划。

(2)在 2009—2010 学年开始之前,若该法人在 2006—2007 学年开始之前的 3 年内已开始实施中等职业教育计划,且未实施普通教育计划。

(3)根据格鲁吉亚法律,私法人有权在本条第一项第一、二目所规定的期限内实施职业教育计划,无须另设独立法人。

(4)从 2007—2008 学年开始,中等职业教育机构无权录取学生进行中等职业教育计划第一年的学习。

2.格鲁吉亚教育和科学部应设立公法人中等职业教育机构,并批准其章程,对其实行国家控制、重组和清算。

3.部委分支机构可设立实施专业艺术教育和培训计划的公法人中等职业教育机构,并批准其章程,任命其总监,对其实行国家控制、重组和清算。

4.由中央国家预算和地方预算允许的其他收入向公法人中等职业教育机构提供经费支持。

5.需在完成基础教育后接受中等职业教育。公法人以及国家参与设立的实施普通教育计划的私法人中等职业教育机构,在2005—2006学年结束时,有权向已于2005—2006学年结束前完成学业且在中等职业学校学习超过2年的学生,颁发普通教育的证明文件。此外,还应在计划经费范围内向此类机构的普通教育计划提供经费支持,直至2005—2006学年结束。

根据格鲁吉亚法律,获得执照的私法人中等职业教育机构应颁发普通教育相应层次的证明文件,证明其已完成普通教育计划,但中等职业教育文凭除外。

6.中等职业教育机构应接受认证。经国家教育机构认证服务处(以下简称国家认证服务处)推荐,由格鲁吉亚教育和科学部与其分支机构协调来确定中等职业教育机构的认证程序、条件以及标准。

7.根据本法向中等职业教育范围内的普通教育计划提供经费支持,但职业教育计划应由中央国家预算和格鲁吉亚法律允许的其他收入提供经费。

第七十三条　作为公法人的普通教育机构的设立

1.格鲁吉亚教育和科学部应确保设立公法人普通教育机构,并按照本法规定,在2005年8月1日之前对现有公法人的新章程进行审批。

2.适用于公法人的规定,同样适用于由国家预算提供经费支持的非公法人或非私法人教育和辅导机构。

3.格鲁吉亚教育和科学部应批准本条第一项所规定机构章程的统一格式,作为设立该法人的基础。格鲁吉亚教育和科学部将公布章程格式以及根据这种形式设立的教育机构清单。

4.在本法施行后的一个月内,格鲁吉亚教育和科学部、经济和可持续发展部、司法部及财政部应向格鲁吉亚政府提交一份包括设立公法人普通教育机构所需措施的财务和法律规定的计划。

5.本法第五条第四项自2010—2011学年开始之日起施行。

6.本法第四十一条第二项自2011—2012学年开始之日起施行。

7.本法第三十一条第一项第二十五目、第三十二条第一项第一目以及第三十四条第一项第八目,都在2011—2012学年开始之日起施行;公法人普通教育机构在获得认证后,经创办人认可,可重组为私法人,此后法人应被视为该公法人的合法继承人。

第七十四条　普通教育机构的首次选举

1. 格鲁吉亚教育与科学部应在 2006—2007 学年结束之前举行公立学校董事会的首次选举。首次选举只能按照格鲁吉亚教育和科学部批准的时间表和程序进行。

2. 本法的生效，是对实施至少一个普通教育层次计划的所有公法人以及只开设艺术和体育教育、不包含普通教育计划的校外教育机构的校长（或相关负责人）进行罢免的依据。本法的生效应根据格鲁吉亚教育和科学部部长的命令记录在案。校外艺术和体育教育机构则根据格鲁吉亚文化和古迹保护部部长、体育与青年事务部部长的命令记录在案。在根据本法选举校长之前，由格鲁吉亚教育和科学部部长任免代理校长；依照本法第五十六条规定，在 2006—2007 学年开始之前，校外机构的代理校长（或相关负责人）由格鲁吉亚文化和古迹保护部部长、体育与青年事务部部长进行任免。

3. 公立学校董事会成员的权力应自本法施行后终止。

4. 第一届当选的校长在格鲁吉亚教育和科学部登记后，应终止普通教育机构代理校长和管理人员的权力。

5. 第一届当选的校长必须在其登记后的一个月之内与其所在普通教育机构的所有教师订立劳动协议。

格鲁吉亚教育和科学部在 2014 年 1 月 1 日之前所设立或改组的公法人普通教育机构，应被授权作为普通教育机构开展普通教育活动，并按照本法规定接受资助，时间直至 2020—2021 学年。格鲁吉亚教育和科学部应确保在 2020—2021 学年开始之前逐步授权普通教育机构。

6. 格鲁吉亚科学院应授权在 2010 年 9 月 1 日之前获得许可的私法人普通教育机构作为普通教育机构开展普通教育活动，并按照本法规定接受资助，时间直至 2015—2016 学年。格鲁吉亚教育和科学部应确保在 2015—2016 学年开始之前逐步授权普通教育机构。

格鲁吉亚教育和科学部必须在 2011 年 5 月 1 日之前确定本条第六项规定的普通教育机构的授权阶段。

7. 已删除。

8. 已删除。

9. 可就公立学校董事会的首次选举结果向格鲁吉亚教育和科学部提起上诉。

第七十五条　教育计划与普通教育水平的一致性

在 2006—2007 学年开始之前，格鲁吉亚教育和科学部应确保所有教育机构根据国家课程开始学习。

格鲁吉亚教育和科学部应依照本法第五条第三项所规定的学科群，逐步采取必要措施，在国家课程范围内批准教科书。

1. 已删除。

2. 已删除。

3.从教师资格证书转向教师岗前培训、专业发展和职业晋升计划。

(1)在根据格鲁吉亚法律实行教师岗前培训、专业发展和职业晋升计划安置教师时,应考虑到 2014 年年底之前所举行的教师资格考试成绩。

(2)格鲁吉亚法律规定的教师教育要求,应被视为该教师已于 2015 年 1 月 1 日之前完成。

第七十六条　普通教育机构的经费

1.普通教育机构的经费,应由中央国家预算按照本法第二十七条第三项的规定在 2007—2008 学年之前执行。截至目前,普通教育应由地方政府机构资助。不属于任何地区或不具有地方政府机构的城市和乡镇中的普通教育机构,由地方自治机构资助。国家必须支付由地方政府或地方自治机构所分配金额与已制定的生均标准之间的差额。

2.依照本法第二十七条第三项规定,在中央国家预算拨付普通教育经费之前,地方政府或地方自治机构的代表在董事会具有决定权。

3.本法第二十一条第四项规定需在 2005—2006 学年之前生效。

第七十七条

1.转入十二年制普通教育

(1)格鲁吉亚教育和科学部应确保从 2006—2007 学年开始逐步转向十二年制普通教育。

(2)十二年制普通教育不适用于 2006—2007 学年之初就读于 11 年级的学生。

(3)已删除。

(4)已删除。

2.在被占领的领土上接受普通教育的认可

在被占领的领土上接受的普通教育,应根据格鲁吉亚教育和科学部部长规定的程序予以认可。

3.阿布哈兹自治共和国境内的公立学校对国家所划拨财产的处置

应在阿布哈兹自治共和国境内提供适当的条件后,将本法第六十四条第二项所规定权利,授权给阿布哈兹自治共和国教育部。

4.关于 2014—2015 学年小学入学年龄的特殊情况

在 2010 年 7 月 16 日之前年满 6 岁的儿童以及为接受小学教育于 2013—2014 学年在预备班或分支接受教育并在 2014—2015 学年之前年满 5 岁的儿童,都有权在 2014—2015 学年接受小学教育。

5.学徒计划招生

2010 年 9 月 1 日之前实施学徒计划的普通教育机构,在该计划所招收学生完成学徒计划之前,有权继续开展此项教育活动。2010 年 9 月 1 日之后,普通教育机构不得招收学生进行学徒计划。

6.2010 年 9 月 1 日之前由格鲁吉亚东正教教会无执照教育机构所颁发的普通教育证明文件的认可

在 2015 年 1 月 1 日之前,格鲁吉亚教育和科学部必须同格鲁吉亚主教一起列出一份有关格鲁吉亚东正教教会无执照教育机构的清单,且根据格鲁吉亚法律,国家承认这些机构在 2010 年 9 月 1 日之前所颁发的可证明普通教育的文件。

第七十八条　本法的施行

本法自公布之日起施行。

格鲁吉亚高等教育法

第一章　一般规定

第一条　适用范围

本法规定了高等教育机构中教育科研活动的实施条件;规定了高等教育管理与财务的原则和准则;规定了所有高等教育机构的地位和高等教育机构在设立、运作、重组、清算、许可和认证方面的规则。

第二条　术语释义

1. 新生:持有格鲁吉亚完整普通教育文凭或同等学力证明,并计划在高等教育机构继续深造的人。

2. 自治:高等教育机构及其基层单位能够独立规划,并在学术、财务经济和行政管理活动实施过程中享有自由的权利。

3. 学术自由:学术人员和学生独立开展研究、教学和学习活动的权利。

4. 学术流动性:根据格鲁吉亚法律和高等教育机构章程规定,通过学位和学历资格认可,学生和学术人员可自由选择在国内或国外,以确保参与学习、教学和研究过程的自由。

5. 学术委员会:高等教育机构的最高代表机构。

6. 学位:高等教育机构向已达到相应学术水平的人所授予的学位。

7. 学术头衔:高等教育机构根据现有法律向外国科学家(或学者)、取得特殊成绩的公众人物或格鲁吉亚公民所授予的称号(荣誉博士、荣誉退休),并以此作为对其学术活动的专业认定。

8. 认证:定义高等教育机构和教育计划状态(颁发国家认可的证书的权利)的程序。该程序由国家认证机构执行,并以此决定高等教育机构(机构认证)或一个教育计划(项目认证)是否达到国家规定的要求。

9. 助理教授:高等教育机构的学术职务,具有博士学位的人,或者博士在读并有举办研讨会、实验室或实务会议经验的人即可获得该职务。

10. 副教授:高等教育机构的学术职务,具有博士学位,参与过主要的研究过程,并监督助理教授和学生研究的人才能获得该职务。

11. 总务长:高等教育机构财务、材料和人力资源管理领域的行政负责人。

12. 学士：完成代表高等教育计划的第一层级，即学士学位课程学业的学员所获得的学位。

13. 学士学位课程：三级高等教育的第一层级，是提供相关领域教学理论基础的教育课程的组合，也是攻读硕士学位或比普通教育所提供层级更高的专业学习时需要初步准备的必要条件。

14. 文凭：高等教育机构颁发的可证明学位或资格证书的文件。

15. 经认证的专业学位持有者：向某一层级高等教育计划的毕业生，或者为从事其专业做准备的多层级高等教育计划的第一层级毕业生所授予的学位。

16. 文凭副本：由高等教育机构与文凭一起颁发的用以证明学生学业成绩和高等教育机构所授予地位的一份文件。

17. 学位论文：博士生为获得学术博士学位而进行答辩的研究工作。

18. 博士生：博士计划在读学生。

19. 博士课程：高等教育的第三层级，代表着为学术人员做准备的研究计划和研究活动的结合，会被授予学术博士学位。

20. 博士：博士计划中的博士生在完成论文答辩后被授予的最高学位。

21. 全国统一考试：考察新生为高等教育计划学习的准备情况的程序。

22. 个人学习计划：学习内容、范围和方法均为满足学生的特殊兴趣和学术训练水平而设计的一项特殊的研究计划。

23. 研究所（高等教育研究院）：被授权可授予一个或多个研究领域学位的高等教育机构，且至少70%的课程由机构的学士、特殊高等教育和硕士教育计划等基本教学单位提供。

24. 系数：高等教育机构在学年之初设立的一个或多个单位，为特定高等教育机构的某一学院全国统一考试的招生成绩排名提供依据。

25. 学分：反映学生学习一门科目的工作量的计量单位。

26. 毕业生：完成高等教育机构某一层级的课程，并经相关文凭予以证明的人员。

27. 许可证：格鲁吉亚教育和科学部对已达到相关机构认证所需标准的私立高等教育机构，授予其开展高等教育活动的权利。

28. 硕士：向已完成高等教育的第二层级，即硕士课程的人所授予的学位。

29. 硕士课程：大学教育的第二层级，学习计划的组合必然涉及研究内容，旨在培养一个水平高于学士的研究者或专家。

30. 模块：统一相关学科的一个独立而连贯的教学机构，模块定义了各学科及其序列之间的关系。几个模块构成一门课程。

31. 专业组织：根据格鲁吉亚法律，将同一职业的代表根据自愿原则团结在一起，致力于该职业的发展，保护其成员的共同利益，并确保遵守职业道德的独立、非营利性法人实体。

32. 教授:在高等教育机构担任学术职务,领导学习过程,监督副教授、助理教授和学生研究工作的人员。

33. 绝对总分排名:通过参加由格鲁吉亚教育和科学部批准、全国考试中心决定的全国统一考试的考生所取得的绝对总分数列表,来确定获得国家教育补助金并在高等教育机构继续深造的考生名单。

34. 系数排名:根据学院初步设立的系数,对参加由全国考试中心决定、格鲁吉亚教育和科学部批准的全国统一考试的考生所取得的绝对总分数进行重新计算,并根据重新计算的结果决定新生去向,包括获得国家教育补助金的考生可被分配到特定的高等教育机构、学院和专业。

35. 受监管的职业:除了获得相关学位外,还需通过国家执业资格考试的职业。

36. 受监管的教育计划:国家规定的需要特殊认证的计划,或者国家保证的为硕士或博士学位做准备的专门研究计划。

37. 校长:高等教育机构学术委员会主席。

38. 教育计划:为获得相应的学位而设计的学习课程(包括课程目标和任务、内容和范围、知识和技能评估体系、组织学习过程及提供方法支持的特点等)的组合。

39. 教育证书认可:应主管机构的要求,对在国外获得的教育或资格证明的认可以及由格鲁吉亚颁发的教育证书的真实性进行的核查。

40. 学位论文委员会:在高等教育机构的学院内建立的被授权可授予博士学位的机构。

41. 大学高等教育:由学士、硕士和博士教育计划组成的高等教育课程。

42. 表演教育计划:艺术或体育高等教育机构为培养艺术或体育的一个或多个表演专业的表演者(包括艺术家、音乐家、演员、运动员等)做准备的学习计划,并授予相关领域的学位。

43. 国家教育补助金:根据全国统一考试成绩为学生提供的拨款,用于资助获得高等教育机构第一层级教育计划认证的学生。

44. 艺术高等教育:为一个或多个艺术领域培养表演者的高等教育。

45. 体育高等教育:为一个或多个体育领域培养表演者的高等教育。

46. 特殊高等教育:由一个特定领域的教育计划组成的高等教育。

47. 学生:根据本法和高等教育机构章程,在高等教育机构注册且正在接受学士、硕士或专业认证,以及博士计划学习的人员。

48. 高等教育:在完整的普通教育之上,为培养从事不同领域专业活动的合格人员,且由适当的文件予以证明的教育。

49. 高等教育机构:实施高等教育计划的教学与研究机构。其主要活动包括组织高等教育活动、开展研究和进行创意性工作。

50. 高等教育分支机构:是高等教育机构的一部分,具有一定的独立性,权力上与其管理机构分离,实施与其母体高等教育机构相同的高等教育计划。

51. 大学：可授予学生学士、硕士和博士学位的多领域高等教育与研究机构，其主要机构所提供的至少 70% 的课程包括学士、硕士和认证专业教育计划。

52. 学院：高等教育机构中的教学、研究和管理机构，为学生从事一个或多个专业做准备，并确保学生获得相关学位。

53. 学院委员会：高等教育机构内部的代表机构。

54. 评议会（代表委员会）：高等教育机构的代表机构。

55. 质量规定：为改进高等教育机构的教育质量而实施的内部和外部评估程序。

第三条　高等教育目标

1. 格鲁吉亚高等教育的主要目标如下：

（1）推动格鲁吉亚以及对公民的社会生存与发展至关重要，且指向民主和人文主义理想的世界文化价值观的发展。

（2）满足获得适当高等教育的个人兴趣与能力的需求，提高个人技能和再培训水平。

（3）发挥个人潜能，发展富有创造性的技能，培养能够满足现代化需求的人才，培育在国内外劳动力市场上具有竞争力的毕业生。向利害关系人提供高质量的教育，满足学生社区和公众需求。

（4）培训和再培训新的研究人员，以确保国家发展和高等教育系统本身的可持续发展，并为开展研究创造、维持和发展有利条件。

（5）鼓励高等教育机构中学生和学术人员的流动。

2. 为实现本条第一项设定的目标，国家应确保：

（1）高等教育的可获得性和开放性以及教学、学习和研究的学术自由。

（2）提供终身学习的机会。

（3）整合高等教育和研究。

（4）建立高等教育机构质量保证体系，包括认证体系和质量保障服务。

（5）在统一的欧洲教育、研究领域和其他国际合作体系开展教学、学习和研究方面的有效合作。

（6）高等教育机构自治。

（7）高等教育机构的学生和学术人员参与教育决策，并监督其实施过程。

（8）禁止高等教育领域一切形式的歧视，包括学术、宗教和种族背景、观点、性别、社会出身或其他任何理由。

（9）高等教育机构管理以及在高等教育机构所举行比赛的公开性和透明度。

（10）为实现本条第一项设定的目标创造其他条件。

3. 为实现本条第一项设定的目标，高等教育机构应：

（1）为个人从事专业活动所需要的理论知识和研究技能的应用做好准备。

（2）提高人员的技能水平。

（3）支持学生社会状况的改善。

（4）为残疾学生创造学习条件。

（5）鼓励发展体育运动。

（6）与格鲁吉亚的其他高等教育和研究机构开展合作。

（7）增强与外国教育机构的国际合作和师生交流。

（8）通过在自由、民主、社会公正的环境中进行教学、学习和资格升级,鼓励研究的发展。

（9）支持现代知识和技术的传播。

（10）确保高等教育的可获得性和开放性以及教学、学习和研究的学术自由,提供终身高等教育机会,学术人员和学生参与决策并监督其实施,高等教育机构管理以及在高等教育机构所举行比赛的公开性和透明度,禁止高等教育领域一切形式的歧视,包括学术、宗教和种族背景、观点、性别、社会出身或其他任何理由。

（11）为实现本条第一项设定的目标创造其他条件。

4.只有在下述情况下才允许限制学术自由：

（1）研究自由:组织问题和确定优先事项的自由。

（2）教学自由:批准学习课程讲座与计划的时间表以及组织与学习过程有关的问题的自由。

（3）学习自由:组织学习过程并提供高质量教育的自由。

5.任何政治、宗教组织不得在高等教育机构设立分支结构或基层单位。

第四条　高等教育语言

在阿布哈兹自治共和国,高等教育机构的教学语言可以是格鲁吉亚语,也可以是阿布哈兹语(除个别学习课程外,其他语言的教学也是允许的,但必须是国际协议约定的,或者是格鲁吉亚教育和科学部认可的)。

第二章　高等教育系统管理

第五条　格鲁吉亚议会在高等教育领域的权力

1.定义高等教育政策和管理的关键方向,并通过适当的法令。

2.听取格鲁吉亚教育和科学部部长关于高等教育领域国家政策的实施情况、财务活动和公共计划的报告。

第六条　格鲁吉亚政府在高等教育领域的权力

1.格鲁吉亚政府应：

(1)实施高等教育领域的国家政策。

(2)确定国家教育补助金额。

(3)根据格鲁吉亚教育和科学部的提议,确定高等教育机构国家优先发展专业所注册学生的资助金额和条件,并通过社会方案提供资助,但此类资助不得超过年度教育补助金的 6%。

(4)根据格鲁吉亚教育和科学部的建议,建立具有公法人地位的高等教育机构。

2.根据格鲁吉亚教育和科学部部长的建议,格鲁吉亚总理应指定全国教育机构认证服务处和国家考试中心的负责人。

第七条　格鲁吉亚教育和科学部在高等教育领域的权力

1.格鲁吉亚教育和科学部将会:

(1)在高等教育领域实施统一的政策。

(2)编制反映高等教育系统指标的基本文件。

(3)建议格鲁吉亚政府批准国家教育补助金额,批准高等教育机构国家优先发展专业所注册学生以及通过社会计划所资助学生的资助金额和条件。

(4)向格鲁吉亚总理提名全国教育机构认证服务处和国家考试中心负责人的候选人。

(5)向具有私法人地位的高等教育机构颁发许可,并监督许可条件的遵守情况。若违反许可条件,则有权吊销其许可证。

(6)根据全国教育机构认证服务处的建议,批准高等教育机构的认证条例,一旦违反条例规定,则有资格请求全国教育机构认证服务处撤销认证。

(7)制定和批准具有公法人地位的国家考试中心和全国教育机构认证服务处的法律。

(8)根据议会的建议和格鲁吉亚法律,批准具有公法人地位的高等教育机构的章程,并对具有公法人地位的艺术和体育高等教育机构章程草案做出结论。

(9)根据全国考试中心的建议,批准全国统一考试条例和考试时间表、总成绩文件和全国统一考试成绩的绝对排名以及在国外接受完整普通教育的学生入读格鲁吉亚高等教育机构的条件。批准支持在社会计划框架内举行全国统一考试以及希望在格鲁吉亚接受高等教育的外国公民而开展的活动。

(10)与国际组织、其他国家及其高等教育机构开展合作,检测和保障高等教育质量。

(11)根据本法第七十四条第三项规定,指定一名代表并针对具有公法人地位的高等教育机构的进一步活动提出建议。

(12)对具有公法人地位的高等教育机构实施国家控制,并承担实施高等教育领域(艺术、体育高等教育除外)颁布的规范性法规的责任。

(13)批准高等教育专业目录、高等教育及其成绩单的证明文件格式。

(14)批准高等教育机构的机构认证和项目认证费用的上限。

(15)批准国家教育补助金在两所经过认证的高等教育机构之间的转移程序和条件。

(16)履行格鲁吉亚法律、教育和科学部条例所规定的其他职责。

2.根据既定规则,格鲁吉亚教育和科学部应在教育机构登记处登记具有公法人地位的高等教育机构的董事、校长和评议会议长的有关资料,并遵守下列规定:

(1)应在收到通知后的一个月内登记所有数据。

(2)若违反本法或高等教育领域颁布的其他细则规定,则不得登记任何数据。

(3)若教育和科学部在一个月内未向数据提供者告知其数据中发现的违法行为,则所提供的数据应被视为已经注册。

第八条　文化、古迹保护和体育部在高等教育领域的权力

根据本法,文化、古迹保护和体育部对具有公法人地位的艺术和体育高等教育机构,应当:

1.经格鲁吉亚教育和科学部的同意,向格鲁吉亚政府提交关于设立高等教育机构的建议。

2.根据《格鲁吉亚规范性法规法案》,结合格鲁吉亚教育和科学部的结论,批准高等教育机构的章程。

3.依照《格鲁吉亚公法人法》对高等教育机构实行控制。

4.承担实施艺术和体育高等教育领域规范性法规的责任。

5.确保艺术和体育高等教育的项目经费筹措。

第三章　高等教育机构的类型、组织和法律结构及重组和终止清算

第九条　高等教育机构的类型、组织和法律结构

1.在格鲁吉亚,高等教育机构的类型如下:

(1)大学。

(2)学院(高等教育学校)。

2.高等教育机构可以是公法人,也可以是私法人。

第十条　高等教育机构的权力分工

1.根据本法规定,高等教育机构应当:

(1)批准院系学习、研究和创造性工作的政策。

(2)制定章程,批准机构的内部管理规定、道德守则、纪律责任的规则和基础。

(3)批准人事聘任的统一规定。

(4)学年伊始,批准院系提出的全国统一考试各组成部分系数。

(5)选举管理机构和管理人员。

(6)根据格鲁吉亚法律,管理机构的财务和财产。

2.根据本法规定,高等教育机构各学院应当:

(1)确定学习、研究和创造性工作的主要方向,制订相关计划和方案。

（2）根据学术委员会的建议，经评议会批准，制定人员招聘程序。

（3）学年伊始，确定全国统一考试的系数。

（4）选举管理机构和管理人员。

（5）提供学习质量供给服务。

（6）根据格鲁吉亚法律和高等教育机构章程，对财务和财产所有权以及使用情况做出决定。

第十一条　具有公法人地位的高等教育机构

1.国家只能设立具有公法人地位的高等教育机构。

2.根据本法和《格鲁吉亚公法人法》所规定程序以及本条第一项的规定，格鲁吉亚教育和科学部将对公法人实施国家控制，但艺术和体育高等教育机构除外。

3.格鲁吉亚政府在设立具有公法人地位的高等教育机构的过程中，应当注明该高等教育机构的名称、类型、目的以及向高等教育机构移交的财产清单。文化、古迹保护和体育部对具有公法人地位的艺术和体育高等教育机构实施国家控制。

第十二条　具有私法人地位的高等教育机构

1.可根据《格鲁吉亚企业家法》《格鲁吉亚民法典》等的规定设立具有私法人地位的高等教育机构。

2.国家和地方自治机构不得作为具有私法人地位的高等教育机构的创始人、利益相关者（股东）或者成员。

3.本法第四章、第五章（该章第三十二条和第三十五条除外）和第十四章所规定的规则不适用于具有私法人地位的高等教育机构。

第十三条　高等教育机构的重组和清算

1.高等教育机构可根据《格鲁吉亚企业家法》《格鲁吉亚公法人法》《格鲁吉亚民法典》和本法等法案的相关规定进行重组或清算。

2.格鲁吉亚政府可根据格鲁吉亚教育和科学部的建议，根据格鲁吉亚法律对具有公法人地位的高等教育机构进行重组或清算。

第四章　具有公法人地位的高等教育机构的结构组成等相关规定

第十四条　高等教育机构的结构组成

1.高等教育机构由学院、高等教育机构图书馆和包括校长办公室、通信办公室（大学、部委和其他机构关方信件的收发办公室）、管理机构秘书处等在内的支持性机构组成。

2.高等教育机构的章程和相关机构的条例应当作为高等教育机构各基层单位的活动指导规则。高等教育机构章程还应当作为组织机构或院系的活动指导规则。

3.应按照格鲁吉亚法律和高等教育机构的章程规定对高等教育机构的分支机构进行管理,以确保学生和教授在分支机构管理机构中的代表性及质量保障机制的实施。

4.根据格鲁吉亚国际协定和格鲁吉亚法律规定,为便于在格鲁吉亚领土上经营,外国高等教育机构的分支机构应当获得许可证或认证。

第十五条　高等教育机构的管理

1.高等教育机构的管理机构包括:学术委员会、评议会、校长、总务长和质量提供服务处。

2.学院的管理机构包括:学院委员会、院长和学院质量提供服务处。

第十六条　高等教育机构的管理原则

1.高等教育机构应确保:

(1)管理机构的决定、校长和总务长的报告以及所签署法令等对所有利害关系人的公开性和可获得性。

(2)学术人员和学生的学术自由。

(3)学术人员和学生参与决策。

(4)不论种族、社会出身、性别、政治或宗教信仰等,平等对待每个人。

(5)选举的公正性和透明度以及在高等教育机构所举行竞赛的公开性。

2.高等教育机构章程和学院规章制度的规定均不得违反上述原则。

第十七条　高等教育机构评议会选举

1.高等教育机构的代表机构应当是高等教育机构的评议会。评议会由高等教育机构中的学院基于表现而选举产生。评议会成员应从学院学生和学术人员中,按照各自在每个学院中所占比例而分别选举产生。根据高等教育机构章程的规定,评议会成员的最低人数不应低于学术委员会成员人数的两倍。

2.高等教育机构评议会应根据高等教育机构章程规定的原则,由高等教育机构按照普遍、直接、平等选举和无记名投票原则选举产生。

3.评议会的服务期限应与基本教学层级相一致,并在章程中注明。

4.学生人数应占到整个评议会人数的三分之一。作为助理教授的博士生以学生身份参加选举。计算学生人数时应四舍五入,向学生倾斜。

5.根据高等教育机构章程规定,评议会成员除高等教育机构图书馆代表以外,还包括符合高等教育机构章程所规定规则和比例的高等教育机构的校友和社会公众。

6.教授与学生之间学术联系的中断,教授与学校之间雇佣关系的终止,都会使其丧失评议会成员资格。

7.当评议会成员在任期届满之前终止权力时,其职位由最后一次选举中获得仅次于该成员最多票数的候选人代替。若无候选人,则应重新进行选举,以填补同一任期的空缺职位。

8.行政管理人员、辅助人员以及学术委员会成员均不得当选评议会成员。

第十八条　评议会的权力

1.依照本法规定,评议会应当:

(1)在学术委员会的参与下,制定高等教育机构的章程,并提交格鲁吉亚教育和科学部批准。

(2)制定和批准教育机构的内部规章制度、道德准则和纪律处分程序。

(3)批准高等教育机构的预算制定规则以及组织机构的章程。

(4)选举评议会议长。

(5)根据学术委员会的建议,核准教务办公室的候选人资格。

(6)根据总务长的建议,批准高等教育机构的预算。

(7)根据总务长的建议,批准高等教育机构的行政管理框架。

(8)批准总务长的年度报告。

(9)根据学术委员会的合理建议,或者经总务长主动提出,可在总务长任期届满前终止其权力。

(10)根据学术委员会的建议,批准辅助人员的招聘程序、薪酬条件和金额。

(11)根据学术委员会的建议,批准学术人员的招聘程序、薪酬条件和金额。

(12)经学术委员会提名,核准质量提供服务处负责人的候选人资格。

(13)行使格鲁吉亚法律赋予的其他权力。

2.高等教育机构章程应规定组织和举行评议会会议的程序。

3.评议会可以批准预算,选举总务长,批准评议会全体成员多数票通过的总务长的年度报告。

4.根据本法第七十四条第三项规定,评议会的权力可在其任期届满前终止。

第十九条　高等教育机构评议会议长

1.评议会会议由评议会议长组织召开,议长从评议会会员中选举产生,且任期不得超过评议会成员的任期。议长办公室的任期需要在高等教育机构的章程中注明。

2.当发生下列情况时,可在评议会议长任期届满前终止其权力:

(1)自己的意愿。

(2)执行法院关于其定罪的裁决。

(3)死亡。

(4)法院判定其具有有限法律能力或无法律能力。

(5)本法第七十四条第三项规定的情形。

(6)被该高等教育机构的学术办公室解雇。

(7)高等教育机构章程规定的任何其他情况。

第二十条　高等教育机构学术委员会的选举

1.高等教育机构学术委员会是高等教育机构的最高代表,由作为学院委员会成员的学院学术人员和学生自治代表,在公开、自由和平等选举的基础上,通过无记名投票选举产生。

2.每个学院在学术委员会都有相同人数的代表,代表人数应在高等教育机构章程中予以规定。

3.只有教授可当选为学术委员会成员。

4.学术委员会成员的任期应与基本教育层级的期限一致,并在章程中注明。

5.三分之一的学术委员会成员应在完成一半的基础教育层级时予以更新。

第二十一条 高等教育机构学术委员会的权力

1.依照本法,学术委员会应:

(1)起草并批准高等教育机构的战略发展规划。

(2)根据学院的建议,批准学习和研究计划。

(3)促进高等教育融入欧洲,加快课程、学习和研究计划创新,加强高等教育机构之间的合作,增强流动性和综合教学能力。

(4)在自由和平等选举基础上,采取无记名投票方式,以学术委员会成员的多数票选出学术委员会主席,即校长。

(5)向评议会举荐学术委员会多数投票竞选出来的总务长候选人。

(6)通过成员的多数表决,向评议会提出关于在总务长任期届满前终止其权力的经证实的建议。

(7)在解雇总务长后的一个月内,向评议会建议办公室的新候选人资格。

(8)参加评议会关于高等教育机构章程、组织机构条例、总务长预算和年度报告的讨论。

(9)新学年伊始,根据学院委员会的建议,批准全国统一考试的系数以及每个学院的注册学生人数。

(10)确定其他高等教育机构所颁发学位的认可程序。

(11)根据学院委员会的建议,批准学位论文委员会的章程。

(12)建议评议会批准高等教育机构质量提供服务处负责人的候选人资格。

(13)制定学术人员的招聘规则、薪酬条件和金额,并建议评议会批准。

(14)向评议会提交年度报告。

(15)根据学院建议,对授予荣誉博士学位事宜做出决定。

(16)选举高等教育机构的图书馆负责人。

(17)根据质量提供服务处的提议,确定教学和研究活动的评估程序。

(18)行使格鲁吉亚法律赋予的其他权力。

2.当发生本法第七十四条第三项规定的情形时,可在学术委员会任期届满前终止其权力。

第二十二条 高等教育机构的校长

1.校长是高等教育机构的最高学术权威,作为学术委员会主席,在国内外学术和研究领域中代表高等教育机构,并被授权代表高等教育机构签订协议和进行交易。当交易或合同涉及财务和经济时,还应由总务长签署。

2.校长由学术委员会成员采取无记名形式投票选出。校长的职务任期由高等教育机构的章程确定,但不得超过学术委员会的服务期限。校长可当选其所在高等教育机构或其他经认证的高等教育机构的教授。

3.根据格鲁吉亚法律和高等教育机构章程规定,基于透明、平等和公平竞争的原则,高等教育机构学术委员会应就校长候选人的注册情况,在启动注册之前至少提前一个月进行公示,在举行选举之前至少提前3个月发布公告。

4.校长连续任职不得超过两届。

5.高等教育机构的总务长在结束一个完整任期且权力终止之后,方可当选为同一机构的校长。

6.在选举前遴选校长职务候选人时,由学术委员会评估每个候选人提交的行动计划。

第二十三条 高等教育机构的总务长

1.总务长是高等教育机构财务、材料和人力资源方面的最高行政管理人员,在财务和经济关系中代表高等教育机构。

2.按照本法所规定程序,总务长由学术委员会提名,并由评议会无记名投票方式批准产生。同一人只能被学术委员会提名两次。若评议会一再拒绝选出一位候选人,学术委员会应为总务长职位提名新候选人。

3.总务长任期不得超过4年。

4.总务长连续任职不得超过2届。

5.高等教育机构的校长在结束一个完整任期,且权力终止之后,方可担任同一机构的总务长职务。

第二十四条 总务长的权力

1.总务长应:

(1)负责高等教育机构的管理。

(2)可根据高等教育机构的预算规定,代表高等教育机构签订财务和经济协议。

(3)确定高等教育机构的管理结构,并建议评议会批准。

(4)确定教辅人员招聘程序、薪酬条件和金额,并建议评议会批准。

(5)起草高等教育机构预算方案,并建议评议会批准。

(6)编制关于所开展工作的年度报告,并建议评议会批准。

(7)在其职权范围内通过单个法案。

(8)承担高等教育机构财务和经济活动在合法性和效率方面的责任。

(9)履行高等教育机构章程所规定的其他职能。

2.总务长应向评议会和学术委员会负责。

3.除了一般解雇理由外,总务长的权力可能会因以下理由而终止:

(1)评议会一再拒绝批准年度报告和预算。

(2)评议会经证实的决定。

第二十五条　高等教育机构质量提供服务处

1.高等教育机构的学习和研究活动,提升人员素质的过程,都必须经过有学生参与其中的系统评估,且评估结果应向所有利害关系人公开。

2.为确保对高等教育机构的学习和研究活动、人员素质的提升进行系统性评估,高等教育机构应建立根据机构章程运作的质量提供服务处。

3.高等教育机构的质量提供服务处应与国内外高等教育机构的类似服务机构密切合作,以建立透明化的质量控制标准,并制定达到该标准的方法。

4.高等教育机构质量提供服务处负责人由学术委员会提名,并经评议会批准。

5.高等教育机构的质量提供服务处与院系的质量提供服务处之间的合作由高等教育机构的章程予以规定。

6.高等教育机构的质量提供服务处应引进现代教学、学习和评价方式(包括模块,学分制等)来确保提供优质教学,并准备认证过程中的自我评估。

第二十六条　高等教育机构预算

1.高等教育机构的预算应由评议会根据总务长的提议予以批准。

2.总务长、学院和高等教育机构的其他组织机构,应起草高等教育机构的预算方案,并经高等教育机构学术委员会同意后,提交给评议会批准。

3.评议会应审查拟议预算,并批准或附上相关评论退还给校长。

4.若总务长同意评议会的意见,评议会将批准根据评论重新修改后的预算方案。

5.若总务长不同意评议会的意见,则可将未通过的预算方案,连同学术委员会的建议和经证实的评论一起提交给评议会。

6.若评议会一再拒绝批准预算方案,将会导致总务长权力的终止,预算方案将会根据新当选校长的提议予以批准。

第二十七条　学院和学院委员会

1.学院是高等教育机构的主要组织机构,主要由教学、研究(包括研究所、实验室、诊所、特别项目等)和辅助性(包括图书馆及其他机构)机构组成。

2.学院委员会是学院的代表机构,应由学院的所有学术人员、学生自治的代表组成,或根据高等教育机构章程规定,由选举产生的学术人员代表和学生自治代表组成。

3.学院委员会的学生自治代表人数由学院条例予以规定,且不得少于学院委员会成员的四分之一。

第二十八条　学院委员会的权力

1.确定学院预算并提交总务长批准。

2.在自由和平等选举的基础上,采取无记名投票方式,并根据多数票选举出一名学院院长。

3.根据院长的建议,制订学院战略发展规划、学习和研究计划,并提交高等教育机构学术委员会批准。

4.根据院长的建议,制定学院结构及工作条例,并提交学术委员会批准。

5.制定学位论文委员会条例,并提交学术委员会批准。

6.选举学院质量提供服务处负责人。

7.行使格鲁吉亚宪法和本法授予的其他权力。

第二十九条　学院院长

1.学院委员会应选举一个任期由高等教育机构章程予以规定的院长,且任期不得超过4年,院长连续任职不得超过两届。根据格鲁吉亚法律与高等教育机构章程的规定,基于透明、平等和公平竞争的原则,学院委员会应根据院长办公室职位候选人的注册情况,在启动注册之前至少提前一个月进行公示,在举行选举之前至少提前两个月发布公告。

2.院长必须具有学术博士学位。

3.院长应:

(1)确保学院学习和研究活动的效率。

(2)将学院战略发展规划和学习、研究计划提交学院委员会审查。

(3)制定学院结构和条例,并提交学院委员会批准。

(4)在其职权范围内,负责执行评议会、学术委员会和学院委员会的各项决定。

(5)在其职权范围内通过单个法案。

(6)主持学院委员会会议。

(7)确保学院预算经费的支出合理,并符合本法和高等教育机构章程。

(8)行使本法和格鲁吉亚宪法赋予的其他权力。

第三十条　学位论文委员会

1.学位论文委员会是一个学院内设立的可授予博士学位的机构。

2.学位论文委员会的人员配置和主席的选举程序,由学术委员会根据学院委员会的建议而批准的条例予以规定。学位论文委员会由学院具有博士学位的教授和副教授组成,邀请其他高等教育机构的教授和副教授加入学院学位论文委员会的规则和条件,则由高等教育机构章程予以规定。

3.学位论文委员会根据学术委员会参考学院委员会的建议而批准的条例进行运作,并授予本法所指明学科领域的博士学位。

4.高等教育机构有权与研究机构签订合同,实施博士研究计划。

第三十一条　学院质量提供服务处

1.为确保对高等教育机构的学习和研究活动、人员素质的提升进行系统性评估,学院应建立根据学院条例运作的质量提供服务处。

2. 学院质量提供服务处与国内外高等教育机构的类似服务机构密切合作,以建立透明化的质量控制标准,并制定达到该标准的方法。

3. 学院委员会应批准学院质量提供服务处的负责人。

4. 学院质量保障服务部门通过引进现代教学、学习和评价方式(包括模块,学分制等)来提供优质教学,并准备认证过程中的自我评估。

5. 具有博士学位的学院委员会成员可兼任学院质量保障服务处成员。

第五章　具有公法人地位的高等教育机构的人员

第三十二条　人员职位

高等教育机构应有学术、行政和辅助职位。

第三十三条　高等教育机构的学术人员

1. 高等教育机构的学术人员由教授组成。

2. 教授、副教授和助理教授统称为教授。

3. 教授应参与或领导学习过程和研究。

4. 教授教学负荷的限度由学术委员会确定,并经评议会批准。

第三十四条　担任学术职位的规则

1. 只有通过透明、平等和公平竞争原则进行公开竞争,相关人员才能担任学术职位。

2. 竞选日期和条件应根据格鲁吉亚法律和高等教育机构章程的规定,竞选程序必须在注册前一个月和竞选前两个月向社会公布。

3. 竞选规则由学术委员会制定,高等教育机构评议会批准。

第三十五条　就任学术职位的条件

1. 就职教授职位的人员应具有博士学位,且至少有6年的教学和研究经验。附加条件由学术委员会制定,高等教育机构评议会批准。

2. 就职副教授职位的人员应具有博士学位。附加条件由学术委员会制定,高等教育机构评议会批准。

3. 助理教授可以是博士,也可以是博士生。

4. 关于艺术和体育高等教育机构的表演专业,在公开竞争基础上担任学术职位的条件,应反映在高等教育机构章程中,并由高等教育机构的学术委员会制定,评议会批准。

第三十六条　学术人员的聘用关系

1. 与学术人员签订的聘用合同,应按照《格鲁吉亚劳动法》规定的期限终止。

2. 年龄在65岁以上的人员,不得被选为具有公法人地位的高等教育机构的学术人员。

第三十七条 学术人员的权利和职责

1.学术人员有权利:

(1)依照本法和高等教育机构章程的规定,参与高等教育机构管理。

(2)不经任何干扰地开展教学、研究和创造性活动,发表研究成果。

(3)在教育计划框架内,自主确定学习计划内容以及教学方法与手段。

(4)为开展研究和创造性活动,提升个人资历,每五年享有一次带薪休假,但最长不得超过一个学年。

(5)行使本法和格鲁吉亚法律授予的其他权力。

2.学术人员的职责如下:

(1)遵照高等教育机构章程的要求。

(2)遵守道德准则和纪律责任规范。

(3)履行聘用合同赋予的职责。

(4)在提升资历后,提交关于其所开展工作和活动的报告。

3.高等教育机构应确保所有学术人员的教学和研究自由,并为其工作创造适当条件。

第三十八条 学术人员的解雇

学术人员可能因以下理由被解雇:

1.应自己的要求。

2.聘用合同到期。

3.严重或有计划地违反道德准则和纪律规范。

4.违反聘用合同的条款和条件。

5.退休或被授予退休教授荣誉。

6.法律规定的其他情况。

第三十九条 学术声誉

1.为表彰特殊服务,学术委员会可授予科学家、学者和公众人物等外国公民荣誉博士称谓。

2.所有65岁以上的教授可被授予退休教授荣誉。

3.学术人员获得荣誉前的薪资与国家补助金之间的差额由高等教育机构承担。同时,荣誉人员在未担任任何学术或行政职务的情况下,也能够参加高等教育机构的教育和研究活动,并享受从高等教育机构经费预算中支付的一些额外的社会福利。

第四十条 行政职位和其他人员

1.高等教育机构的行政办公室由校长、总务长、学院院长及其代表组成。

2.所有65岁以上的人员均不得当选或被任命为具有公法人地位的高等教育机构的行政职务。

3. 教师人员由教师和高级教师组成。

4. 教师有权举办研讨会、实践和实验室会议，无须担任学术职位。

5. 辅助人员应由包括在机构工资单上为高等教育机构发展提供必要服务的其他人员组成。

第四十一条　担任行政职务人员的解雇

担任行政职务的人员可能因以下理由被解雇：

1. 应自己的意愿。

2. 执行法院关于其定罪的裁决。

3. 死亡。

4. 法院判定其具有有限的法律能力或无法律能力。

5. 年龄达到 65 岁。

6. 本法第七十四条第三项规定的情况。

7. 被该高等教育机构的学术办公室解雇。

8. 高等教育机构章程规定的其他情况。

第四十二条　高等教育机构办公室的职务冲突情况

1. 担任行政职务的人员不得同时兼任其所在高等教育机构的其他行政职务，或者不得当选为其他组织机构的负责人。

2. 除了校长，学术委员会成员不得同时兼任其所在高等教育机构的行政职务或当选评议会成员。

3. 评议会议长不能同时兼任其所在高等教育机构的行政职务。

4. 学术人员、教师和辅助人员的职务冲突情况由本法和高等教育机构的章程决定。

第六章　学　生

第四十三条　学生的权利

1. 学生有权：

(1) 接受优质教育。

(2) 参与研究活动。

(3) 按照高等教育机构章程、内部条例制定的程序，使用高等教育机构材料和技术设施、图书馆、信息资源及其他手段等。

(4) 接收关于高等教育机构包括格鲁吉亚法律规定的财务和经济活动等在内的活动详细资料。

(5) 根据本法和高等教育机构的章程，基于公正、公开和平等选举的原则，可选举或当选为高等教育机构和学院的管理机构和学生自治机构的代表。

(6) 按照个人兴趣自由组建、加入学生组织。

(7)自由表达个人观点，并针对分享研究过程中所提出的建议做出明确拒绝。

(8)根据格鲁吉亚法律和高等教育机构章程规定，在第二学年连同政府资助转学至另一所高等教育机构。

(9)根据格鲁吉亚法律和高等教育机构章程规定，获得国家、高等教育机构或其他来源的津贴、经济或物质援助以及其他福利等。

(10)选择学习计划。

(11)参与个人学习计划的制订。

(12)不时评估学术人员的工作。

(13)行使本法和格鲁吉亚法律赋予的其他权力。

2.博士生可以当选为助理教授，并能够以学生身份参加高等教育机构管理机构的选举。

3.高等教育机构为残疾学生提供福利，并为其接受教育创造必要的条件。该项内容是由格鲁吉亚法律、高等教育机构章程和相关学院的条例规定的。

4.学生向学术人员陈述的关于其观点、信念和政治信仰的个人信息，在学生学习过程中是对学术人员公开的，但关于学生纪律处分的信息则是保密的，除非学生许可，或者行政管理部门为捍卫他人安全，或者受法律保障的权利的合法利益。关于学生学业成绩和纪律处分的信息应分开保存。在保存学生信息时，行政管理部门有责任遵守《格鲁吉亚行政总法》规定的规则和程序。

5.高等教育机构不得行使其权力，或因采取材料和技术资源等方式而对审查制度或限制言论自由造成威胁，但本条第七项规定的情况除外。

6.高等教育机构有义务对学生所学知识进行公正评估，并应为此制定适当的程序。

7.对学生的纪律处分应与学生的不当行为相对应，并按照高等教育机构的章程规定进行。该情形应由内部管理制度根据本法和公正程序予以规定。高等教育机构有义务塑造学生的道德准则，若与学习过程有关，则可能会对学生行为具有一定的限制。高等教育机构有义务对该行为进行系统解释，并将其作为纪律处分的根据。

8.除了高等教育机构章程规定和内部管理制度规定的情况外，若危及他人的权利和健康、高等教育机构的财产和安全，则对学生的纪律处分不得限制学生参与学习过程的权利。对学生的纪律处分问题应由学院委员会决定。学生有权参加对其进行的诉讼。

9.受到纪律处分的学生具有以下权利：

(1)收到对自身启动纪律处分且经证实的书面决定。

(2)参与纪律处分程序，并享有辩护权。

(3)向委员会提供自身所掌握的证据和资料。

(4)获悉审查学院委员会所掌握的证据。

(5)要求公开审理对自身的纪律处分。

10. 在纪律处分程序中,举证是投诉人的责任。有关纪律处分的决议应根据格鲁吉亚法律、高等教育机构章程及其内部规定的证据予以证实。学院委员会应对所有作为纪律处分依据的证据进行审查。

11. 学生有权在法庭上针对学院委员会关于自身情况所做出的决定提起上诉。

12. 在完成相关教育计划后,或出现高等教育机构章程规定的其他情况时,学生的身份将被终止。

第四十四条　学生的职责

学生有义务学习其所选择的高等教育机构课程规定的必修科目,并符合高等教育机构章程和内部规定。

第四十五条　学生自治的权力

1. 高等教育机构应建立学生自治制度,由各学院在公开、平等和直接选举的基础上选举产生。

2. 各学院的自治机构组合应代表高等教育机构的自治,并由其制定学生自治条例。

3. 根据所制定条例,学生自治应:

(1)确保学生参与高等教育机构的管理。

(2)促进对学生权利的保障。

(3)向学院委员会选派代表。

(4)就改善高等教育机构、学院的管理体制和学习质量提出建议,并将建议提交学院委员会、高等教育机构评议会和学术委员会。

(5)行使条例规定的其他权力。

4. 高等教育机构的行政管理不得干扰学生自治活动。

第七章　高等教育层级

第四十六条　高等教育层级类型

1. 高等教育机构可以提供 1 至 3 个层级的高等教育学习。

2. 三级高等教育由以下层级组成:

(1)学士学位课程:不短于 3 年且不超过 4 年的教育计划。

(2)硕士学位课程:不短于 2 年的教育计划。

(3)博士学位课程:不短于 3 年的教育计划。

3. 在完成每一层级教育后将颁发相关文凭,并附上标准成绩单。

4. 未能完成上述任何一个层级的学生,应被授予适当的证书。

第四十七条　经认证的专家计划

1. 根据特殊的、旨在培养从事某一职业人才的高等教育计划,经认证的专家计划代表了学制为 3 至 5 年(医学教育为 5 至 6 年)的单一层级的高等教育计划。

2.经认证的专家若累积修满相关专业学士学位所需的总学分后,在接受额外准备时,其有权继续硕士研究生阶段的学习。

第四十八条　学士学位和硕士学位课程

1.只有持有完整普通教育的国家证书或具有同等学力的人员,才有权接受学士学位课程学习。

2.接受学士学位课程学习的目的,除了接受与普通教育相比更高层级的专业教育外,还要学习学科理论方面更深层次的知识,并为了硕士学位层级的继续深造,通过研究计划攻读研究生。

3.具有学士学位或同等学力的经认证的专家才可以接受硕士课程学习。

4.学习硕士计划的目的如下:

(1)为在高等教育机构从事研究工作和教学活动做准备。

(2)更换专业。

(3)提升资历。

5.除了艺术和体育高等教育机构的表演专业外,硕士研究生课程不仅包括教学,必要时还包括学生的独立研究。因为研究将显著提高学生的知识水平,并为从事研究工作奠定基础。

6.在医学领域(包括兽医),经过六年制教育计划而获得的经认证专家的学位可被视为硕士学位的同等学力。

第四十九条　博士学位课程

1.具有硕士或硕士同等学力的学生可以攻读博士学位。

2.高等教育机构应为博士生提供研究指导员,并为其开展包括理论、实验成果在内的相关研究工作创造有利条件,为其融入世界研究共同体提供便利。

3.在博士计划完成及博士论文成功答辩后,可授予其博士学位。

4.高等教育机构各学院下设的学位论文委员会,应根据相关条例的规定授予其博士学位。

5.博士学位的授予程序应在学位论文委员会条例中予以规定,并由高等教育机构评议会批准。

第五十条　对国外颁发的教育证书的认定

1.若在国外高等教育机构的学习计划与格鲁吉亚高等教育机构设立的学习计划能够兼容,则应对该学习计划及学业成绩予以认可。

2.格鲁吉亚国家学术认定信息中心在咨询相关高等教育机构的相关服务后,根据国际条约、双边或多边协定以及格鲁吉亚法律的相关条款,负责对国外所颁发教育证书以及由格鲁吉亚颁发的同等学力或教育证书真实性进行正式认可。以上证书经认可后,格鲁吉亚高等教育机构和用人单位即可分别做出允许证书持有者在格鲁吉亚继续学习或就业的有关决定。

第八章 入读高等教育机构

第五十一条 国家考试中心

1.国家考试中心是公法人法律实体,负责开发和管理申请高等教育机构的全国招生考试制度。

2.国家考试中心条例由格鲁吉亚教育和科学部部长制定和批准。

3.国家考试中心主任由格鲁吉亚总理根据格鲁吉亚教育和科学部部长的提名任命。

4.国家考试中心举行的全国统一考试的成绩,对于每所经认证的高等教育机构都具有强制性,并将该成绩作为向格鲁吉亚公民或居民发放高等教育补助金的依据。每个希望参加全国统一考试的人员,只要出示一份可证明其已接受完整的普通教育的国家文件,即可参加考试。

第五十二条 学生入读经认可高等教育机构的基础

1.只有通过全国统一考试的学生才可以根据其考试分数排名,在经认证的高等教育机构注册经国家认证的教育计划。

2.根据艺术和体育高等教育机构规定的程序,为接受艺术和体育高等教育,入学者应参加全国统一考试之前举行的相关比赛。

3.为提高入学者的流动性,根据其所接受中等教育或同等学力教育的国家法律规定,具有接受高等教育权利的外国公民和无国籍人士有权在经认证的高等教育机构学习经国家认证的教育计划。

4.教育和科学部应根据国家考试中心的建议,满足在国外接受中等教育或同等学力教育,且目前希望在经认证的高等教育机构学习经国家认证的教育计划,并具有接受高等教育权利的格鲁吉亚公民的需求。

5.学年伊始,每一所有意愿的高等教育机构都有权利和义务参与全国统一考试,并应公布各学院确定的每个科目考试系数。各学院对通过考试的学生的录取工作应根据学院每学年伊始为每个考试科目所设定的系数进行。

6.在高等教育机构认证后确定的被录取学生的限制范围内,应向外国公民预留部分录取名额,但预留名额不得超过被录取总人数的5%。

7.根据格鲁吉亚教育和科学部基于国际公约或互惠原则制订的国家特殊计划,可向外国公民颁发国家教育补助金,但补助金额不得超过国家教育补助金年度经费的2%。

8.根据格鲁吉亚教育和科学部的提议,在国家优先发展专业就读以及通过社会计划获得资助的学生可以获得资助,且格鲁吉亚政府有权就获得资助的条件与金额做出规定,但资助金额不得超过国家教育补助金年度经费的6%。

9.国家考试中心根据学院学年伊始公布的系数对参加考试的学生进行排名,并将名单发送给相关学院。

10.高等教育机构和学院有义务录取完全基于本条第九项而确定的名单上的学生。

第五十三条　全国统一考试

1.国家考试中心应负责全国统一考试的准备和组织。

2.教育和科学部部长应批准举行全国统一考试的程序,并根据国家考试中心的建议分配国家教育补助金。

3.愿意参加全国统一考试的人员应当向考试中心提交申请,并在申请中注明其愿意继续就读的高等教育机构、学院(可选择多个学院)和专业(可选择多个专业)名称。

4.为参加全国统一考试,个人应持有国家文件的证明,证明接受了完整普通中等教育。

5.在国外接受普通中等教育的人员参加全国统一考试的程序由国家考试中心制定,并经格鲁吉亚教育和科学部批准。

6.全国统一考试计划由国家考试中心制订,并经教育和科学部部长核准。

7.新生须支付考试费用。教育和科学部部长应根据国家考试中心的建议,批准收费金额和豁免条件。

第五十四条　国家教育补助金的发放

1.根据全国统一考试的成绩,国家考试中心应起草国家教育补助金的发放计划,并提交格鲁吉亚教育和科学部批准。

2.国家教育补助金应按照全国统一考试分数的绝对总和进行发放。

3.除了获得国家教育补助金的学生名单外,发放国家教育补助金的计划草案还应包括根据分数的绝对总和,所有通过全国统一考试的学生的排名情况。

第五十五条　全国统一考试证书

1.应向参加全国统一考试后的考生,颁发全国统一考试证书,且证书上标明证书持有人的分数。

2.全国统一考试证书应标明新生是否获得国家教育补助金和新生在已发给学院的名单上的排名情况。新生还应向已获得入学权的学院出示全国统一考试证书。

3.若入学者在考试后 2 年内未能入读高等教育机构,证书将失效。

第五十六条　入读硕士学位和博士学位课程

硕士学位和博士学位课程的入学程序应由高等教育机构相关学院的条例予以规定。

第九章　高等教育机构的许可证

第五十七条　高等教育活动许可

私立高等教育机构的许可应当依照本法和《格鲁吉亚关于颁发营业执照和许可证的一般程序法》的规定执行。

第五十八条　获得许可证应提交的文件

1.高等教育机构章程。

2.教育计划和课程。

3.标明编号的有关学术人员的信息和证明其资格的文件。

4.维持教育过程中所需费用的估测。

5.关于材料和技术资源的信息。

6.有关工作场所安全和卫生条件的信息。

7.银行机构就许可证申请人在申请许可证时,其账户中针对资金(权益资本)的实际额度而发表的声明。

第五十九条　许可证授予期限

许可证发放人应在根据本法第五十八条规定提交所有文件后的3个月内对同意或者拒绝发放许可证做出决定。

第六十条　拒绝发放许可证的理由

1.若出现下述情况,则不得发放许可证:

(1)许可证申请人所提交的文件、技术、材料和其他资源不符合法律规定的申请执照要求。

(2)许可证申请人的许可证被暂停,且暂停原因尚未消除。

2.不得因为限制许可证发放数量而拒绝发放许可证。

第六十一条　暂停许可证

1.若许可证持有人未能遵守法律规定的许可条件,则许可证发放人应当就暂停许可做出决定。

2.许可证发放人应在暂停决定中予以说明,若满足一定条件,则其许可证可续期。

3.若发生本条第二项所规定的情况,则应暂停使用许可证,但暂停时间应在做出暂停决定后的3个月内。

第六十二条　撤销许可证

1.若出现以下情况,则许可证将被撤销:

(1)应许可证持有人要求。

(2)许可证持有人进行清算。

(3)暂停期届满,但在暂停期间暂停原因并未消除。

2.许可证发放人应在收到有关声明或信息后的3日内,或在本条第一项第三目中所规定的期限届满时,做出撤销许可证的决定。

第十章　认证程序

第六十三条　国家教育机构认证服务处

1.为确保高等教育机构及其计划符合国际标准和程序,国家应实施认证。除经认证的教育机构所颁发的文凭以外,国家不得承认其他任何文凭。

2.为确保国家认证的实施,格鲁吉亚教育和科学部应设立公法人法律实体,即国家认证服务处。

3.国家认证服务处应根据本法和格鲁吉亚教育和科学部批准的条例,独立开展活动和运作。

4.国家认证服务处对高等教育机构实施认证,并监督其遵守认证规定。若高等教育机构违反认证规定,国家认证服务处则有权撤销认证。

5.国家认证服务处负责人由格鲁吉亚总理任命和解职。

6.为确保质量管理,具有公法人地位的高等教育机构有权共同设立私法人法律实体,并由国家认证服务处在高等教育机构认证过程中对其实施评估。

第六十四条　设立专家小组

1.对于每个认证案例,国家认证服务处应任命专家小组组长,并与申请认证方协商确定组长候选人,协商程序由国家认证服务处根据条例予以规定。

2.专家小组组长应由小组成员提名。格鲁吉亚公民、其他国家公民或无国籍人士都可以被提名为专家小组成员。

3.所有专家小组成员候选人都应与申请认证方进行协商。协商程序由国家认证服务处根据条例予以规定。

4.在与申请认证方经协商后未能达成一致时,若发生下列情况,则应由国家高等教育机构认证服务处负责人批准专家小组成员构成:

(1)对公法人法律实体实施的机构认证。

(2)对受管制教育计划实施的认证。

第六十五条　专家小组

1.认证的前提条件是,申请认证方根据国家认证服务处事先向其提供的格式开展自我评估。

2.在认证工作完成后的一周内,专家小组应将认证结果提交国家认证服务处。

3.根据专家小组的认证结果,国家认证服务处应当根据本法第六十六条的规定发布一份个人行为法令。

第六十六条　认证决议

1.国家认证服务处负责人应以个人行为法令的形式做出关于高等教育机构认证的决定。这份法令应在格鲁吉亚教育和科学部的教育机构注册处登记,并根据法律规定程序进行公示。

2.关于高等教育机构认证的决议可能有四种类型:

(1)授予认证资格。

(2)拒绝认证。

(3)授予有条件认证。

(4)撤销认证。

3.若被授予有条件认证,则该条例应说明满足条件的规则。

4.除有条件认证外,高等教育机构认证的有效期不得超过5年。

5.根据本条第一项提到的国家认证服务处负责人签发的个人法令的规定,若是有条件认证,则必须在此次认证后的2年内实施下一次认证。

第十一章　高等教育机构的机构认证和项目认证

第六十七条　认证类型

1.高等教育机构应接受机构认证和项目认证两种类型的认证。

2.由国家认证服务处依照本法起草国家认证程序,并经格鲁吉亚教育和科学部部长批准。

第六十八条　机构认证

1.机构认证考察高等教育机构地位(有授予国家所认可证书的权利)与国家制定的关于财务、材料和人力资源标准的相符程度。

2.所有具有公法人地位的高等教育机构都必须接受国家高等教育机构认证。

第六十九条　进行机构认证应提交文件

1.对维持教育过程所需经费的初步估计。

2.学科名单。

3.教育和学习计划。

4.有关学术人员的信息(教授人数和资格证明文件)。

5.有关材料和技术资源的信息。

6.有关工作场所安全和卫生条件的信息。

第七十条　定期机构认证

在接受认证后,具有公法人地位的高等教育机构有义务在认证证明文件所规定的时限内实施下一次机构认证。

第七十一条　项目认证

1.项目认证考察与高等教育机构的项目有关的下列内容:

(1)其教育目标和宗旨具有可行性,且符合计划及其制订原则。

(2)教学方法与组织,评估计划下的学习是否充分。

(3)学生成绩与学生个人工作。

(4)提供学习资源。

(5)提高教学质量的潜力。

2.机构认证是项目认证的先决条件。

3.任何高等教育机构的教育项目,无论其组织和法律地位如何,都可获得国家项目认证。

4.应根据对高等教育机构教育项目的评估结果,颁发国家项目认证证书。

第七十二条　撤销项目认证

1.当发生下列情况时,应撤销项目认证:

(1)许可证被撤销。

(2)机构认证被撤销。

(3)认证条例规定的其他情形。

2.在撤销机构认证的情况下,高等教育机构可在做出撤销决定满1年后,向国家认证服务处重新提出对其教育项目进行重新认证的申请。

3.若因随后的认证过程,经认证的教育项目的认证被撤销,则格鲁吉亚教育和科学部、经济发展部、财政部和高等教育机构必须就已入学学生的状态和未来运转情况立即启动谈判。

第七十三条　认证的技术组织

1.除本法规定的情况外,国家认证的费用,包括专家小组成员的薪酬应由高等教育机构负责。

2.国家认证服务处有义务向高等教育机构提供有关认证的法律援助。国家认证服务处应每年就认证问题提出建议。

第七十四条　认证的法律后果

1.国家只承认修完认证教育计划后所获得的学位和文凭。

2.国家教育和研究补助金仅发放给已通过认证的教育机构和教育项目。

3.具有公法人地位的高等教育机构若连续两次都未能通过认证,应解除高等教育机构的管理和撤销行政机构官员的职务,并以此作为高等教育机构重组或清算的基础。

4.根据本条第三项规定,格鲁吉亚教育和科学部部长有权任命一名临时代表来负责协调该机构当前的活动,并针对高等教育机构进一步活动的便利性、学生转学至其他高等教育机构的可能性提出建议。

第十二章　受监管教育项目的认证

第七十五条　受监管的教育计划

1.受监管的教育计划受到有关法案的监管。

2.受监管的教育计划包括:

(1)法律。

(2)医药(含兽药)。

(3)教育学。

3.受监管的教育计划,以及提供该计划的高等教育机构的认证程序由国家认证服务处规定,并经格鲁吉亚教育和科学部批准。

第七十六条　受监管职业

1.受国家资格考试监管的职业名单,应完全由格鲁吉亚法律界定。

2.对受监管职业进行国家资格考试的程序和条件,应由格鲁吉亚法律予以规定。

第七十七条　受监管教育计划的认证

1.国家认证服务处应与法律指定的专业协会合作,共同制订受监管教育计划认证的审批条件,并提交格鲁吉亚教育和科学部部长审批。

2.若有关学习领域非合法建立的专业协会,国家认证服务处与相关利害关系组织合作,共同制订受监管教育计划的认证条件。

3.受监管教育计划的后续认证应在上一次认证后,每五年实施一次。

4.为了对受监管教育计划实施认证,国家认证服务处应根据本法第六十六条第二项规定做出决定。

第十三章　高等教育机构的活动类型和资金来源

第七十八条　高等教育机构的经济活动

根据《格鲁吉亚法律公法之法律实体法》和《格鲁吉亚民法典》设想的情形,具有非营利性法人地位的高等教育机构可以开展格鲁吉亚法律允许的其他经济活动。

第七十九条　高等教育机构融资

1.国家对高等教育机构的资助主要包括教学、研究、培训、再培训和提升机构人员的资格等。

2.高等教育机构的经费来源如下:

(1)国家教育补助资金所覆盖的学费。

(2)通过私人赠款、捐款或遗嘱获得的资金。

(3)基于竞争获得的国家研究经费。

(4)旨在鼓励学生入读高等教育机构国家优先发展的特色专业而制订的国家特别预算计划。

(5)相关领域部委所分配划拨的项目经费。

(6)格鲁吉亚法律允许的其他收入来源,包括经济活动收入。

第八十条　通过国家教育补助金资助高等教育机构发展

1.依照本法入读高等教育机构的格鲁吉亚公民,都有资格获得国家教育补助金。

2.根据国际协议、互惠互利原则以及格鲁吉亚教育和科学部制订的特别计划,可向外国公民发放国家教育补助金,但金额应控制在国家教育补助金年度经费的2%以内。

3.在每个教育层级,任何人都不得获得一个以上的国家教育补助。

4.国家只能在国家教育补助金限制范围内,支付具有私法人地位的高等教育机构的学费。

第八十一条 国家教育补助金金额

1.具有公法人地位的高等教育机构经认证教育计划的学费,由高等教育机构予以规定。

2.国家教育补助金应全额支付具有公法人地位的高等教育机构经认证教育计划的学费,具体金额由格鲁吉亚政府予以规定。

3.若具有公法人地位的高等教育机构经认证计划的成本高于国家教育补助金金额,则高等教育机构应有权收取国家经费无法涵盖的额外费用。

4.若具有私法人地位的高等教育机构经认证计划的费用低于国家教育补助金金额,则国家补助金金额应与教育计划的成本持平。

5.高等教育机构同一个教育计划的学费不存在差异。

6.当获得国家教育补助金的学生转学至另一所高等教育机构时,国家应在国家教育补助金的最高额度内支付该高等教育机构的学费。

7.已通过具有公法人地位的艺术和体育高等教育机构举行的比赛,且根据全国统一考试成绩排名而获得国家教育补助金的人员,应获得至少一半的国家教育补助金金额,具体由高等教育机构预算以津贴的形式发放。

第八十二条 高等教育机构与国家教育补助金发放人的关系

1.每学年伊始或者在下一个公历年的 1 月 1 日之前,国家应向高等教育机构划拨一定的补助金,且补助金金额应与该高等教育机构所获得国家教育补助金的学生人数相匹配。

2.在下一学年开始之前,高等教育机构有义务将所有获得国家补助金但由于某种原因而终止或推迟学业的学生姓名,告知格鲁吉亚教育和科学部。

第八十三条 国家研究补助金

1.国家研究补助金应根据格鲁吉亚教育和科学部制定的程序,基于竞争的原则,向高等教育机构的单位发放。

2.国家研究补助金和国家教育补助金均不得用于资助其他活动。

3.国家根据格鲁吉亚教育和科学部确定的优先发展事项,通过国家研究补助金,以特殊国家项目的方式向硕士和博士项目提供资助。

第十四章 具有公法人地位的高等教育机构的财产

第八十四条 具有公法人地位的高等教育机构的财产的内容

具有公法人地位的高等教育机构的财产,包括国家、法人和私人向其转交的财产以及机构自身利用自己的资金所获得的财产。

第八十五条 具有公法人地位的高等教育机构的财产使用

对具有公法人地位的高等教育机构的全部或部分房地产的收购、转让、租赁以及其他关于财产的决定,若超出教育和研究活动的范围,则需根据格鲁吉亚法律规定的程序,高等教育机构评议会只有经格鲁吉亚教育和科学部和财政部同意,方可做出允许的决定。

第八十六条　国家向具有公法人地位的高等教育机构转交的财产

1.在具有公法人地位的高等教育机构设立后,国家应以免费使用权的形式向其转交有关财产。

2.待转交的财产清单应附于高等教育机构的档案中。

3.待转交的财产清单应注明:

(1)财产列举。

(2)独立审计师对财产状况的审计结果。

4.在结束对具有公法人地位的高等教育机构的清算后,该机构的财产应根据格鲁吉亚法律的规定全部归还国家。

第十五章　过渡性规定

第八十七条　高等教育机构管理

1.在本法生效之前,所有根据总统令设立的具有公法人地位的高等教育机构,均应视为合法。

2.本法生效将导致具有公法人地位的高等教育机构的校长和学院院长被解职。格鲁吉亚总统有权将校长的职责移交给被驳回的校长,或任命高等教育机构的一名教授作为代理校长。格鲁吉亚总统有权在任期开始之前终止代理校长的权力,也可根据代理校长签发的条例解雇学院院长。代理校长有权将院长的职责移交给被驳回的院长或委任另一位候选人。

3.关于具有公法人地位的高等教育机构的管理机构的首次选举,应根据格鲁吉亚教育和科学部规定的程序进行,且必须在本法生效之后的 2 年内举行。

4.具有公法人地位的高等教育机构应在本法规定的管理机构首次选举后的六个月内,将有关本法的新章程提交格鲁吉亚教育和科学部批准。

5.第一届学术委员会选举后应立即采用抽签的方式,来决定应在基础教育水平服务一半时间的三分之一成员。

6.已连续两届担任同一职务,包括代理校长或代理院长在内的校长、总务长和院长职务的候选人,在上述职位的服务年限内应按照本法第二十二条第三项、第二十三条第四项和第二十九条第一项所涉及任期进行累计计算。

7.高等教育机构应充分提供本法规定的教育计划,并在 2007—2008 学年开始之前提供相关学位。

8.为实施本法规定的教育计划,高等教育机构应在 2009—2010 学年开始之前建立欧洲学分互换制度。

第八十八条　高等教育机构的地位和融资

1. 根据 1998 年 7 月 20 日发布的关于《教育机构认证委员会条例及其人员构成的审批》的第 418 号总统令而通过认证的高等教育机构,应当被视为在格鲁吉亚教育和科学部开始机构认证之前就已经通过认证,但不得迟于 2006—2007 学年开始。在 2006—2007 学年开始之前,格鲁吉亚教育和科学部应审查未参加本款规定的机构认证的具有私法人地位的高等教育机构的许可条件。

2. 格鲁吉亚教育和科学部应从 2007—2008 学年开始,采取针对性措施,为已通过机构认证的具有公法人地位的高等教育机构启动教育计划认证。

3. 在实施高等教育机构项目认证之前,且在 2010—2011 学年开始之前,具有公法人地位的高等教育机构和获得许可的具有私法人地位的教育机构,只要通过机构认证,其所有教育计划就都应被视为通过认证。

4. 根据本法,高等教育机构首次机构认证的费用应由国家承担。

5. 具有私法人地位的高等教育机构,应当承担许可费用以及首次机构认证之后的机构认证费用。

6. 格鲁吉亚政府应确保从 2005—2006 学年开始,按照本法规定逐步建立高等教育资助体系。

7. 在高等教育机构实施项目认证之前,国家应在 2010—2011 学年开始前将资助划拨给已获得机构认证的高等教育机构。

8. 格鲁吉亚政府应确定 2005—2006 学年、2006—2007 学年和 2007—2008 学年国家教育补助金的最低、平均和最高金额。具有公法人地位的高等教育机构应根据学院、专业情况和 2005—2006 学年、2006—2007 学年和 2007—2008 学年格鲁吉亚政府提供的国家教育补助金金额来确定高等教育计划成本。

9. 在 2007—2008 学年开始之前,格鲁吉亚议会和政府应起草法律修正案草案,授予高等教育机构非营利性法律实体的新地位。

10. 在 2007 年 1 月 1 日之前,格鲁吉亚教育和科学部应制订新的硕士和博士计划资助规则和条件。

11. 根据本法规定,新的硕士和博士计划资助体系,应在就读于该计划的学生开始课程学习后生效。

12. 在 2007—2008 学年开始之前,具有公法人地位的高等教育机构,应将关于建立高等教育机构分支机构的过渡方案的决议提交格鲁吉亚教育和科学部。

第八十九条　国家考试中心、国家认证服务处与教育计划的兼容性

1. 在 2006—2007 学年开始之前,格鲁吉亚教育和科学部应批准全国统一考试和高等教育机构国家认证服务处的条例。

2. 格鲁吉亚政府应确保国家认证服务处在 2007—2008 学年初开始开展活动。

3.在举行全国统一考试之前,其职能由格鲁吉亚教育和科学部、具有公法人地位的国家评估与考试中心代为履行。

4.2005—2006 学年,格鲁吉亚教育和科学部应确保在 2006—2007 学年举行格鲁吉亚语言与文学、外语(英语、德语、法语或俄语)和数学以及其他科目的全国统一考试,并由格鲁吉亚教育和科学部根据本法规定考试的实施程序、可选择性或强制性。

5.在高等教育机构国家认证服务处设立之前,由格鲁吉亚教育和科学部代为履行其职能。

6.在高等教育机构进行项目认证之前,国家考试中心举行的全国统一考试的结果适用于正在实施机构认证的高等教育机构,但仅限于 2010—2011 学年开始之前,并由格鲁吉亚教育和科学部确保高等教育机构的项目认证。

7.直至 2006—2007 学年,高等教育机构应继续提供学制不少于 2 年的硕士计划。

8.在本法生效前所授予的学位,若学生完成教育计划的时间持续不少于 5 年,则应等同于硕士学位。在本法生效前,学生在完成学士教育层级的学习后所获得的高等教育文凭应等同于学士学位。

9.在本法生效前,科学候选人(从苏联引进的学位,授予已经完成第二层级高等教育学习的学生)的科学学位应等同于博士学位。

10.本条第九项适用于已经成为或即将成为学术博士(在高等教育机构参加研究生学习计划,并准备论文答辩的学生)和论文博士(不追求研究生课程学习,但正在开展论文研究工作的学生),并在本法规定的论文委员会设立前即将获得科学候选人学位的学生,但截止时间为 2006 年 12 月 31 日。

11.在 2006—2007 学年开始之前,具有公法人地位的高等教育机构应确保高等教育机构的教授、教师和研究人员向本法规定的有关学术职务的流动。

12.在 2006—2007 学年开始之前,格鲁吉亚教育和科学部应确保本法第七条第一项第六、七、九、十三、十四目所规定的内容顺利实施。

13.当本法规定与《格鲁吉亚教育法》出现不一致时,以本法规定为准。

第十六章　　最终规定

第九十条　生　效

1.本法第三十六条第二项规定的年龄限制,第三十八条中第五项和第三十九条第三项应自 2009—2010 学年开始之日起生效。

2.本法第八十一条第一项自 2008—2009 学年开始之日起生效。

3.本法自发布后立即生效。

亚美尼亚

亚美尼亚,全称亚美尼亚共和国,是位于亚洲与欧洲交界处的外高加索南部的内陆国。西接土耳其,南接伊朗,北临格鲁吉亚,东临阿塞拜疆。面积 2.97 万平方公里,人口 296.1 万(2020 年 6 月)。首都是埃里温,人口 108.4 万。亚美尼亚族约占 96%,其他民族有俄罗斯族、乌克兰族、亚速族、希腊族、格鲁吉亚族、白俄罗斯族、犹太人、库尔德族等。官方语言为亚美尼亚语,居民多通晓俄语。全国划分为 10 个州和 1 个州级市(首都埃里温)。

1918 年 5 月 28 日,达什纳克楚琼党领导建立了亚美尼亚第一共和国。1920 年 1 月 29 日,成立亚美尼亚苏维埃社会主义共和国。1922 年 3 月,亚美尼亚加入外高加索苏维埃社会主义联邦共和国,同年 12 月 30 日以该联邦成员国身份加入苏联。1936 年 12 月 5 日,亚美尼亚苏维埃社会主义共和国改为直属苏联,成为其加盟共和国之一。1990 年 8 月 23 日,亚美尼亚最高苏维埃通过独立宣言,改国名为"亚美尼亚共和国"。1991 年 9 月 21 日,亚美尼亚举行全民公决,正式宣布独立。

2019 年,亚美尼亚国内生产总值为 137 亿美元,同比增长 7.6%,外贸额为 81.54 亿美元,同比增长 10.4%。

注:以上资料数据参考依据为中国外交部官方网站亚美尼亚国家概况(2020 年 10 月更新)。

亚美尼亚教育法

(1999 年 4 月 14 日经国民议会通过)

第一章　一般规定

第一条　亚美尼亚教育法律

本法规定了国家教育政策的原则和教育制度的法律、组织以及财政和经济基础。根据亚美尼亚宪法、本法以及其他法律条文对教育予以规范。

第二条　教育立法的目的

1.确保和保护亚美尼亚宪法所规定的亚美尼亚公民的受教育权。

2.公共行政权力与地方自治团体权力之间的分配与分离。

3.为教育体系的运行与发展提供法律保障和机制。

4.确定法人和自然人的权利、义务和责任,合法调节它们之间的相互关系。

第三条　术语释义

1.教育:为了个人、社会和国家的利益而进行的保存知识并将知识进行世代传承的教学和成长过程。

2.指导:通过教学计划,直接或间接组织实施或辅助个人学习开展的过程。

3.终身学习:通过贯穿于人的一生的正规教育、非正规教育以及非正式教育所取得的学习成果,提高或形成个人的知识、技能、能力和价值体系。

4.正规教育:由相关教育机构实施的普通教育、专业(职业)教育某一层次或完整的基本计划,并授予资格学位或证书。

5.非正规教育:相关教育机构或组织,针对履行该职能的服务能力所实施的补充或完整教育教学计划,但不会授予其资格学位,且学习成果也不会得到官方认可,但亚美尼亚法案规定的情况除外。

6.非正式教育:因日常家庭生活、休闲活动、工作以及其他通常未经计划且无明确目标,未对时间或资源进行组织和协调的不同行为等而达成的学习成果将不会得到官方认可,但亚美尼亚法律规定的情况除外。

7.补充教育:通过补充性教育计划进行的非正规学习,期限最长为五个月。

8.参加者:参加补充性教育计划学习的人员。

9.社会伙伴:对专业(职业)教育与教学感兴趣的组织或协会,特别是雇主工会、公共协会以及其他实施教育和学术计划的组织、州和社区当局等提供组织支持与合作。

10.国家教育标准:对教育计划内容的强制性最低限度、学习者的最大学术工作量以及毕业生质量要求做出规定的管理规范。

11.教育(含军事)计划:相关教育层次和专业的内容。

12.特殊教育:在一个或多个教育计划的基础上,针对需要特殊教育条件的学习者或表现出反社会行为的儿童,在普通或特殊教育机构和专业(职业)教育机构实施的指导和教育制度。

13.教育机构:实施一个或多个教育计划,并根据教育计划要求指导和培养学习者的具有法人地位的组织或分支机构。

14.军事教育机构:实施本科及研究生专业教育,并根据军事教育计划要求指导和培养学习者的教育机构。

15.幼儿园:实施学前教育计划的教育和培养机构。

16.普通教育机构:实施一个或多个普通教育基本计划的教育机构。

17.2009年7月10日废止。

18.教育综合体:实施多个教育计划的教育机构团体。

19.职业学校:实施初等职业教育计划,并具有法人地位的组织或分支机构。

20.学院:实施中等职业教育计划,并具有法人地位的组织或分支机构。

21.大学:组织开展高等教育、研究生教育、补充教育以及自然科学、社会学、科学技术和文化等不同方向的基础科学研究与学习活动的高等教育机构。

22.研究所:实施专业和研究生教育计划,开展科学、经济与文化等若干方向科学研究的高等教育机构。

23.研究院(教育):为发展特定领域的教育、科学、技术和文化,对开展某一分支高素质专家的准备工作和资格审查而实施研究生教育计划的高等教育机构。

24.音乐学院:为音乐领域专家的准备工作和资格提升而实施研究生教育计划的高等教育机构。

25.分校:与教育机构所在地有一定距离,且实施一个或多个教育计划的分支机构。

26.教育中心:实施补充性教育计划的组织(含教育机构)。

27.许可:教育机构的活动授权过程。

28.认证:根据国家教育标准的要求,对教育机构所开展活动及其毕业生质量、内容和水平进行的评估。

29.资格:证明学习者对依据相关文件授予的最终证明中关于专业(职业)资质描述的遵守情况。

30.国家资格框架:对专业(职业)教育资格学位的完整性描述,包括对某一层级教学成果以及专业(职业)活动所需的知识、技能和能力的概括性描述。

31.国家认证:就专家的准备工作质量是否遵守国家教育标准而实施的国家认可。

32.工匠:根据初等职业教育计划和资格程序,对通过国家最终认证的学习者所授予的初等职业教育资格学位。

33.技工:根据中等职业教育计划,对通过国家最终认证的学习者所授予的中等职业教育资格学位。

34.学士学位:根据已通过认证的四年制(军事中等职业教育的教育计划为三年制)高等专业教育计划,对具有中等教育资格证书的学习者所授予的高等专业教育资格学位。

35.认证专家学位:根据五年制高等专业教育的认证结论,对具有中等教育或职业教育基础的人员所授予的高等专业教育资格学位。

36.硕士学位:根据五年制高等专业教育的认证结论,对具有学士学位或认证技工学位的学习者所授予的高等专业教育资格学位。

37.研究员:根据三年制博士研究生专业教育的认证结论,对具有硕士学位或认证专家学位的学习者所授予的研究生专业教育资格学位。

38.实习生:对已完成高等医学教育计划,且至少有 1 年研究生学习经历的学生所授予的高等医学教育资格学位。

39.住院医师:根据五年制研究生专业教育计划的认证结论,对已接受高等医学教育的学习者所授予的高等专业资格学位。

40.外部学习:在教育机构中以自我教育和对知识、能力证明的形式提供的教育形式。

第四条　国家教育政策

1.亚美尼亚应将教育视为加强国家地位的关键因素,宣告和保证教育的持续发展。

2.国立学校是国家教育政策的基础,教育的主要目的是塑造专业(职业)技能娴熟,且具有爱国主义、国家主义和人文主义精神的全面发展的人。

3.亚美尼亚的教育制度旨在提升亚美尼亚人民的精神和智力潜能,保存与发展民族价值和全人类共同价值。亚美尼亚教会也应为此做出贡献。

4.国家教育发展计划是国家教育政策的组织基础,由亚美尼亚政府提议,并经亚美尼亚国民议会核准。

5.国家应通过有针对性的预算融资来确保维护和发展教育,并根据国家教育发展规划确定融资范围。

第五条　国家教育政策的原则

1.确保教育的人道主义性质、全人类共同价值优先、生命和健康、个人的自由与全面发展、公民意识培养、民族尊严、爱国主义、法制和环境世界观。

2.确保教育的可获得性、持续性和连续性,并使其遵循学习者的发展水平、特点和娴熟度,以达到国家强制性最低标准。

3.确保教育的民主原则。

4.融入国际教育体系。

5.支持旨在保护侨民的亚美尼亚人身份的教育活动。

6.教育机构的世俗性教育。

7.教育机构的合理自治。

8.保障公民在国立和非国立教育机构接受教育的机会。

9.确保教育机构及其所颁发毕业证书的平等地位。

第六条 国家对公民受教育权的保障

1.亚美尼亚应保障公民的受教育权,不论其国家、种族、性别、语言、宗教、政治或其他观点、社会出身、财产状况或其他情况。对接受专业(职业)教育权利的限制则由法律予以规定。

2.国家通过教育制度的正常运行来创造社会和经济条件,以确保公民的受教育权。

国家应与社会伙伴合作,根据劳动力市场需求,确保专业(职业)教育及其教学制度的发展,保证正规、非正规和非正式教育制度的适当运行,并对其运行结果予以认可。

3.国家应确保亚美尼亚公民免费接受普通中等教育、初等职业教育和中等职业教育,并基于竞争在国立教育机构接受高等教育和研究生职业教育。具有双重国籍的亚美尼亚公民,根据亚美尼亚政府针对亚美尼亚公民或外国人制定的程序,可自行选择接受初等职业教育、中等职业教育和高等教育。

在教育机构的收费体系中学习、研究的亚美尼亚裔公民以及在纳戈尔诺-卡拉巴赫共和国和格鲁吉亚萨姆茨赫-扎瓦赫季州和什达-卡特利州区注册和居住的学生的学费申请标准,不得高于亚美尼亚公民就读的条件类似的教育机构所规定标准。教育计划获得专业认可,且国家以学生福利的形式全额退还学费的非国立高等教育机构,可在竞争的基础上,提供免费高等教育和研究生专业教育。

对于过去八年记录在册且在边境和高地定居点永久居住的亚美尼亚公民,国家应保障其免费接受初等职业教育、中等职业教育以及基于竞争在国立教育机构接受高等教育的权利。对于该情况下基于竞争的录取程序,应与一般性竞争分开,并由亚美尼亚政府为边境和高地定居点居住的公民单独制定。

4.国家应通过财政预算,向国立普通教育学校1至4年级学生免费提供初等普通教育计划规定的教材。

5.根据亚美尼亚政府的规定,国家应向各级教育中能力卓越的学习者提供支持。

6.国家应创造必要条件,以确保在特殊教育条件下才能适应社会的公民接受符合自身发展特点的教育。

7.国家应促进亚美尼亚侨民参与教育活动。

第七条 教学语言

亚美尼亚应按照亚美尼亚法律中与语言相关的政策提供教育。

第二章　教育相关概念

第八条　教育制度

亚美尼亚的教育制度是由国家教育标准、国家认证标准、不同层次和重点的教育计划组成的相互关联的一个整体,以确保教育、教育机构和教育管理机构的连续性。

第九条　国家教育标准

国家教育标准由亚美尼亚制定和颁布。国家教育标准不因学生的受教育形式或教育机构的法律和组织形式的影响而改变,是教育机构教育水平评估和毕业生资格评估的基础。

第十条　教育计划

1.教育计划应规定某一层次教育的内容和重点以及对知识和技能水平的要求。

亚美尼亚实施的教育计划如下:

(1)普通教育的基本计划和补充性计划。

(2)专业(职业)教育的基本计划和补充性计划。

2.普通教育计划的目标是个体的全面发展和世界观的形成,为其选择和掌握与其倾向和能力相匹配的相关职业教育计划打下基础。

普通教育基本计划如下:

(1)学前班。

(2)小学教育的普通计划、专门计划和特殊计划。

(3)基础教育的普通计划、专门计划和特殊计划。

(4)中等教育的普通计划、专门计划和特殊计划。

3.专业(职业)教育计划的目标是相关合格专家的能力与技能的形成、知识的增长以及通过普通教育和教育专业(职业)教育水平的连续性来提高资格水平。

专业(职业)教育基本计划如下:

(1)初等职业教育。

(2)中等职业教育。

(3)高等专业教育。

(4)研究生专业教育。

4.在教育机构完成普通教育和专业(职业)教育基本计划的时间由本法和相关国家教育标准予以确定。

5.补充性教育计划旨在对通过上述教育和指导或与之并行的教育形式而获得的知识、能力或技能进行补充、改进和更新。

第十一条　教育内容的一般性要求

1.教育内容是社会精神和经济进步的主要因素之一,并致力于对年轻一代的培养,使其言谈举止得体,为个人的全面协调发展和自我决定、自我表达创造必要条件,建立和发展公民社会,创造和改善国家法治环境。

2.教育内容应确保:

(1)根据学习者现阶段的知识和教育计划水平、层次,使其形成相应的世界观。

(2)学习者掌握民族文化价值和全人类共同价值。

(3)社会改善,确保国家培育具有新水平的现代个人和公民。

(4)社会智力潜能和劳动力的再生产与发展。

第十二条　教育形式

1.根据学习者的能力和需求,通过现场教育、非现场教育、远程学习和外部学习(家庭教育和自我教育)等形式实施教育计划。

2.国家统一教育标准应适用于同一教育计划框架内的各种教育形式。

第十三条　教育机构的类型

1.教育机构的类型如下:

(1)学前班。

(2)普通教育学校。

(3)初等职业学校。

(4)中等职业学校。

(5)高等专业学校。

(6)补习教育,包括课外教育机构。

(7)研究生专业教育机构。

2.依照本法规定,经教育公共管理授权机构许可,非教育机构也可实施教育计划。

第十四条　教育过程的组织

1.教育过程应依照本法规定,通过课程、教学大纲、学术时间表和班级时间表进行组织。

2.在普通教育机构中,教育过程受教育公共管理授权机构起草并批准的示范课程和教学大纲约束。

3.由相关领域的公共管理授权机构批准,且符合教育公共管理授权机构所批准标准的初等职业教育和中等职业教育的课程和教学大纲,应获得实施初等职业教育和中等职业教育计划的教育机构的批准。

4.高等教育机构制定和批准高等教育课程和教学大纲,并提交教育公共管理授权机构。教育公共管理授权机构负责监督教育机构的课程和教学大纲,使其符合国家教育标准。

5.国家教育标准界定教育机构的学年开始和持续时间。

6.毕业生在完成知识、能力和技能的强制性最终认证后,方可被视为已掌握基础教育、中等教育和专业(职业)教育计划。认证实施程序由教育公共管理授权机构制定。

7.以外部学习形式组织实施的普通教育、初等职业教育和高等专业教育,应根据教育公共管理授权机构的规定执行,专业清单由亚美尼亚政府制定。

8.以非现场教育和远程学习形式组织实施的中等职业教育和高等专业教育,应根据教育公共管理授权机构的规定执行,专业清单由亚美尼亚政府制定。

第十五条 教育机构入学的一般要求

1.根据本法规定,创办人在考虑到教育机构的特殊性后,针对学前教育、普通教育、初等职业教育和中等职业教育机构制定相应的入学条件。国立和非国立高等教育机构的入学条件由亚美尼亚政府制定。

2.教育机构有义务向学校申请人及其家长介绍教育机构章程和其他规范教育过程的文件。

3.普通教育应从6岁(每学年的12月底之前达到这一年龄)开始。

4.初等职业教育、中等职业教育及高等专业教育机构实行竞争入学。

高等专业教育机构的学生入学考试应在指定学年课程开始后的一个月内完成。

亚美尼亚政府制定国立中等职业学校录取申请者的权限。

5.高等教育机构的年度专业和入学考试清单由教育公共管理授权机构提供,亚美尼亚政府应于当年的12月1日之前予以批准和公布。禁止对批准的专业名单进行修改和补充。

高等教育机构的年度专业和入学考试清单应包括:

(1)教育形式(包括现场学习、非现场学习、远程学习和外部学习)。

(2)高等教育机构的专业。

(3)每个专业入学考试科目的名称。

(4)考试形式(竞争或非竞争性)。

(5)考试类型:书面考试(包括听写、论文等)、口语、面试等。

6.对于根据国立普通教育学校(第1至第12年)提供的教材、手册、练习册和藏书而编制的期末考试试卷,以及国立高等教育机构和经认证的非国立高等教育机构的入学考试专门编制考试试卷(问卷、考题、任务和其他作业等),教育公共管理授权机构应确保试卷在国立普通教育机构的使用,且使用(教学)时间至少为1学年。

第十六条 普通教育基本计划的实施

1.依照法律规定,普通教育机构、职业教育机构以及实施普通教育计划的组织都应实施普通教育基本计划。

2.2014年12月1日废止。

3.为加强军事、体育、科学、工艺领域以及其他任何艺术领域学习者的普通教育,应在普通教育共同计划的基础之上制订普通教育的专门计划。

4.应遵循连续性原则实施普通教育中与初等教育、基础教育和中等教育有关的教育计划。

未掌握普通教育基本计划(学前班除外)的学习者,不得继续进行普通教育各连续性层次的学习。

5.在普通教育基本计划框架内,对于未能掌握有关学年课程的学习者的进一步学习事宜,应由教育公共管理授权机构予以规定。

第十七条　学前教育

1.学前教育的主要任务如下:

(1)为儿童的身心健康发展奠定基础。

(2)确保以母语进行沟通,并在此基础上具备学习外语的先决条件。

(3)提升承担责任的基本能力。

(4)熟悉基本的行为规则、自然元素、环境保护和历史与民族文化。

(5)培养对祖国的热爱与忠诚。

(6)具备基本的工作能力和技能。

(7)为学校教育做好准备。

2.家庭应在学前教育的教育计划实施过程中发挥其关键作用。国家应为针对儿童组织家庭培养创造条件。

3.国家应设立可实施多样化教育计划的日间托儿所、幼儿园等学前机构来协助家庭发挥其作用。

第十八条　普通教育

1.普通教育应致力于学习者在道德、精神、身体和社会素质上达到的全面和谐发展,致力于作为未来公民的个人形成和专业方向的发展,为学习者的独立生活和专业(职业)教育做好准备。

2.普通教育的主要任务如下:

(1)让学习者掌握自然、社会、技术、生产和环境保护等基础知识,为其在连续性教育体系中进行自我教育和自我发展创造必要条件。

(2)传承全人类共同价值观和民族价值,承载民族文化、道德和心理遗产,培养具有积极公民观点的个人和公民。

(3)实施复杂的军事和爱国主义教育计划,并对学习者进行初步军事训练。

3.中等教育由普通教育三级教育的中学提供,持续 12 年,并按下列顺序进行:

(1)小学(第 1 年至第 4 年)。

(2)中学(第 5 年至第 9 年)。

(3)高中(第 10 年至第 12 年)。

4.小学教学应着眼于学习者语言思维和逻辑基础的形成,着眼于其学习技能和基本工作技能的获得以及与民族价值和全人类共同价值的初步沟通。

5.初中教学旨在培养学习者拥有健康的生活方式和对世界、自然的科学理解,确保其达到独立工作、教育和参加社会活动所需知识量的最低标准。

普通中学教育的前两级构成基础学校。

6.高中教学旨在确保学习者掌握普通教育背景下的知识。可根据高中学习者的倾向、能力和潜能，通过补充性教育计划进行分层（分流）教学。

在对知识的强制性最终认证后，初中和高中的亚美尼亚语言、文学和历史教学方可被视为完成。

7.基础普通教育具有强制性。若学习者在16岁之前未达到基础普通教育的强制性要求，则应为其保留至16岁。年龄达到16岁的学习者，经家长同意可离开学校。

对基础普通教育的强制性要求不得延伸至应由亚美尼亚政府加以界定的、需要特殊教育条件的特定类型的儿童。

第十九条　特殊教育

1.2004年3月16日废止。

2.为组织需要特殊教育条件的儿童接受教育，国家专门设立特殊教育机构（包括课后俱乐部和寄宿学校）。特殊教育机构的类型由亚美尼亚政府予以规定。

3.根据家长的选择，普通教育机构和特殊教育机构可通过特殊教育计划为需要特殊教育条件的儿童提供教育。

4.2005年5月25日删除。

5.普通教育学校可根据学习者的心理特点，对具有行为偏差的未成年人进行指导和再教育。

第二十条　课外教育

1.课外教育旨在通过组织休闲活动为学习者的兴趣发展创造条件，并着眼于学习者在精神、身体、军事和爱国主义教育、环境与应用知识等方面获得发展。

2.通过儿童、青少年创意和审美中心，音乐、绘画和艺术学校，俱乐部，青年爱国者、技术人员、语言学家和游客中心，体育学校，娱乐营以及其他开展课外教育的组织等进行课外教育。

第二十一条　专业（职业）教育计划的实施

1.专业（职业）教育机构应实施本法所涉及的符合不同教育层次要求的教育计划，并致力于培养具有初等职业、中等职业和高等专业资格的专业人员。

2.对于国立教育机构和经认证的非国立教育机构实施专业（职业）教育计划的教育专业名单以及专业（职业）资格证书或专业的教育年限、教育场地都应由教育公共管理授权机构提出，并经亚美尼亚政府批准。

第二十二条　初等职业教育

1.初等职业教育旨在培养具有初等职业资格的专业人员。

2.由职业学校、其他职业教育机构、教育中心和监狱机构提供初等职业教育。

3.若持有相应的许可证,则可采取个性化职业指导(学徒)的形式提供初等职业教育,具体程序由亚美尼亚政府制定。

4.由教育公共管理授权机构来规定初等职业教育和专业的教育场地。

第二十三条　中等职业教育

1.中等职业教育为至少在基础普通教育的基础上,且具有中等职业教育资格的专业人员的培养做准备。

2.在基础普通教育基础上所允许的关于中等职业教育组织的专业清单,须经亚美尼亚政府予以批准。

3.由中等职业教育机构,其中包括可以实施普通教育计划和初等职业教育计划的学院和培训学校,来提供中等职业教育。

应向中等职业教育机构中通过毕业认证的毕业生授予专业资格证书。在中等职业教育机构中表现出高学术水平的毕业生,可在第二年通过远程学习继续接受高等教育机构相关专业的学习。继续接受教育的程序,则由亚美尼亚政府制定。

第二十四条　高等专业教育

1.高等专业教育的目标是在中等普通教育和中等职业教育基础上,准备和重新培养高素质的专业人才,以满足个人的教育发展需要。

2.亚美尼亚境内可开办大学、学院、研究院和音乐学院等类型的高等教育机构。

3.高等教育机构的地位应根据其教育计划、法律和组织形式以及国家认证的可获得性而确定。

4.亚美尼亚应建立以下高等专业教育学位资格:

(1)学士学位。

(2)硕士学位。

(3)经认证的专家学位。

5.高等教育机构培养专业人员的专业清单由教育公共管理授权机构提出,并经亚美尼亚政府批准。

6.高等教育机构可根据其性质和法律规定,实施教育公共管理授权机构所准许专业的普通教育、初等职业教育和中等职业教育等教育计划。

第二十五条　研究生专业教育

1.研究生专业教育的目标是提高教育层次,提高高等专业教育人才的科学素质和教学资格。

2.高等教育机构和科学组织通过研究员计划和住院医师计划等教育计划所实施的博士学习、医学实习和住院医学培训来提供研究生专业教育。

第二十六条　补充性教育计划

1.为满足个人的专业需求和个性化教育要求,需实施作为非正式教学手段的补充性教育计划。

2.补充性教育计划的任务是改进、更新和补充已获得的知识、能力、技能和价值观。

3.通过培训、团体课程、个别专业指导课程和短期指导课程等方式组织实施补充性教育计划,并根据亚美尼亚法律规定对学习成果进行评估和认可。

4.亚美尼亚政府制定补充性教育计划的组织与实施程序,制定非正规、非正式教学成果的评估和认可程序。

5.根据本条第四项规定而授予的统一样本的文件(教育证明和补充性教育计划),可被雇主接受为从事专业活动或特定职业所必需的强制性先决条件。

第三章　教育机构

第二十七条　教育机构的地位

1.国立教育机构是具有法人地位,遵守本法和其他法令,并获得执行其他任务所需权利和义务的组织。

2.国立教育机构可根据亚美尼亚政府制定的程序,提供符合其活动宗旨的付费教育和科学、科学生产服务以及收费指导。

3.国立教育机构应当有资产负债表、估算表和银行账户。

4.2001 年 7 月 26 日废止。

5.非国立教育机构可具有法律规定的任何法律和组织形式。

第二十八条　高等教育机构的自治和学术自由

1.高等教育(军事教育)机构的学术和教学人员、研究人员、学生(包括受训者、参与者)都应享有学术自由,并有权参加与大学和选修机构活动相关的所有问题的讨论。

2.学术和教学人员应根据国家教育标准,自由选择学习材料的展示和教学方法。

3.高等教育机构的科研人员可自由选择、设计研究主题。

4.学生(包括受训者、参与者)可根据其倾向自由学习知识,参与研究活动。还可参与保证教学质量的功能表现,评估学术和教学人员的工作效率。

5.高等教育机构的选择性职位包括校长、军事教育机构的教育事务副主任、分校(教育综合体)主任、学院院长(学术分支负责人,军事教育学院院长)、主席(军事教育机构集团负责人)、教授、副教授、讲师和助教。以上职位应在候选人通过选举后,由作为高等教育机构管理部门的高等教育机构(分校)董事会、学术委员会、学院(学术分支)理事会采取无记名投票方式选举产生。

6.2001 年 4 月 18 日删除。

7.亚美尼亚政府应设立各专业、教育机构、边境以及高原定居点的年度国家资助奖学金。

根据学业成绩,若有 10% 的学生因免费教学制度被录取,则高等教育机构应根据本年度分配给各专业的名额,且经亚美尼亚教育公共管理授权机构批准,自费退还在收费指导制度下就读学生的学费。

教育公共管理授权机构应根据高等教育机构的建议，在亚美尼亚政府批准的全部收费名额范围内，批准高等教育机构和各专业教学用途的收费名额。

高等教育机构应将至少7％的学费以及自费，用于鼓励学业表现出色的学生和社会团体，对收费制度下学业成绩排名至少在前10％的学生的学费，以学生福利的形式进行部分退还。

付费学习的学生可以按学期支付学费。

必要时，高等教育机构还应建立学费的按月支付机制。

8.高等教育机构有权根据其章程自行安排经费，确保分校（教育综合体）、学院（学术分支）财务活动的独立性。

高等教育机构的经费估算草案制定完毕后，由校委员会在每年度末核定，并提交教育公共管理授权机构。

9.埃里温国立大学是教育和科学文化自治机构，其地位的特殊性由亚美尼亚政府确立。

10.由亚美尼亚政府确立军事教育机构地位的特殊性。

11.在免费（国家以学生福利的形式全额退还学费）名额申请中失败的申请人，可以根据亚美尼亚政府的规定，以国立和非国立高等教育机构提交的申请为依据，参与教育公共管理授权机构所分配收费名额的申请。根据本程序入学的学生不得享有亚美尼亚法律中关于"征兵"所指定的特权。

12.高等教育机构管理部门中至少25％的成员应由代表自治机构的被提名或当选的学生，或是相关级别的学生组成，如学生会。高等教育机构学生会议事规则应经教育公共管理授权机构予以批准。

第二十九条　教育机构的创办人

1.国立教育机构的创办人是亚美尼亚政府或国家授权机构所代表的亚美尼亚。

2.社区教育机构的创办人可以是社区自治机构所代表的社区。

3.非国立教育机构的创办人可以是任何自然人或法人。

4.只有亚美尼亚政府才能设立实施军事专业教育计划的教育机构。

第三十条　教育机构的设立

1.教育机构应根据创办人的决定而设立。

2.教育机构自章程创办人批准并依法取得国家登记之日起，即被视为设立。

第三十一条　教育机构的名称和所在地

1.教育机构应具有标明其法律和组织形式、活动性质及所在地的名称。

2.教育机构的所在地应被视为永久经营机构的所在地。

3.机构章程应注明教育机构及其分支机构的名称和所在地。

第三十二条　教育机构的创办文件

1.教育机构的创办文件是其创办人批准的章程。

2.章程的规定对教育机构及其创办人具有约束力。

3.教育机构的章程应注明机构的名称、法律和组织形式、活动地点、范围和目的,以及机构的管理规定、分支机构的相关资料、教育机构的财产构成来源、章程的修正和补充程序、清算教育机构时的财产处理程序。

教育机构的章程可能包含与亚美尼亚法律不冲突的其他规定。

第三十三条　教育机构重组

1.教育机构可根据亚美尼亚民法和其他法律的规定进行重组。

2.教育机构可通过合并、兼并、分立、分离和重建进行重组。

第三十四条　教育机构的分支机构

1.教育机构可以设立分支机构。

2.分支机构不得被视为法人,并应根据教育机构所批准的章程运营。

3.外国教育机构设立的分支机构及其活动受本法或国际协议的约束。

4.按照教育机构章程所规定的程序任命分支机构负责人。

5.分支机构代表的是其设立机构,该教育机构对分支机构的活动负责。

第三十五条　教育机构的清算

1.当发生下列情况时,则需对教育机构进行清算:

(1)根据教育机构的章程而获得授权的创办人或法人机构所做出的决定。

(2)在设立期间违反法律或法案,且法院宣告法人登记无效的情况下。

(3)根据法院判决,在未取得授权的情况下从事某项活动或参与法律禁止的活动。

(4)教育机构破产。

(5)法律规定的其他情况。

2.教育机构的清算应根据亚美尼亚民法规定,清偿债权人的债权。

3.在债权人的债权清偿之后,教育机构的剩余财产应交付给创办人,但法律、其他法案或教育机构章程另有规定的情况除外。

4.自法律实体国家登记册上的相应条目终止之日起终止运营,教育机构的清算工作即视为已经完成。

5.已完成清算的教育机构的学习者进一步接受教育的程序由亚美尼亚政府制定。

第四章　教育制度管理

第三十六条　亚美尼亚政府在教育领域的权限

1.确保国家教育政策的实施。

2.批准国家教育标准的制定和核准程序。

3. 确定国家资格框架，批准关于教育资格学位的一般性描述说明。

4. 批准所指示的职业名单。

5. 批准普通教育、初等职业教育、中等职业教育和高等专业教育的国家资助奖学金计划。

6. 批准国立教育机构的章程模板。

7. 批准国家认可的毕业证书格式。

8. 制定补充性教育计划的组织、实施程序。

9. 制定非正规学习和非正式教学的评估、认可程序。

10. 行使法律规定的其他权力。

第三十七条　教育公共管理授权机构的权限

1. 详细阐述国家教育发展规划以及国家教育标准的制定、批准程序。

2. 监督国家教育发展规划的实施情况和国家教育标准的应用情况。

3. 确保普通教育计划模板、课程、教学大纲、教材和培训手册的制定和出版。

4. 实施教育机构许可。

5. 详细阐述国立教育机构的章程模板。

6. 批准教育机构教学和管理人员的资格认定程序。

7. 批准专业和教育学位的资格说明。

8. 编制专业清单。

9. 详细阐述普通教育、初等职业教育、中等职业教育和高等专业教育的国家资助奖学金计划。

10. 监督国立、获得认证的非国立教育机构普通教育、初等职业教育、中等职业教育和高等专业教育录取原则的执行情况。

11. 批准教育机构学习者年级毕业和知识期末测试的程序。

12. 按照规定方式批准获得认证的高等教育机构的学术委员会所授予的荣誉等级和称号。

13. 制定各教育学位国家认可的毕业文件的格式。

14. 制定国外同等教育文件的鉴定、认可程序。

15. 确保国立教育机构发展规划的制定、实施与监督。

16. 根据亚美尼亚政府的规定，同意各州州长办公室和社区的教育部门主任办公室的任免，同意普通教育机构校长职务的任免；同意各自的国家授权机构对教育机构的重组和清算。

17. 行使亚美尼亚法律以及亚美尼亚政府规定的其他权力。

在军事教育领域，教育公共管理授权机构应根据本条第三、六、七、八、十一、十五项中的规定，与相应的国家授权机构联合履行职责。

亚美尼亚教育公共管理授权机构的国家教育督察局应当履行其监督职能，以确保实施国家教育发展规划,应用国家教育标准,掌握教育制度中的教育权与社会保障、教育质量提升和教育计划。国家教育督察局的活动受亚美尼亚法律中有"国家教育督察"有关规定的管制。

第三十八条 普通教育领域各州州长办公室的权限

1.确保国家教育政策的全面实施。

2.监督学前教育机构和普通教育机构对亚美尼亚关于教育法律和教育公共管理授权机构管理条例的遵守情况,确保教育和培养计划的实施符合国家教育标准。

3.通过对学龄儿童记录情况的协调和监督,确保其入读教育机构。

4.确保国立教育机构所使用建筑物的建设、开发和维护。

5.行使亚美尼亚法律和其他法案规定的权力。

第三十九条 普通教育领域社区负责人的权限

1.根据亚美尼亚法律规定的教育机构自治原则,协助社区内国家教育政策的实施。

2.记录学前和学龄儿童信息,确保其入读教育机构。

3.行使亚美尼亚法律和其他法案赋予的权力。

第四十条 教育机构及其管理的权限

1.教育机构应根据本法和亚美尼亚其他法律法规及章程的规定,在其权限范围内组织招生活动、安排实施教育活动,选拔与分配教职工,管理财务工作。

2.教育机构应结合自治原则实行自主管理。

3.教育机构的管理机构包括董事会、教育机构委员会、联席会、学术委员会等教育机构章程规定教育机构的管理机关的程序设立及其相关权限。

4.院长、校长(或相关负责人)管理教育机构,根据教育机构章程任命(选举)院长、校长(或相关负责人)。

国立教育机构的院长、校长(或相关负责人)不得同时担任其他国家职务,或从事其他有偿职业,但科学、教学以及创造性工作除外。

5.教育机构最高管理机关和行政管理机构之间的权力,应由教育机构章程加以区分。

第四十一条 教育活动许可

1.法律规定的教育计划只有在获得许可的情况下方可实施,而向教育机构颁发许可证则须满足下列条件:

(1)教育、学术和教学人员的可获得性。

(2)实验室设施和研究区域。

(3)教学与方法论支持。

(4)图书馆与信息系统。

(5)教育与实践实习设施。

2.教育公共管理授权机构负责颁发教育活动许可证。

3.亚美尼亚政府应依法实施教育计划许可办法。

第四十二条　国家认证

1.中等职业教育和高等专业教育实施教育机构所开设专业的国家认证。

2.国家认证的实施程序、标准和有效期限由教育公共管理授权机构提议,并经亚美尼亚政府批准。

3.无论专业教育机构的法律和组织形式以及其部门从属关系如何,均需根据亚美尼亚政府的规定实施国家认证。

4.国家认证条件如下:

(1)保证教学质量符合国家教育标准。

(2)2011年5月11日废止。

(3)教育机构中至少有75％的专业获得国家认证。

5.开设新专业时,若满足本条第四项第三目所规定的要求,则教育机构应保留其国家认证地位。

6.国立教育机构及其所开设专业,与非国立教育机构所开设的医学专业都必须接受强制性认证。

7.教育机构及其所开设专业应根据教育计划分阶段实施认证。

8.由教育机构的分支机构所开展的教育活动应获得许可,且根据本法规定,此类分支机构及其所开设专业应根据一般情况实施认证。

9.国家认证证书应核实教育机构所实施教育计划的水平、内容及毕业生质量是否符合国家教育标准的要求。

10.在颁发许可证、国家认证证书或修正此类文件时,国家应根据亚美尼亚法案中关于国家责任所规定的金额和程序进行收费。

第四十三条　国家对教学质量的监督

1.教育公共管理授权机构应设立一项许可服务,以便就教育机构许可发表意见。

2.2011年5月11日废止。

3.2011年5月11日废止。

4.2011年5月11日废止。

5.2011年5月11日废止。

6.2011年5月11日废止。

7.为评估教育计划的实施效率,亚美尼亚政府应设立国家教育督察局,对教育机构和其他组织所实施的普通教育、初等职业教育计划的质量保障实施国家监督。

第四十四条　教育机构的毕业证书

1.教育机构应当向已完成教育计划学习,并通过最终认证的学生颁发相关证书(如教育证书、学术证书和文凭)。

2.教育机构应向已完成经认证专业的学习,且通过最终认证的学生颁发毕业证书,军事教育机构应向毕业生颁发军事教育和公民教育毕业证书。

3.一旦获得许可,非国立普通教育机构就应当享有颁发国家认可的毕业证书的权利。

4.毕业证书应被视为在教育机构接受认证专业连续教育的强制性条件。

5.由国立教育机构和经认证的非国立高等教育机构所颁发的毕业证书,是国家机关和国家非商业性组织的高等教育证明文件,但法律另有规定的除外。

6.对尚未完成有关教育层次的学生应发布有关信息声明。

第五章　教育制度的经济基础

第四十五条　教育制度的所有权关系

1.为确保教育活动开展,对向国立教育机构提供的建筑、房屋、设备以及消费性、社会、文化和其他性质的国家财产类型的所有权或使用权(无偿或有偿)的交付,应经亚美尼亚政府批准。

2.国立教育机构负责维护和有效利用国家财产。

3.非国立教育机构可以拥有任何财产,但依法规定的个人财产类型限制除外。

4.国立教育机构的财产在征用时仅可用于学术目的。

第四十六条　国立教育机构和社区教育机构的经费

1.教育机构由创办人出资。

2.为确保教育的连续性,每学年伊始国家应保证按需分配教育经费,且现行国家预算中教育经费所占比例不得低于上一预算年度的相关指标。

3.国家预算中关于教育机构的经费,可通过国家资助奖学金、津贴、国有资产维修费以及其他形式筹措。国家资助奖学金对教育机构的资助标准、生均标准和不同类型教育机构的标准应由亚美尼亚政府予以确定,对于特殊情况,如山区和边境地区则另行规定。

4.增加其他资金来源不会导致国家预算额度的减少。

5.教育机构不得开展非国家财政资助的付费类教育活动。

6.教育机构经费主要来源于国家和社区预算。

其他经费来源如下:

(1)亚美尼亚和外国法人、自然人的投资。

(2)来自付费教学、研究、科学和生产、咨询、出版活动及亚美尼亚法律未予禁止的其他活动的自有资金。

(3)不与亚美尼亚法律冲突的其他经费来源。

7.国家应确保实施教育税收优惠政策。

第四十七条　非国立教育机构的经费

1.非国立教育机构应依法筹集活动经费。

2.非国立教育机构的资助标准和生均标准,均不得低于国家标准中对类似教育机构制定的经费标准。

第四十八条　教育机构的后勤基地

1.教育机构的后勤基地需要解决有关教学、研究、科学和生产活动方面的问题以及教育领域的其他问题。教育机构应根据国家教育发展规划和自身的发展规划,利用预算资金和自有资金来创建和发展后勤基地。

2.根据教育机构的类型和形式,其后勤基地应包括学习者所需的场地和设施,具备个性化技术手段和设备、IT 教室等,以指导需要特殊教育条件的学生。

3.应向就读于特殊教育机构的儿童提供教材、特殊文具和相关设施。

4.利用国家财政预算和法律未予禁止的其他方式,向需要特殊教育条件的学生提供后勤支持及科学、合理的经费支持。

第六章　教育制度的社会保障

第四十九条　学习者的权利和社会保障

1.教育机构应为学习者的生活条件,如食物、健康维护、休闲、身心发展等必要条件的创造做出贡献。

2.未经雇主或家长同意,禁止学习者就业。禁止对学习者使用身体或心理施压的方法。

3.根据教育公共管理授权机构的规定,可为具有特殊能力的儿童设立相关的普通教育机构。

4.国家应确保在国立普通教育机构中对被剥夺和缺乏家长照顾的儿童进行指导。

5.普通教育机构应不断增加用于需要特殊教育条件的学习者的经费。

6.国立初等职业教育、中等职业教育及高等专业教育机构的学习者,应当根据亚美尼亚政府规定的程序和额度领取教育津贴。

7.根据亚美尼亚法律规定,应向军事教育机构的学习者提供货币报酬、制服和食宿。

8.根据教育公共管理授权机构的规定,中等职业教育和高等专业教育机构的学习者有权在本机构或其他机构接受第二专业的付费学习。

9.按照教育公共管理授权机构的规定,经认证的学习者具有转学到实施有关层次教育计划的另一个教育机构接受教育的权利。

10.截至 2016—2017 学年,根据教育公共管理授权机构制定的专业教学大纲,非国立高等院校的往届毕业生在通过国立和获得认证的非国立高等教育机构的专业最终认证考试后,有权获得国家认可的文凭。在 2011 年 2 月 1 日之前,国家考试的组织程序由亚美尼亚政府予以制定。

第五十条　教育机构职工的社会保障

1.由亚美尼亚立法规定管理教育机构与其职工之间的劳动关系。

2.国立教育机构的行政和教育(学术和教学)人员工作的薪酬不得低于财政预算机构职工的平均工资水平。

3.亚美尼亚政府应额外增加边境、高原和山区居民点普通教育机构学校教师的薪酬。

4.教育机构应开展活动,培训职工,以提高教师专业素质。

第七章　教育国际合作

第五十一条　教育国际合作的相关概念

1.根据亚美尼亚法律和国际条约的规定开展教育国际合作。由亚美尼亚国际条约而非本法规定的规范,则适用于国际条约。

2.教育机构在遵守亚美尼亚法律和亚美尼亚国际条约的基础上,有权与国外教育、科学和其他组织进行合作。

第八章　最后条款

第五十二条　法律生效

本法自公布之日起施行。

第九章　过渡条款

第五十三条

2002 年 5 月 7 日废止。

第五十四条

本法第五十条第二项自 2000 年 1 月 1 日起施行。

第五十五条

本法第十八条第三项,按照本法第十五条第三项规定,适用于 2006 年及之后入读普通教育机构的学生。

2001 年以前入读普通教育机构的学生应继续接受十年制普通教育中学的教育计划。

2006 年,包括 2001—2005 年已接受第一年普通教育、年龄为 6 岁半及以上的学生,应接受十一年制普通教育中学的教育计划。

2006—2007 学年,学校根据年龄组设立的小学 1 年级学习者期末考试和指导的程序,由教育公共管理授权机构制定。

从 2007—2008 学年的 9 月 1 日开始,第二年(6 岁半及以上的学生,2006—2007 学年已经入读小学 1 年级)、第三年和此后的几年应进行重新编号,且比原有学年高出一年。

从 2009—2010 学年开始方可转学至三年制高中。

亚美尼亚高等教育和研究生专业教育法

第一章　一般规定

第一条　法律的监管主体

本法规定了亚美尼亚高等教育和研究生教育领域的法律、组织和财务关系。

第二条　高等教育与研究生专业教育法律

1.高等教育和研究生专业教育领域的关系应当由《亚美尼亚宪法》《亚美尼亚教育法》、本法和其他法案予以规范。

2.在本法规定之外,由亚美尼亚国际条约所规定的规范,适用于国际条约。

第三条　术语释义

1.高等专业教育:基于中等普通教育的专科、学士和硕士文凭计划而提供的专业教育。

2.高等学校:提供专科、学士、硕士文凭教育课程的教育机构。

3.研究生专业教育:基于高等专业教育的研究生、研究员以及校外学生课程计划等而提供的专业教育。

4.附加教育:在专业教育的基础上超出基本教育计划框架,以持续提高专业素质,确保专业培训,提升人员资格为目的的教育。

5.学生:根据所规定程序就读于适当的高等学校,并在高等专业教育的任一教育计划中接受教育的人员。

6.讲授者:高等专业教育体系中面向学生或学习者传授理论、实践和专业知识,并促使其知识消化的科学教育工作者。

7.硕士研究生:已接受高等专业教育,为继续研究生教育计划深造学习并准备一篇论文,以获得科学候选人科学学位的人员。科学候选人可依据研究生专业教育计划的认证结果获得研究员资格学位。

8.博士研究生:具有科学候选人科学学位,并根据规定程序提出申请准备一篇论文,以获得博士科学学位的人员。

9.校外学生:已接受高等专业教育,并根据规范流程就读于研究生专业教育组织机构的人员,则无须参与研究生学习,只需准备一篇论文即可获得科学候选人科学学位。

10.远程学习:学习者与讲授者之间进行直接和非直接的学习过程时,主要通过信息技术和电信手段而进行的系统化的学习模式。

11. 校外教学：教育机构通过自学以及对知识和能力进行持续的、最终评估的方法而提供的教育模式。

12. 国家认证：对符合国家教育标准的高等学校、教育计划和专业资质予以国家认可。

13. 自我分析：对依照国家教育标准实施高等教育的高等学校的专业化、教育计划、人员和结构等在效率和质量方面的研究。

14. 质量评估（认证）：对高等学校的专业化、教育计划、教育方法、人员和结构等在效率方面的评估。

15. 质量保障：持续改进教育质量，使其符合国家教育标准和认证标准的过程。

16. 学分（标准）：以学术工作量来表示的临时单位。

17. 学分（标准）制：通过包括教学、实践以及个人学习、咨询、简介、其他作品准备、考试准备、评估等在内的教育成果的学分衡量、记录和转移，来组织教育过程的制度。

18. 欧洲学分累计和转移制度：确保学术学分的兼容性和可转移性，促进学生在欧盟范围内进行高等教育流动的全欧洲学分制度。

19. 学生福利：根据国家预算拨款，高等学校、基金会、其他组织以及自然人的经费，对学生的教育费用实施的补偿。

第四条　高等教育和研究生专业研究领域国家政策的原则

1. 保障公民个人有接受高等教育和研究生专业教育的权利。

2. 确保高等教育和研究生专业教育的有效性。

3. 确保教育过程的有序性和连续性。

4. 确保竞争力、透明度和公开性。

5. 确保亚美尼亚高等教育和研究生资格学位能够获得欧洲和其他国家认可。

6. 促进学生的国际流动。

7. 确保高等学校的学术自由和自治。

8. 促进在亚美尼亚研究的亚美尼亚籍外国公民（海外散居的亚美尼亚人）专业资格的准备和提升。

第五条　高等教育和研究生专业教育领域国家政策的目标

1. 亚美尼亚高等教育和研究生专业教育领域国家政策的目标如下：

(1) 高等教育和研究生教育的质量保障。

(2) 国家重要领域的专业准备支持。

(3) 促进国际科学合作的发展与融合。

(4) 提高高等教育和研究生专业教育体系的国际竞争力。

(5) 将教育质量内、外部评估与认证的国际（欧洲）标准引入亚美尼亚高等教育和研究生专业教育体系。

(6) 无论何种所有制类型，都应确保经认可的高等学校的法律平等。

2.国家应通过以下方式确保高等教育和研究生专业教育的发展：

(1)向两级高等教育资格体系的过渡。

(2)改善研究生教育制度。

(3)制定和实施国家教育发展规划。

(4)教育计划符合劳动力市场要求。

(5)根据国家要求,资助高等教育和研究生专业教育发展。

(6)按照法律规定的程序,向高等教育和研究生专业教育体系中的学生和研究生提供国家财政支持(如奖学金、教育费用的全额或部分补偿、教育补助金、贷款)。

(7)向高等教育和研究生专业教育体系引入知识测试和质量评估,包括学分制在内的新的学习组织形式。

(8)为确保教育发展,引进新的教育理念和技术。

(9)确保高等学校、科研分支机构和组织中科学与教育的融合。

(10)国家保证亚美尼亚公民基于竞争原则在国立高等学校享有免费接受高等教育和研究生专业教育的机会。

第六条 高等学校的自治、平等和学术自由

1.高等学校应：

(1)基于自主管理和合议原则实行自治。

(2)独立组织教育过程、选择教育技术,对学习者实施持续认证的类型、程序和频率。

(3)制定不同职位人员的任职条件,并对员工进行选拔和分配,包括自主补充科学教学组成人员,制定担任学院及科学和教育组织分支机构领导职位的程序等。

(4)有权从事法律及其章程未加禁止的其他活动。

2.高等学校有权：

(1)按照教育计划组织招生。

(2)制定高等学校管理人员和教师的选举或选拔程序,并实施选举或选拔。

(3)制定、批准高等教育和研究生专业教育的专业课程和教学大纲,出版教育文献和教学方法手册。

(4)向学校的分支机构分配教职工。

(5)组织资格提升和专业培训课程。

(6)参与和实施国际性和区域性科教研究项目,开展科学研究。

(7)确保学习者参与研究工作。

(8)开展有偿教育等活动。

(9)管理财务,包括工资支付、奖学金、教育费用补偿、学生福利、高等学校的维护和发展以及以科研活动为目标的费用支出等。

(10)按照亚美尼亚法律规定的程序实施研究生教育。

(11)高等学校应明确规定教职工的薪资和物质奖励的发放程序、规模等。

(12)根据亚美尼亚法律规定的程序,遵照亚美尼亚政府批准的配额和程序,对于凭竞赛成绩而被高等学校录取的学年学业成绩进步显著,但在社会上处于弱势的学生,应以补助金的形式给予教育费用补偿。亚美尼亚政府应批准国家优先发展和重要的专业目录和数量,并按照规定程序向就读于这些专业的学生提供福利以作为补偿。应向成绩优异、进步显著、公共活动中表现积极和行为恰当的学生颁发国家奖学金。亚美尼亚政府应确定国家奖学金的颁发程序及规模。

(13)高等学校应在结构组成中保持独立,并按照亚美尼亚法律规定的程序确定高等学校结构分支的地位和作用。根据亚美尼亚法律规定的程序,高等学校的分支机构可提供普通教育、中等职业教育和附加教育计划。

(14)与外国有关教育管理机构签订合同、协议的高等学校,应通过各种类型的教学、专业交流、联合开展科学工作与项目、在外国设立分校及分支机构等方式录取外国公民,实施专业资格的准备、培训和提升。

(15)高等学校应对面向个人、社会和国家的活动负责。由高等学校创办人、授权机构以及法律规定的其他授权机构,就高等学校对亚美尼亚法律及学校章程所设定目标的遵守情况进行监督。

第二章 亚美尼亚高等教育和研究生专业教育制度

第七条 高等教育和研究生专业教育制度涵盖的范围

1.高等教育和研究生专业教育的国家教育标准、基础和附加教育计划、国家认证标准。

2.经批准设立的可提供适当的研究生专业教育和附加专业教育的高等学校和组织。

3.高等教育和研究生专业教育的管理机构及其附属组织。

第八条 高等教育和研究生专业教育的国家教育标准和教育计划

1.高等教育和研究生专业教育的国家教育标准应由亚美尼亚制定并予以确保:

(1)高等教育和研究生专业教育的质量。

(2)与欧洲或其他国家的教育标准的可兼容性。

(3)实施高等教育和研究生专业教育计划的机构成为开展评估活动的依据。

(4)对外国高等教育和研究生专业教育资格和学历证明的等同性的认定与批准。

2.高等教育和研究生专业教育的国家教育标准应包括:

(1)关于高等教育和研究生专业教育的基本教育计划的一般要求。

(2)关于高等教育和研究生专业教育的基本教育计划,其中包括教育、产业和毕业实践,毕业生的最终认证类型,各专业毕业生的准备水平等满足教育计划规定条件的强制性最低要求。

（3）无论何种所有权形式和专业类型,其高等专业教育的本科基本教育计划都应包括至少两个学期的亚美尼亚语言文学和历史教学,且须通过最终的强制性测试来完成。

（4）通过高等教育和研究生专业教育的基本教育计划组织学习所需的学分期限或数量。

（5）学习者的最大教育工作量。

（6）亚美尼亚政府根据被授权的国家教育管理机构(以下简称"授权机构")的介绍,制定国家教育标准的形成程序。军事和警察高等教育和研究生专业教育,则需要经亚美尼亚适当的国家管理授权机构的同意。

3.亚美尼亚高等教育和研究生专业教育应通过以下基本教育计划和附加教育计划来实施:

（1）专科、学士、硕士高等专业教育基本教育计划。

（2）研究员项目高等专业教育基本教育计划。

（3）有关专业培训与资格提升的附加教育培训计划。

4.高等学校和研究生专业教育组织机构应根据国家教育标准制订和批准高等教育和研究生专业教育的教育计划。

5.高等学校和研究生专业教育组织机构应根据专业课程设置,采取学分累积、转移和资格学位授予等方式,确保学习者在不同教育阶段(进入和退出教学计划)进行学习。

第九条　高等教育和研究生专业教育的资格学位、教育年限和模式

1.按照教育层次,可持续不断地提供高等专业教育基本教育计划。

2.亚美尼亚应界定高等专业教育两级资格制度。通过最终认证的人员应获得以下学位:

（1）亚美尼亚应保留专科文凭资格。

（2）学士学位:第一层级。

（3）硕士学位:第二层级。

3.亚美尼亚应界定研究生专业教育资格学位,如研究人员。

4.高等教育和研究生专业教育在基本教育计划中所规定的学习年限如下:

（1）专科文凭资格学位至少5年,文化工作者和体育培训专业至少4年。

（2）学士资格学位至少4年,医学专业至少5年。

（3）硕士资格学位至少1年,医学专业至少4年。

（4）研究员资格学位至少3年。

5.已获得高等专业教育学位证书的人员,有权按照规定程序继续下一层级教育计划的学习。首次通过高等教育不同层级的教育计划而接受的教育,不应被视为第二高等专业教育。

6.高等专业教育的基本教育计划可通过固定学习、远程教育、校外教育和外部学习等不同的教育模式来提供,可采取固定式和其他类型组合的方式接受高等教育和研究生专业教育。亚美尼亚政府应制定可通过固定学习、远程教育、校外教育和外部学习等模式接受高等专业教育的专业清单。亚美尼亚政府制定远程教育和外部学习教育模式的教育程序。未经认证的高等学校的学生或毕业生也可通过外部程序参与经认证的高等学校的持续的、最终的认证。

7. 研究生专业教育应通过固定学习、远程教育、校外教育和外部学习等模式提供教育，其程序由亚美尼亚政府制定。

第十条　高等教育和研究生专业教育的毕业文件

1. 完成高等教育和研究生专业教育课程学习并通过最终认证的人员，应授予其高等学校或研究生专业教育组织机构的毕业证书和相关补充证明，包括高等教育专科文凭、学士文凭、硕士文凭、研究员文凭等。

2. 未完成高等教育和研究生专业教育基本教育计划的人员，应授予其学术参考证书，证书样本由高等学校或研究生专业教育组织机构制定。

3. 完成专业教育的附加教育计划并通过最终认证的人员，应向其颁发毕业证书，证书样本由高等学校或研究生专业教育组织机构制定。

第十一条　高等学校的目标

1. 通过接受高等教育和研究生专业教育，满足人的智力、精神和道德发展需求。

2. 通过教育工作者和学习者的科学研究和创造性活动，利用在经济、研究和教育过程中所取得的成果来发展科学、教育、经济和艺术。

3. 对具有高等教育学历的科学教育工作者的培养和培训。

4. 确保教育质量，引进相关质量改进体系。

5. 确保教育过程的连续性、透明度和公开性。

6. 培养具有民族价值、道德价值、全人类共同价值的学习者。

7. 传播知识，提升社会教育和文化水平。

8. 在民主和公民社会管理的条件下，培养学习者在工作中的公民地位、技能和责任意识。

第十二条　高等学校的类型

1. 亚美尼亚高等教育和研究生专业教育制度中应界定高等学校的类型如下：

(1) 大学。

(2) 研究所。

(3) 学院。

(4) 音乐学院等。

2. 高等军事、警察教育机构的活动程序由本法和其他法律规定。

第十三条　高等学校的设立、重组、清算、许可和认证

1. 根据亚美尼亚法律规定的程序，设立、重组和清算高等学校。

2.高等教育和研究生教育的活动许可：

（1）根据亚美尼亚法律规定的程序，只向获得许可证的人员提供高等教育和研究生教育计划。

（2）由授权机构向教育机构颁发教育活动许可证。教育计划的许可应按照亚美尼亚法律规定的程序依法进行。

（3）主要的教学和教师组成、实验室基地和教育空间、教育产业基础、图书馆信息系统以及教育和方法规定的存在，应作为教育机构许可的依据。

3.国家认证：

（1）教育机构的部门从属地位，应由授权机构根据关于教育机构及其学习者的认证结论来颁发国家认证。

（2）应在出示许可证的基础上，向高等学校及其专业、研究生教育计划颁发国家认证。

（3）根据教育机构及其专业，颁发高等专业教育的国家认证。

（4）认证程序、标准和期限应由亚美尼亚政府予以批准。

（5）国家认证的目标是认可教育质量、部分专业的毕业生质量符合国家教育标准，并促进教育机构发展规划的效率提高。

（6）国家认证证书应根据国家教育标准的要求，对教育机构教育计划的水平、内容和毕业生质量进行审核。

（7）教育机构及其专业的认证，应按照教育计划分阶段实施。

（8）专科、学士、硕士专业教育计划须经亚美尼亚高等教育和研究生教育体系认证。

（9）高等学校认证结果显示，至少60％的学生和毕业两年的学生或至少75％的专业通过认证来颁发国家认证证书。

（10）教育机构的分支机构应按照一般原则，由母体教育机构提出申请，并在母体教育机构内部实施认证。

4.在亚美尼亚境内，由亚美尼亚和其他国家的高等教育机构和组织共同参与设立的教育机构及其分支机构，享有与国立高等学校同等的法律地位。对于亚美尼亚国际条约未做规定的教育机构及其分支机构，则应根据亚美尼亚法律和本法的规定获得许可和认证。

5.在颁发给高等学校的毕业证明文件上，应注明教育机构和专业的认证事实。

6.高等学校也可以接受公共认证，由公共认证机构就高等学校活动水平是否符合其标准和要求而实施认证。

第十四条 高等教育和研究生专业教育组织机构的录取

1.从专科文凭计划进入高等学校第一层级，如学士阶段的学习，应由至少接受中等普通教育的学生在遵守法律和高等学校章程所规定的竞争原则基础上提出申请。

2.高等学校有权在获得许可证的情况下公布录取政策。高等学校有义务将其许可证、章程和内部规则以及国家认证证书通知申请人,相关资料也应被记录在申请人的录取文件中。

3.高等学校应与学生签订合同,其合同与高等学校的录取通知书应一并发布,并提前提供给申请人。高等学校和学生之间所签订的合同应强制规定学制年限和高等学校各层级教育的费用,包括每个学年的费用。与学生签订的合同,包括合同规定的教育总费用和每个学年的费用,在整个学习过程中都不得发生改变。

4.高等教育两级资格制度的第二层级(硕士研究生)教育实施的竞争性录取政策应考虑到第一层级的分数。

5.根据教育计划,国立高等学校的录取程序应由亚美尼亚政府制定。国立高等学校应根据亚美尼亚政府批准的专业目录开展录取工作,适用于有效、公开、公平、可靠、透明和平等的原则。

6.根据申请人竞争性录取考试的结果,实施专科或硕士计划的研究生录取政策,其程序和专业清单应由亚美尼亚政府制定。除研究生入学申请书外,高等学校还应与申请人签订合同,且合同与录取通知书同时发布,并提前提供给申请人。合同范本应由亚美尼亚政府予以批准。

7.应在科学候选人具备科学学位和博士论文科学主题后发放博士研究生录取通知书。

第十五条 高等学校管理

1.应按照亚美尼亚法律和高等学校的章程规定,在自治的基础上,根据单一和合议原则,发挥高等学校理事会、科学委员会和校长办公室对高等学校实施管理的职能。

2.高等学校理事会是根据高等学校章程而设立的合议管理机构,每届任期为5年。理事会会长及其成员的管辖权应由章程界定。理事会应由教师、学生代表、创办人和授权机构的代表人员组成。理事会的组成程序由亚美尼亚政府在授权机构提出时加以界定。理事会成员人数由高等学校章程进行规定,不得低于20人。理事会活动应包括:批准本校预算和战略规划;听取、评估校长提交的高等学校年度报告;选举校长以及向学校创办人提交学校章程的修改和补充建议。

3.高等学校科学委员会应根据高等学校的章程规定成立,解决与高等学校的教育方法和科研活动有关的组织、规划和管理方面的问题。科学委员会由高等学校的校长、副校长、有关部门负责人以及根据高等学校章程规定所选定的成员组成,其中校长为高等学校科学委员会主席。科学委员会活动的职权范围和活动程序由高等学校章程予以规定。

4.高等学校的现行管理工作由学校校长负责。根据亚美尼亚法律和高等学校章程规定的公开竞争程序,高等学校的校长由学校理事会无记名投票选举产生,每届任期5年,且连续任职不得超过2届。校长选举结果应经创办人批准。若选举结果被认定为无效,则应根据现行程序选举新的校长。若候选人在选举中获得理事会成员至少三分之二的选票,则创办人应批准科学委员会的决定。

5.高等学校的校长办公室是校长的附属咨询机构,其构成和管辖权的程序应根据高等学校的章程规定予以界定。

6.国立高等学校的分校校长应在学校换届会议期间,通过公开竞争、无记名投票选举产生。分校校长连续任职不得超过两届。

7.高等学校的副校长(或分校副校长)应根据校长(或分校校长)的行政命令任命,并与其签订服务合同。

8.系主任(或教育分支机构的主任)和主席所在职位为民选职位,其选举程序应由高等学校章程予以规定。系主任(或教育分支机构的主任)的活动应被视为科学教育工作。

9.在理事会成立之前,创办人应为新设立或重组的高等学校任命一名临时代理校长,其任期不得超过1年。

10.高等学校应制定和批准5年期教育战略规划,且规划中应明确高等学校的主要目标以及为实现这些目标而开展的活动清单。该战略规划应由理事会批准,并作为授权机构评估高等学校活动效率的主要规划文件。

第十六条 高等教育和研究生专业教育制度的非政府组织和协会

除工会、专业组织、文化组织、研究生组织和协会外,公共政治、非政府、宗教组织和协会不得在高等教育和研究生专业教育体系中运作。

第三章 高等教育和研究生专业教育体系中的教育活动主体

第十七条 高等学校的学习者

1.高等学校的学习者是高等教育和研究生教育的主体。

2.高等学校的学习者可根据个人倾向和要求,自行选择高等学校类型、专业和教育模式,而转学到其他高等学校(包括国外的高等学校),开展研究、中断或继续任何教育层级的高等教育和研究生教育的学习者,应根据高等学校章程的规定全面参与高等学校的合议管理活动。

3.高等学校的学习者有权:

(1)选择适当的院系教育分支机构和主席职位所提供的专业必修课和非必修课,或是专业教育的必修课和非必修课。

(2)通过保持高等教育国家标准的要求,参与其教育内容、教育课程和专业选择。

(3)除了所选定专业的教育课程,学习者还应根据高等学校章程所规定程序,学习本机构和其他高等学校所开设的其他课程。

(4)根据法律或高等学校的章程规定,参加高等学校相关管理机构的工作。

(5)享有图书馆、实验室、信息数据库以及教育、科学、医学等各个部门所提供服务,可免费参加科学工作、会议、研讨会和论坛等。

（6）根据亚美尼亚法律规定的程序，有权对有关高等学校管理的法令和指示提起上诉。

（7）根据亚美尼亚法律规定的程序，享有获得年度教育费部分或全额补偿的权利。

（8）根据亚美尼亚法律和高等学校章程规定的程序，有权获得一定的奖学金，包括特殊奖学金和法人或自然人所指定的助学金、学生贷款。

（9）有权查阅高等学校章程及其他规范性文件，并就学习条件与高等学校签订合同。

（10）根据授权机构规定的程序，可享有最多1年的学术假期，但法律规定情况除外。

（11）接受固定式学习的学习者，每学年可享有不少于2次，且时间不少于7周的假期。

（12）根据高等学校规定的程序，若住宿条件允许，则学习者可根据自身需要选择住宿学校宿舍。

（13）可根据亚美尼亚政府规定的程序，转学到其他高等学校（包括国外的高等学校）。

（14）根据亚美尼亚法律和高等学校章程规定的程序，可向参与科学研究或科研成绩显著的学习者提供物质或精神鼓励。

（15）教育中断的学生有权恢复其在高等学校的学业。

（16）高等学校的学习者有履行高等学校章程和内部纪律规则所规定职责的义务。

（17）当学生违反高等学校章程和内部纪律规则所规定的职责时，可对其实施包括被高等学校开除等在内的纪律处分。禁止在病假、假期、学术休假或产假期间开除学生。

（18）高等学校的学习者可在学生会、学生科学协会和其他学生组织中联合起来，由学校章程规定这些组织的设立和运作程序。

第十八条　硕士研究生、博士研究生和校外学生

1.有关研究生教育入学和研究程序、博士学习及外部学习文件的提交，应由亚美尼亚政府予以批准。在国家秩序框架内学习并完成研究生学业的专家，应根据军队服务法的要求，在高等学校和提供研究生教育的机构中至少工作3年。专家的工作安置程序应由亚美尼亚政府予以界定。

2.为完成与所选定科学课题相关的工作，科研人员、硕士研究生、博士研究生和校外学生应享有与高等学校和研究生专业教育组织机构的科研教育和科学工作者平等使用实验室、设备、教育方法室和图书馆的权利及借调权。

第十九条　高等学校和研究生专业教育组织机构的职工

1.高等学校的教职工和科学工作者有权在教学计划框架内自行描述学术课题，选择科研主题，并按照其选择的方法开展研究。

2.教师(包括院长、系主任、主席、教授、副教授、高级讲师、讲师、助理)、科学工作者、工程技术雇员、行政经济和产业的员工、教育辅助人员和其他员工的构成应由高等学校和研究生专业教育组织机构予以界定。

3.高等学校和研究生专业教育组织机构的教职工和科学工作者的空缺职位,应根据高等学校和研究生专业教育组织机构的章程和规定进行补充。

4.高等学校和研究生专业教育组织机构的所有空缺的科教职位的安置,应按照所签订的5年期服务合同实施。服务合同签订之前应公开竞选。服务合同到期之后,根据合同期内科学教育活动成果的评估结果,无须竞选就可以与科学工作者签订新的最多5年的服务合同。指定职位的安置程序应由高等学校和研究生专业教育组织机构的理事会根据亚美尼亚法律规定予以批准。

5.高等学校和研究生专业教育组织机构的职工有权:

(1)根据高等学校和研究生专业教育组织机构的章程所规定的程序,享有高等学校和研究生专业教育组织机构或其相关管理机构职位的选举权和被选举权。

(2)参与讨论并解决高等学校和研究生专业教育组织机构所开展活动中遇到的问题。

(3)遵守高等学校或研究生专业教育组织机构的章程和集体合同的规定,享有图书馆、信息数据库、教育科学小组以及高等学校或研究生专业教育组织机构的社会公共、医疗和其他结构分支所提供的合理服务。

(4)选择可保证高质量教学过程的教学手段和方法。

(5)根据亚美尼亚法律规定的程序,有权就高等学校或研究生专业教育组织机构有关分支机构主任的命令和指示提起申诉。

(6)为开展专业活动而提供组织和物质技术支持。

6.高等学校和研究生专业教育组织机构的职工有义务:

(1)确保教育和科学活动进展效率。

(2)达到高等学校和研究生专业教育组织机构章程及内部规定的要求。

(3)培养学习者的专业素质、行为举止、公民立场和爱国主义精神。

(4)培养学习者的自主性、主动性和创造性。

(5)根据规定,5年之内至少要参与1次培训或资格提升。

(6)高等学校和研究生专业教育组织机构的行政经济、工程技术、产业、教育辅助人员及其他职工的权利和职责,由本法、《亚美尼亚劳动法》、高等学校和研究生专业教育组织机构的章程及内部规定予以界定。

第二十条 对外国高等学校和研究生专业教育组织机构的科学水平、科学学位对等性的审核与确认

应根据亚美尼亚法律和州际、政府间的条约以及亚美尼亚和其他国家所签署的协议,对指导外国高等学校和研究生专业教育组织机构的科学水平、科学学位对等性的文件进行审核和确认。

第四章 高等学校和提供研究生专业教育的组织体系的管理

第二十一条 国家机关在高等教育和研究生专业教育领域的管辖权

1.亚美尼亚政府在高等教育和研究生专业教育领域的管辖权如下：

(1)根据亚美尼亚法律规定的程序，设立、重组和清算高等学校。

(2)批准高等教育和研究生专业教育国家教育标准的形成程序。

(3)批准高等学校和研究生教育机构的认证程序。

(4)批准教育计划的许可程序。

(5)根据基本教育计划，批准高等教育和研究生专业教育的专业目录、教学模式和各自的资格授予条件。

(6)批准专科文凭教育计划的专业目录。

(7)制定、批准国立高等学校申请者的招生录取程序和知识评价统一制度。

(8)批准学习者在两所高等学校间的转学程序。

(9)批准研究生的招生录取程序、博士研究生和校外学生的论文执行情况。

(10)批准高等学校与研究生学习申请人所签署的合同的范本格式。

(11)在国家秩序框架内，对提供高等教育和研究生教育的教育或科学组织中完成研究生学习的专家的安置予以规定。

(12)批准高等教育和研究生专业教育的专业目录、教学模式和各自资质的变更与补充。

(13)审批不允许采用远程教育、校外教育和外部学习方式的专业目录。

(14)批准教育费用补偿、奖学金界定、教育贷款的接收、教育基金资助等财务手段的分配程序。

(15)国家非商业组织章程的登记、变更和补充。

(16)亚美尼亚政府应根据亚美尼亚法律规定，行使其在高等教育和研究生专业教育领域的其他管辖权。

2.授权机构的管辖权包括：

(1)制定、批准高等教育和研究生专业教育的国家教育标准。

(2)对高等教育和研究生专业教育实行质量监控。

(3)制定博士和校外学习需要的一整套文件的提交程序。

(4)与有关机构分析劳动力市场，并向亚美尼亚政府提交有关高等学校录取政策的建议。

(5)提交有关专家准备、资格提升、职员和科学教育工作者的培训计划，为科学发展提供国家预算资金的提案。

(6)批准高等学校和研究生专业教育机构质量保障的实施程序。

(7)批准接受第二专业教育的程序。

（8）批准固定学习、远程教育、校外教育和外部学习等教育类型的教育程序。

（9）授权机构应根据亚美尼亚法律规定和亚美尼亚政府的决定，行使其他司法管辖权。

第二十二条　高等教育和研究生专业教育的质量保障和国家监管

1.国家对高等学校和研究生专业教育质量的监管，应确保高等学校和研究生专业教育实施统一的国家政策，提高专家储备质量，并有效利用划拨给高等教育和研究生专业教育的国家财政预算和其他经费。

2.国家对高等教育和研究生专业教育质量的监管，应通过授权机构的许可、认证、质量评估以及认证组织所实施的质量保障来实现。

3.为确保高等教育和研究生专业教育的质量，高等学校和研究生专业教育组织机构有义务公布质量评估和认证标准、质量评估和认证机构所提供的结论报告以及质量评估的当前结果。

4.授权机构应批准高等学校和研究生专业教育机构质量评估和认证机构质量保障的实施程序。

5.高等教育和研究生专业教育质量保障应以评估的客观性、连续性、透明度和公开性为原则。

第五章　高等教育和研究生专业教育制度的经济基础

第二十三条　高等教育和研究生专业教育体系的产权关系

1.为确保章程所规定活动的顺利开展，创办人应向高等学校提供建筑、基建、交通、土地、设备以及具有消费性、社会性、文化性和其他重要意义的必要财产的所有权或使用权。创办人应当向高等学校无偿提供财产和无限期免费使用权。

2.高等学校有权通过自然人和法人的捐赠、贡献或意愿等方式将货币手段、财产和其他物质的所有权转让给高等学校，智力和创造性工作的成果、从法律未禁止的其他渠道来源所获得的财产、学校活动收入所得以及由此获得的账户收入均被视为高等学校活动所得。

3.国家和地方政府机构可将教育场所和土地免费或有偿转让给通过认证的高等学校。

第二十四条　高等学校和研究生专业教育机构的经费筹措

高等学校和研究生专业教育组织机构的经费筹措应符合亚美尼亚法律规定。

第二十五条　高等学校的职工薪资

1.高等学校在其处置权限和职工薪资标准范围内，可自主决定工作薪资的形式和制度，决定附加报酬、额外报酬、奖励以及其他物质奖励方式的发放额度，决定在未确定最高工资标准的情况下各类职工的工资标准。

2.高等学校应向履行服务合同所规定的职责且完成规定工作的职工支付工资。

3.为确保高等学校活动的顺利开展,由亚美尼亚和其他参与国家利用国家预算以及亚美尼亚法律未予禁止的其他经费来源而设立的高等学校,应独立设立职工薪资基金。

第六章　补充条款

第二十六条　过渡性条款

1.法律实施后,在引入两级教育制度的同时,高等学校的录取工作只能在学士学位教育中进行。提供文化研究的高等学校可根据专科文凭的教育计划开展专业的研究。

2.一级资格制度将于2009—2010学年开始前生效,并颁发专科文凭资格。

3.2010年之前颁发的专科文凭教育学位资格等同于硕士教育学位。

4.已开始高等学校文凭专业阶段学习的学生,因参军或其他理由而中断学业的,当恢复第二层级教育体系时,有机会继续硕士阶段的学习。若硕士学习为两年学制,则高等学校应免除该学生一年的教育费用。

5.自2006—2007学年开始,高等学校应强制引入学分制。

6.自2005—2006学年开始,应实施本法第六条规定。

第二十七条　最后条款

本法自公布之日后第三十日起施行。

阿塞拜疆

阿塞拜疆,全称阿塞拜疆共和国,位于外高加索东南部。北靠俄罗斯,西部和西北部与亚美尼亚、格鲁吉亚相邻,南接伊朗,东濒里海。面积 8.66 万平方公里,人口 1010 万(2020 年 8 月)。共有 43 个民族,其中阿塞拜疆族占 91.6%,列兹根族占 2.0%,俄罗斯族占 1.3%,亚美尼亚族占 1.3%,塔雷什族占 1.3%。首都是巴库,人口 229.53 万。官方语言为阿塞拜疆语,居民多通晓俄语。全国划分为 66 个区、1 个自治共和国、78 个城市。

现行宪法于 1995 年 11 月 12 日经全民公决通过。2016 年 9 月 28 日,阿以全民公投形式修改宪法,将总统任期由 5 年延长至 7 年,设立第一副总统、副总统职位,赋予总统解散议会权力,取消总统候选人年龄限制,降低议员参选人年龄门槛。

油气工业是阿塞拜疆支柱产业。2018 年国内生产总值为 469 亿美元,同比增长 1.4%,2019 年国内生产总值为 471.7 亿美元,同比增长 2.2%,通货膨胀率 2.6%。石油、天然气储量丰富。石油探明储量 40 亿吨,天然气探明储量 2.55 万亿立方米,石油年产量约 5 000 万吨,天然气年产量约 300 亿立方米。

注:以上资料数据参考依据为中国外交部官方网站阿塞拜疆国家概况(2020 年 10 月更新)。

阿塞拜疆教育法

本法规定了公共政策的基本原则,以确保《阿塞拜疆宪法》规定的公民受教育的权利,并规范教育活动的一般条件,同时为相关法律和各级教育的其他法律奠定了基础。

常规和连续的教育在阿塞拜疆是一个具有重要战略意义的优先领域,反映了公民、社会和国家的利益。

阿塞拜疆的教育建立在国际人权公约和阿塞拜疆国际条约的基础之上,并通过融入全球教育体系,优先将国家、道德和全人类共同价值置于教育系统来促进发展。

第一章 一般规定

第一条 术语释义

1. 录取:入学时须向高等或中等职业技术教育机构提交相关证件。

2. 优秀助学金:由国家、实体机构或个人设立,奖给在教育上学术表现优异、积极参加学术机构社会文化生活的学生的助学资金。

3. 辅修学习(研究生军事学习):军事学术机构中对高度专业化科学教学人员的培训,等同于博士生学习。

4. 学院:实施高等教育和在职培训项目、进行基础和应用科学研究的高等教育机构。

5. 认证:决定和批准教育机构的活动符合国家教育标准及其地位的程序。

6. 评价:评估学生的学习成绩和教师在各个阶段教育水平的程序。

7. 学士:高等教育的第一级,在各专业大范围对学习者进行培训。

8. 学士学位:授予学士课程完成者的高等专业学位。

9. 远程教育:通过电子、电信、软件和技术工具组织教学过程的教育。

10. 学位论文:为获得相应的学术学位而提交的科学论文。

11. 学位论文学生:正在写学位论文的学习者。

12. 博士生:在博士计划中登记入读的学习者。

13. 博士学位:高等教育的最高学位。为先进的高级科学和教师培训提供博士学位。

14. 副教授:授予高等教育机构教师和公职人员的学术头衔。

15. 科学博士:在科学领域博士课程第二阶段所授予的最高学术学位。

16. 在家学习:基于相关教学项目(或课程)而提供的普通教育。

17. 继续教育:以补充教育项目为基础,满足公民全面发展需求的教育。

18. 哲学博士:在各研究领域博士课程第一阶段所授予的理学学位。

19. 自主学习:针对因各种原因而长期未被教育机构录取或在某一特定领域有特殊才能的学生的教育。

20. 荣誉教授:授予高等教育机构教授和副教授的荣誉学术头衔,其授予对象为在科学教学工作中有重大贡献者,或者是为全球科学和教育做出特殊贡献的外国学者和公众人物。

21. 正式教育:以国家教育证书的发布为终止的教育类型。

22. 文科中学:为被公认为具有较好的人文学科能力的学生提供各学科教育服务的普通教育机构。

23. 非正式教育:通过自主学习获得知识的教育类型。

24. 创新:基于不同机构和科学研究的进步发展。

25. 机构:高等教育机构,即对特定专业的高等教育专家进行培训以及提供在职培训项目的独立机构或大学的结构单位。

26. 专业:在相应学术证书中指定的研究领域或一个共同领域的活动类型。

27. 专业化:在相应的专业教育领域内获得专业特长。

28. 校园:包括相关物质、技术基础以及基础设施的教育综合体。

29. 学院:以中等专业和职业项目为基础提供教育服务,有权授予学生副学士学位的教育机构。

30. 音乐学院:培养音乐领域具有高度专业化的专家的高等教育机构。

31. 非正规教育:通过各种课程、俱乐部和个别课程获得的无国家教育证书的教育。

32. 许可证:由国家颁发给教育机构以提供教育行动的特别许可证。

33. 文化团体:在各研究领域为有才华的学生提供教育服务的基础和中等教育水平的普通教育机构。

34. 硕士课程:第二层次高等教育的课程。

35. 硕士学位:授予硕士课程完成者的高等学术专业学位。

36. 学校认证:等同于学术证书鉴定的程序。

37. 教授:学术头衔,授予经验丰富的科学博士(除需要特殊才能的领域外)和高等教育机构的公职人员。

38. 实习:在医学专业进行专业培训的基本高等教育项目。

39. 自由教育:允许未接受过普通教育的人员接受教育,或授予学员在常规课程之前完成一般教育阶段的权利。

40. 副学士学位:授予中等职业教育毕业生的职业学位。

41. 教育学分:根据内容和范围,为某一课程的掌握程度而分配的计量单位。

42. 教学计划:根据不同的教育水平决定课程和课外活动教学时间数量分配的主要管理文件。

43. 教育:掌握系统的知识、技能和能力及其学习结果的过程。

44. 教育投资:为教育发展所投入的资源。

45. 教学大纲:对指定的学习结果、内容标准、所授课程、每周的教学和课外活动时间、教学过程管理、各层次教育的学习成果进行评估和监督的国家文件。

46. 教育产品:教育创新或原创的教学大纲、教学方法、教育模块、教育项目。

47. 教育机构:以相关课程为基础进行教育并颁发相应国家证书的机构。

48. 教育机构自主权:由各行政权力机构授予的国家和地方教育机构的独立性。

49. 教育特许经营权:在相应条件下(如保留教育机构的正式名称、商标、版权保护等),为国内或国际教育市场上教育产品的实现而提供的综合服务系统。

50. 博士专家:高等专业学位,授予在各自课程基础上完成实习的学生。

51. 导师:高等教育机构的学术顾问。

52. 大学:领先的多学科高等教育机构,旨在在所有层次的高等教育和在职培训项目中进行广泛的专业培训,并开展基础和应用科学研究。

第二条 阿塞拜疆教育法律

1. 阿塞拜疆教育法律包括《阿塞拜疆宪法》、本法、与教育部门有关的其他法律、规范和行为准则以及阿塞拜疆所参加的国际条约。

2. 教育法律的主要目标是为教育部门提供可保护公民的宪法权利,并明确教育执行机构的权利和责任,规范学习者和教师、个人和法人实体之间的关系,为教育系统的独立运行与发展奠定法律基础。

3. 本法不适用于在阿塞拜疆境内经营的宗教教育机构,也不适用于外交代表和外国领事馆的教育机构。

第三条 国家教育政策的主要原则

1. 人道主义:把国家和全人类共同价值、个人的自由发展、人权和自由、健康和安全、美德、尊重以及对环境和人民的宽容,作为优先考虑的事项。

2. 民主:以自由思想精神培养学习者,在国家和社会的基础上扩大权力和学术独立性,组织和管理教育,提高教育机构的自主权。

3. 平等:为所有公民创造平等接受教育的机会,确保其享有受教育的权利。

4. 民族意识和世俗主义:在保护国家和民族的基础上,建立和发展一个世俗的和谐教育系统。

5. 效率:是指运用当代方法以发展和有效性为导向,以结果为基础的教育组织和科学话语体系。

6. 连续、团结和永久:确保公民在现有教育标准、课程和教学大纲的基础上,有接受不同层次教育的机会,并确保不同层次教育之间关系密切和终生学习的连续性。

7. 传承:将教育领域所获得的知识和经验持续传递给下一代。

8. 自由化:扩大教育领域和教育活动的开放性。

9.整合:通过与全球教育系统的有效整合和适应,以促进国家教育发展。

第四条　教育的主要目标

1.促进公民人格发展,使其了解自身在阿塞拜疆所承担的责任和义务,尊重国家的民族传统,遵守民主、人权和自由的原则,弘扬爱国主义精神,有独立、创造性的思考能力。

2.培养不断思考、竞争的专家和人员,保护和促进民族的、道德的价值,以享有广阔的世界观,能够评估倡议和改革,并掌握理论和实践知识。

3.确保学习者习得系统化知识、技能和能力以及对专业的持续改进,让学习者对社会生活和高效的劳动活动有所准备。

第五条　国家对教育权利的保障

1.国家保证为每个公民创造相应的条件,不允许剥夺公民接受任何等级和形式的教育的权利。

2.国家确保为每个公民创造平等机会,不论性别、种族、语言、宗教、政治观点、国籍、社会地位、背景和健康状况如何,严禁任何歧视行为。

3.国家保障每个公民有接受强制性普通中等教育的权利。在公共教育机构注册的学习者都享有接受免费普通教育的权利。国家根据法律规定,每个公民有在中等职业教育和各级高等教育中分别接受一次性免费教育的权利。

4.根据劳动力市场需求,国家公开要求教育机构培训专业人才,并为毕业生提供就业机会。

5.国家保证为有才华的公民提供继续教育的机会,并为需要社会保护的公民接受教育提供必要的条件。

6.国家确保对民族教育传统的保护和发展以及创新的引进。

7.国家实行与阿塞拜疆公民国外生活教育有关的特殊项目和计划。

第六条　国家教育标准

1.国家教育标准是根据科学教学原则制定的满足个人、社会和国家要求的一套综合规范。国家教育标准包含一定时间内(不少于 5 年)的一般国家要求。

2.国家教育标准的确定要考虑到国际上已建立的教育进步标准和价值观。

3.国家教育标准的发展、批准和效力由各行政机关决定。

4.国家教育标准决定了各级教育的学术内容、管理、物质、技术、教学基础、基础设施、教师素质指标以及学生的知识、技能和资质。

5.所有教育机构的教育组织都必须按照国家标准予以安排。

6.以国家教育标准为基础评估教育机构的运作、教育质量以及毕业生的成就、认可和最终认证。

7.为受身体限制的个人制定特殊的国家教育标准。

第七条　语言学习

1.阿塞拜疆教育机构的教学语言是阿塞拜疆语。

2.特殊情况下(国际条约或与各行政机关达成的协议),为满足公民和教育机构创始人的要求,根据国家教育标准,可使用其他语言授课,但其授课内容须包括阿塞拜疆语、文学、历史和地理。

3.根据各行政机关建立的规则和教育计划,为对阿塞拜疆语掌握较差的学生组织预备班和课程。

第二章　阿塞拜疆的教育系统

第八条　教育系统结构

1.所有教育机构,包括处理教育教学过程和提供教育服务的其他机构、科研机构、信息中心、项目、生产、临床、公共饮食业、医疗预防和医药单位、各类文娱和保健中心、校园、文化教育机构和组织、图书馆、宿舍、营地以及支持教育活动及其发展的基础设施。

2.教育管理部门、教育机构和组织在教育系统下运作。

3.公共和非政府组织、协会、社会科学方法理事会以及其他参与教育活动的机构。

第九条　教育质量标准

1.教育质量须根据相应的质量指标体系(包括教育计划、入学准备、物质技术、基础设施、信息资源、教育者的专业精神和科学教学水平、先进的教学技术等)来决定。各个学术水平的教育质量指标体系,应遵循经国家教育标准调整后的国际和欧洲教育系统的原则。

2.教育机构的人员准备水平是由国家和国际劳动力市场的毕业生竞争力以及其在国家社会经济发展中所起的作用来决定的。

3.教育质量水平源于每个历史时期的社会政治、社会经济、科学文化发展需要,并分别由认证服务机构予以评估。

第十条　教育计划(课程)

1.根据各国标准,根据不同教育水平和教育领域的课程来定义教育的内容,并掌握其规则。

2.课程包括教学方案、学科教学计划、方法支持和评估的建议及其他相关的教学技术。

3.课程包含阿塞拜疆实施的所有等级和范围的教育。

4.执行这些课程的持续时间由各行政机关决定。

5.各课程被用于在职教师培训、远程学习和其他特殊形式的学习。

6.特殊课程主要针对受身体限制或需要长期治疗的学习者而开发和实施,为其在抚养、教育、治疗、社会适应和融入社会生活方面提供保障。

7.阿塞拜疆所实施的国际课程,须根据阿塞拜疆法律和教育机构的章程,对工作人员进行培训。

第十一条　教育内容和组织的一般要求

1.教育内容和组织的一般要求如下:

(1)发展学习者的必要技能,使其在信息社会中具备竞争、生存、工作和交流的能力,以满足当代社会的需要。

(2)承担责任,做出合议,参与民主制度的运作和发展,成为一个能够独立,且有创造性的个体和公民。

(3)为了确保学习者能够不断学习,获取最新知识和世界观,以当代标准为基础,更有效地满足需求和成长,终身学习向所有人公开。

(4)发展必要技能,达到高智力水平,掌握实际工作能力和新技术,并迅速掌握信息的流动。

(5)创造机会以满足社会对高技能和有竞争力的人力资源潜力的需求。

(6)确保对教育机构教育过程的组织是建立在尊重学习者和教师尊严的基础上,禁止任何针对学习者身体和心理健康的暴力行为。

2.对教育内容和教育过程组织的一般要求受本法和其他法律法规的约束。

第十二条　教育类型

1.正式教育。

2.非正式教育。

3.非正规教育。

4.正式教育安排的规则由各行政机关决定。

第十三条　教育形式

1.阿塞拜疆有以下教育形式:

(1)固定教育。

(2)函授教育。

(3)远程教育。

(4)自由(外部)教育。

2.家庭教育和个人学习可在阿塞拜疆所建立的教育形式框架内组织。

3.各行政机关在必要时,可使用现代教育技术设施发布其他教育形式。

第十四条　教育机构

1.教育机构的组织、法律形式和地位根据相应法律规定确立。

2.根据其所有权形式,下列教育机构在阿塞拜疆运行:

(1)国家教育机构。

（2）市政教育机构。

（3）私立教育机构。

3.阿塞拜疆的国家教育机构不直接寻求任何经济利益。

4.教育机构的运作、权利和义务，根据本法和阿塞拜疆其他相关法律规定，由其章程予以确立并进行管理。

5.下列类型和种类的教育机构已建立：

（1）学前教育机构（儿童保健机构、儿童保健机构幼儿园、幼儿园、特殊幼儿园）。

（2）普通教育机构（初级、中等和普通中等教育机构，普通教育寄宿学校，特殊学校和特殊寄宿学校，有限健康条件儿童的特殊学校和寄宿学校，特殊需要儿童机构，学校，体育馆，文化团体以及其他天才学生学校）。

（3）校外教育机构（儿童创意中心、儿童和青少年体育学校、儿童和青少年国际象棋学校、环境意识和实践中心、技术创新中心、校外工作中心、美学教育中心、艺术创造力中心等）。

（4）初级职业教育机构（职业学校、职业文化团体）。

（5）中等职业教育机构（学院）。

（6）高等教育机构（大学、研究院、研究所等）。

（7）在职培训教育机构（大学、研究所、中心等）。

（8）其他教育活动实施机构。

6.不同类型的教育机构也可以作为一个教育联合体和校园来运行。

7.初级和普通中等教育机构也可以作为一个小型的联合体来运行。

8.教育机构以国家预算和报酬为基础提供教育。阿塞拜疆具有特殊目的的教育（军事、国家安全等）由国家支付，并在各教育机构实施。

9.禁止教育机构、教育管理机构和其他机构的政治团体、宗教机构，建立教育机构和从事教育活动。

10.在阿塞拜疆的所有教育机构中，学习者的制服和属性根据教育机构的规定来确定。

11.各行政机构可在其职权范围内授予公共高等教育机构自治的权利。而被授予自治权利的教育机构，根据现行的法律和法规，可自由开展教学、科研、人事、金融经济等活动。

12.建立、扩大、重组、关闭教育机构，须依照根据法律制定的规定执行。

13.国家通过信贷、拨款和法律规定对国家教育机构的特许，来保障包括私立教育机构在内的所有教育机构的发展。

14.教育机构的物质与技术基础、教育设施均不能低于各行政机关制定的标准。

15.教育机构是法人实体，具有独立的财务收支平衡权。教育机构根据相关法律，可设银行账户和其他账户。教育机构在现行法律框架内的行政行为和金融经济活动是自主的。

16.教育机构有权在国内外建立附属机构网络(国家教育机构须事先与各行政机关达成协议),创建教育工会、协会,并与公共组织联盟共同促进教育发展,遵守法律和自身章程。

17.教育机构因其活动对公民、社会和国家负有责任。

18.阿塞拜疆境内的高等和中等特殊教育机构,应当与学生或毕业生国家数据库系统相连接。

第十五条　教育机构的创办者

1.教育机构的创办者可以是国家、市政府、阿塞拜疆或其他国家的公民或法人实体。

2.由外国公民或法人实体创办的教育机构,至少80％的普通教师和教授应为阿塞拜疆公民。

3.教育机构的设立规则和特殊目的名录应由相应的行政机关来决定。

4.创办者的责任、权力范围,以及与教育机构的相互义务根据阿塞拜疆法律、组成合同和法人实体章程制定,并受其监管。

第十六条　教育机构的许可和认证

1.任何教育机构均应在根据既定法律获得相应行政部门的特别许可(许可证)后,方能开展教育活动。国家教育机构可获得特别永久许可(许可证)。阿塞拜疆公民或法人实体创办的私立和市立教育机构可获得为期5年的特别许可(许可证)。外国公民或法人实体创办的教育机构可获得不少于3年的特别许可(许可证)。

2.外国公民或法人实体及其附属分支机构和代表为在阿塞拜疆以及他们所在国家提供教育活动而所需获得的许可(许可证),由两国签署的协定决定相关颁发事宜。

3.对教育机构实施认证,旨在确定教育过程的组织、物质技术资源、教育计划、人力资源、财政资源和教育基础设施,是否遵守已通过的国家标准和其他规范性法律要求。认证被视为承认教育机构的地位,并且获得法律批准在规定时期(不少于本法第一项规定的时间)内活动。

4.教育机构认证由相关行政部门建立的国家认证服务部门予以监管。认证通过时会颁发相应的质量文件——证书。

5.根据法律规定,只有在阿塞拜疆登记为法人实体、获得活动特别许可(许可证)并获得认证的教育机构方能开展业务。

第十七条　教育阶段与层次

1.阿塞拜疆共和国存在以下教育阶段和层次:

(1)学前教育

(2)普通教育

①初等教育

②基础教育

③中等教育

（3）初级职业教育

（4）中等职业教育

（5）高等教育

①学士学位

②硕士学位

③博士学位

2.国家应确保不同教育阶段和层次之间的相互联系和连续性。每个教育阶段（学前教育除外）结束时，根据最终评估结果和（或）证明结果向毕业生颁发标准的国家证件。

3.所有教育阶段和层次的活动开展受相应法律的监管。学习者在继续某一个教育阶段和层次的教育时，要考虑其上一个教育阶段和层次取得的成绩（学前教育除外）。

第十八条　学前教育

1.学前教育是教育的第一阶段。根据家庭和社会的利益，学前教育从幼儿时期开始，旨在确保学龄儿童智力、身体和精神的发展，使其掌握简单的劳动技能，并能够展示其才华和技能，保护儿童身体健康，培养儿童的审美能力。

2.学前教育须根据相关教育计划实施。

3.阿塞拜疆的学前教育对象年龄始于3岁。

4.年满5岁的儿童必须做好学前准备。组织学前教育的规定由各行政机关制定。

5.家庭中，在家长的要求下，学前教育既可以通过学前教育机构获得，也可以通过普通中等教育机构的下设机构获得。

6.各行政机关为在家抚养学龄儿童的家庭提供适当的方法、诊断咨询和协调服务。

第十九条　通识教育

1.通识教育为学习者提供科学基本知识，使其具备必要的知识、技能和能力，并为其生活和专业活动做准备。

2.通识教育促使学习者身体健康、智力提升，为学习者提供必要的知识，并以健康的生活方式和价值观为基础，培养学习者具备以公民为导向的思维，尊重其民族价值观，理解学习者在家庭、社会、国家、环境等方面的权利和义务。

3.通识教育须根据各教育计划实施。

4.阿塞拜疆的通识教育由初级教育、基础教育和中等教育组成。

5.通识教育各个阶段的持续时间，由各行政机关决定各阶段的过渡规则。

6.通识教育可以在普通中等学校、特殊教育学校、体育馆、文化团体、初级和中等职业教育机构以及设立在高等教育机构内的学校进行。

7.通过开展一系列课外教育计划，来提高学习者的身体素质，提升学习者的各种创作技巧。

8.以特殊成绩完成通识教育的毕业生,根据各行政机关所建立规则可获得金牌或银牌。

9.初级教育的主要目标是提高学习者的阅读、写作和计算能力,增强关于人类、社会和自然的基本生活技能,开发逻辑思维、美学、艺术品位等方面的潜能。

10.初级教育须根据相关教育计划实施。

11.阿塞拜疆的初级教育对象的年龄始于 6 岁。

12.教育机构允许有才华的儿童在家长的要求下提前入学。

13.基础教育的目标是进一步开发学习者的口语、写作能力,沟通技能,认知能力和逻辑思维,获得教育计划中有关科目的相关知识,了解人类文明的发展,利用现代信息通信技术,能够评估事件和确定未来活动的能力。

14.阿塞拜疆的基础教育具有强制性。

15.基础教育须根据相关教育计划实施。

16.最后评估是在基本教育水平的基础上进行的,毕业生可获得相应的国家证件。完成基础教育后所取得的证书是继续下一阶段教育的前提条件。

17.中等教育确保学习者自身的天赋和能力得以实现,并为独立生活和按意愿选择职业做好准备,尊重民族价值和全人类共同价值观,尊重人权和自由,熟练运用现代信息通信技术以及其他技术手段,获取基本的经济知识,能够用一种或多种外国语言进行交流等。

18.普通中等教育的前提是修完三个阶段所有通识教育课程。公共教育机构免费提供普通中等教育。

19.专业课程会在达到普通中等教育水平时提供。

20.普通中等教育是通识教育的最后阶段,对学习者知识评价的最后国家认证将在本教育层次进行。根据认证结果,毕业生将获得相应的国家证件和文凭。

21.普通中等教育的证明是继续下一阶段教育的前提条件。

第二十条　初级职业教育

1.开展初级职业教育是为了培训不同职业以及符合劳动力市场需求且根基于普通中等教育中的热门专业的各种专业劳动力。

2.不论何种所有权形式,其职业教育机构和各种组织、机构、劳动交易所、就业办公室及其他机构的教育单位,都提供职业教育,并向各自领域的毕业生颁发初级专业学位。

3.初级职业教育须根据各教育计划实施。

4.毕业生完成基本通识教育后,应被允许进入初级职业教育体系,享有接受普通中等教育和职业化的权利。

第二十一条　中等职业教育

1.中等职业教育以基础教育和普通中等教育为基础,根据社会和劳动力市场的需要,为不同生产领域培训中等教育专业人才。

2.中等职业教育主要在由高等学校和高等教育机构设立的相应单位实施,并颁发副学士学位。从基础中等教育体系进入中等职业教育体系的毕业生,也接受普通中等教育。

3.中等职业教育以各教育计划为基础组织实施。完成中等职业教育的毕业生可获得国家颁发的相应证件。

4.完成中等职业教育后所取得的证件,是进入高等教育机构和接受下一教育阶段高等教育的前提条件。

5.应确保中等职业教育计划与高等教育计划在相关专业上的一致性,而对于副学士学位获得者和以优异成绩完成该教育层次的毕业生,则要求其根据相应的行政机关所设立的规则选择高等教育机构的专业。

第二十二条 高等教育

1.高度专业化的专家和科学教学人员在接受高等教育水平的培训时,要考虑到社会和劳动力市场的需求。

2.针对专家和科学教学人员的培训,在阿塞拜疆的高等教育机构中被分成三个等级:

(1)学士学位(医学教育除外)。

(2)硕士学位(医学教育除外)。

(3)博士学位。

3.学士学位的教育是以普通中等教育和中等职业教育为基础的,并根据不同专业的教育计划,培养广大领域的高等教育专家。完成学士学位课程的毕业生可获得高等专业学士学位。取得学士学位的毕业生,除了可以参加科学研究和高等教育机构的科学教学活动外,还可以在其他领域工作。学士学位课程的内容及其相关规定,由各行政机关决定。

4.硕士学位的教育目的是对科学或有专业用途的专业化领域进行更深入的研究,并促使毕业生从事专业活动、科学研究和科学教学工作。与硕士教育有关的内容和规章,由各行政机关决定。

5.硕士课程只在拥有足够的科学教学人员、物质技术资产和教育基础设施的高等教育机构中实施。

6.根据医学教育领域的课程设置和国家教育标准规定,将医学教育分为基础教育和住院医生实习两个部分,毕业生分别获得高等专业学位及医学博士和博士专家称谓。与住院医生实习教育有关的内容和规章,由各行政机关决定。

7.文化、艺术、体育、建筑、设计等方面的硕士学位教育,需要特殊能力和特质,只向需要理论教育和研究的领域提供。与其相关的专业清单,由各行政机关决定。

第二十三条 博士研究生教育

1.博士研究生教育是高等教育的最高层次,培养科学教学人员,并提供相应的专业和理学学位。

2.硕士研究生可通过高等教育和科学机构(或军事学校的辅修课程)所提供的博士学位课程获得理学学位。理学学位由高等教育和科学机构的学位论文委员会授予。

3.阿塞拜疆设有下列理学学位:

(1)哲学博士。

(2)科学博士。

4.博士学位课程的设立、研究生入学申请、理学学位的授予以及相关政策的制定程序均由各行政机关决定。

5.根据阿塞拜疆所签订的国际协议以及高等教育机构与外国公民签订的有偿教育合同的规定,外国公民被获准进入高等教育和科学机构学习博士学位课程。

6.完成研究生学业并获得相关理学学位的人员,将被授予国家认证的学位证书,获理学学位。

7.高等教育机构、科学机构和其他法人实体的科学教学人员,可通过函授的博士课程获得理学学位。而通过函授方式获准进入相关高等教育和科研机构的程序,须由各行政机关决定。

8.高等教育机构的工作人员通过规定程序,为在科学教学领域取得一定成就的教学人员授予相应的科学头衔。阿塞拜疆设有助理教授和教授两种科学头衔。

9.授予教授和助理教授头衔的程序和要求由各行政机关予以确定。

10.阿塞拜疆的高等教育机构有权依照有关程序授予教学人员荣誉教授的科学头衔。授予荣誉教授科学头衔的程序和要求,须依照《高等教育机构宪章》的规定予以确定。

第二十四条　继续教育

1.继续教育是持续的教育和专业培训的一部分,能使每个公民持有一份国家证件,承认完成任何层次的职业教育,以获得持续的教育。

继续教育的主要目标是通过终身教育开发人的潜能,推进专家的智力和专业培训,调整不断变化和现代化的工作条件,维护老年人积极并有效地参与国家的社会、经济、政治和文化生活活动。

2.阿塞拜疆的继续教育包括:

(1)在职培训。

(2)再培训。

(3)实习和高级培训。

(4)重复的高等专业教育。

(5)高级学位学习。

(6)成人教育。

3.有关继续教育的内容和实施的规定,由各行政机关根据专业课程予以确定。

4.继续教育的实施主要是在再培训和在职培训机构、因职业教育、实习和专业课程的发展而设立相应机构的专门部门以及在该领域内持有国家许可证的其他机构进行。

5.根据各行政机关所规定程序,为在继续教育领域内接受教育的公民签发证明文件,并为从在职培训课程毕业的个人提供奖励。

第二十五条　教育系统的科学研究

1.教育系统的科学研究由教育管理机构、高等教育机构及其相关科研单位(如科学研究机构、中心、部门、实验室等)进行。

2.教育系统进行的科学研究具有基础性和应用性。

3.教育系统的科学研究通过利用公共资金、赠款、各种基金资源、教育机构所产生的预算外资金、外部订单等进行。

4.与教育发展问题相关的科学研究,其本质是创新,旨在研究教育的历史,改进教育的结构和管理,根基于现代方法组织教学过程,发展和实施其他领域新的学习技术和教学创新。

第二十六条　高等和中等职业教育机构招生的一般程序

1.高等和中等职业教育机构的招生充分维护公民的受教育权。学生录取基于竞争(本条第五项规定的内容除外),对于已经掌握相应教育水平的教育计划和有能力、有准备的学生,允许其独立自主地选择专业化机构和教育机构。

2.高等和中等职业教育机构的招生须根据各行政机关建立的程序和学生评估考试中的自我表现能力执行。

3.每个学习者或其家长都可以审查以下规范高等和中等职业教育机构教学过程的法律证件:

(1)教育机构的章程。

(2)保证教育活动的专门许可证。

(3)教育机构的认证书。

4.学生在教育前阶段取得的成就,在高等和中等职业教育机构招生过程中,须根据各自教育机构确定的程序予以考虑。

5.世界级别的奥林匹克竞赛、著名的国际比赛或竞赛的获胜者,有权直接进入高等教育机构的相关专业学习。这些奥林匹克竞赛、国际比赛和竞赛项目的名单由各行政机关决定。

6.高等教育机构的硕士课程招生,由持有学士或其他高等教育学位的个人,按照由各行政机关确定的程序办理。

第二十七条　国家教育证件

1.在教育机构完成任何阶段和水平的教育,持有专门许可证,且已通过阿塞拜疆教育领域执行的国家认证的个人,按照各行政机关所确定程序应向其颁发国家教育证件。

2.完成教育所获得的国家证件,是继续追求教育或在专业领域开始劳动活动的基础。

3.因某种原因未能完成现阶段教育水平的个人,根据各行政机关制定的程序,可获得由教育机构提供的参考证件。

4.外国颁发的教育证件按照各行政机关制定的程序予以确认。

第二十八条　教育机构的饮食和医疗服务

1.根据各行政机关制定的要求和规范,教育机构须创造必要条件,提供饮食和医疗服务。

2.高等教育机构根据与法人实体或个人安排饮食服务的合同提供饮食服务。

3.根据各行政机构设立的程序,教育机构向学习者提供免费的医疗服务。

第三章　教育系统的管理和教育主体的权利、义务及社会保护

第二十九条　教育领域的国家责任

1.制定和实施国家总体教育政策。

2.确定国家教育系统的发展理念和主要优先事项。

3.发展、批准和监督为国家教育系统发展而实施的各种国家项目。

4.确定专家培训的重点、专业以及培训高级科学教学人员的项目。

5.定期监测国家教育政策和国家教育计划的实施情况。

6.促进国家教育与世界教育系统一体化,建立符合国际标准的教育制度和教育环境。

7.确定预算拨款和国家教育拨款金额,并用于改善教育部门条件和资助公共教育机构。

8.财政年度须确定资助公共教育系统的标准、每个学习者(中学学生、大学生、研究生等)的教育成本和标准。

9.确定初级、中等职业和高等教育机构的招生计划。

10.按照规定程序,在招生时进行学生评估。

11.创建国家电子数据库"学生"系统。

12.制订和批准每个教育阶段的国家教育标准和计划,并监督教育与相关国家标准的符合性。

13.依照法律规定的程序,任免公共教育机构负责人。

14.确定在公共教育机构担任学术和行政职务的教授级教师的年龄限制。

15.批准符合教育水平的教育机构的示范性章程。

16.批准公办教育机构的章程,对市级教育机构和私立教育机构的章程发表评论。

17.确定教育过程组织的整体要求。

18.确定教育领域的政府间、区域和国际发展项目。

19.建立统一的教育统计数据系统。

20.批准国家教育证件的样本及其颁发程序。

21.确定外国颁发的教育证件的认可程序,并提供学校认证服务。

22.确定所有高等教育机构教学人员教学工作量的标准。

23.批准教育机构的建筑物和物质技术条款的统一规范,确定整体卫生要求以及学生入学规范。

24.批准和撤销对教育机构运行的专门审批。

25.制定和批准初级、中等职业和高等教育机构的资格框架。

26.对教育机构实行科学监督和管理。

27.对教育机构的教育质量实施国家控制。

28.确定教育机构的认证规定并进行认证。

29.确定教育机构的认证制度,并对教育机构的教育工作者和学习者进行认证,包括最终认证。

30.为教育行政机关、教育机构、公众和非政府组织与教育相联系的活动提供协调。

31.为教育机构的科研工作提供协调服务。

32.采取、修改、撤销规范教育系统运行的规范性法律行为。

33.为教育机构提供教科书、学科资源和其他教学用具的开发、审批和出版。

34.确定科学头衔和理学学位的规定和条件。

35.为教育机构的工作人员提供补偿和激励,为特别有才能的学习者设立个人助学金。

36.维持公共教育机构的教学、科学方法、信息传播技术和其他技术设备。

37.批准基本的教育计划和项目。

38.确定包括教育工作人员在内的专业人员的实际需要,并对其就业进行规范。

39.规定教育领域现有法律行为的实施程序。

40.维持公共教育机构免费医疗服务的供应。

41.为已失去父母或父母被剥夺监护权的未成年人安排监护人(或受托人),并安排这些未成年人在公立寄宿学校上学,监督监护人(或受托人)履行其职责,确保将需要医疗条件的儿童委托到特殊教育和社会保护机构。

42.在教育领域充分使用规划、预测、协调、规定、评估等功能。

第三十条 教育机构的管理

1.教育机构在符合本法、规范性法律行为和法令的开放、透明和民主的原则上实施管理。

2.公共教育机构由各行政机关所指定的教育机构进行管理。公共教育机构的最高管理机构是科学和教学委员会。科学和教学委员会的设立和活动由各行政机关和该教育机构章程所批准的规章予以规定。

3.市教育机构由市级行政机关所指定的管理机构进行管理。

4.私立教育机构由董事会任命的私立教育机构管理。

5.教育机构的副主任必须是阿塞拜疆的公民,若该机构创始人是外国公民或外国法人实体,包括超过51%的法定资本,股票为外国法人实体或外国公民所有。该教育机构负责人和副主任的提名,须经各行政机关同意。该教育机构只有在校长和副校长的提名通过后才能进行国家登记。

6.可在教育机构建立管理和自我管理的单位(如大会、受托人、科学委员会、科学方法委员会、教学委员会、家长和学生委员会),为教育机构提供民主、透明的管理。这类机构的设立程序由教育机构章程予以规定。

7.教育机构由校长、主任或相关负责人根据该机构实际情况和教育机构章程进行管理。

8.在教育机构中担任学术职务和行政职务的教学人员,其年龄限制由各行政机关予以确定。达到该年龄限制的教学人员,有权参加教育机构的科学活动,但不得担任任何学术职务和行政职务。

9.除教育行政机关外,任何公共和地方自治机关,或者其他单位,都不得干涉教育机构的管理。

第三十一条 教育过程的参与者

1.学习者:学龄前儿童、中小学生、硕士生、博士生等。

2.教育者(教学人员):教师、助理、顾问、导师、教练、教师助理、助理教练、军事训练教练、残疾人专家、配音师、生产培训大师、实践心理学专家、社会教育专家、学校儿童联盟负责人、方法学专家、学习小组和音乐团体负责人、科学教学人员、直接参与教学过程的工程技术人员、教辅人员、保姆、讲师、教育机构的图书馆员、出版编辑人员、教育管理机构主要单位的工作人员、教育机构和有关教育活动主管部门的主管、教育机构聘用的音乐会大师和培训师、社会保护和健康保健人员、直接参与教学活动的权威人士以及其他参与教育培养过程的人员。

3.家长。

4.管理教育和市政当局的机关。

5.其他涉及教育培养的个人和法人实体。

第三十二条 学习者的权利与责任

1.学习者的权利与责任须根据《阿塞拜疆宪法》、本法及其他相关法律、阿塞拜疆参加的国际条约来确定。

2.所有教育机构的学习者都享有平等的权利。

3.学习者有权:

(1)按照法律规定的程序进入教育机构。

(2)自主选择教育机构、专业、职业、培训形式和教育语言。

(3)接受达到国家教育水平的高质量教育。

(4)选择教育计划、课程和课外活动。

（5）根据高等教育机构提供的教学计划，自由选择科目、每个学期的学分、教育工作者和辅导老师。

（6）利用教育机构现有的基础设施（包括教学产品、科研设备、信息资源、文化福利、体育器材、健身中心、图书馆等）。

（7）按照既定程序改变教育机构和专业。

（8）参加科研活动。

（9）追求持续性教育。

（10）享受一个没有健康风险和危害的学习环境。

（11）享受保护，免受羞辱人类尊严和荣誉及与人权相抵触的行为。

（12）按照既定程序暂时推迟教育机构的教育。

（13）根据各行政机关确定的程序，对其知识进行重新评估。

（14）按照法律规定，在中等职业教育和高等教育水平上接受一次性的免费教育。

（15）接受公立和市级综合教育机构所提供的免费教科书。

（16）参与教育过程的组织和管理，自由表达个人理念和思想。

（17）参与教育机构的科学、公共、社会和文化生活，参与科学社团、学习小组、协会、工会等的建立，加入类似的国家和国际组织。

（18）参加科学实践会议、研讨会、集会以及其他与学校生活有关的活动。

（19）有权享有法律规定的其他权利。

4.禁止学习者参与跟教育过程无关的活动和事件，除法律规定的案例外。

5.学习者有责任：

（1）根据国家教育标准获取知识、能力和实用技能。

（2）尊重教学人员的荣誉和尊严。

（3）符合教育机构规定的要求。

（4）承认自己在国家、社会、家长和自己面前的责任。

（5）遵守关于教育、道德规范的法律要求，遵守与学习和成长过程相关的规章制度。

（6）履行法律赋予的其他职责。

第三十三条　教育者的权利和责任

1.教育工作者的权利和责任由《阿塞拜疆宪法》、本法和其他相关法律、阿塞拜疆参与的国际条约、教育机构的章程和内部规则、雇主与教育工作者之间订立的雇佣合同规定。

2.教育者的权利：

（1）享有符合现代标准的工作、科学教学活动、教育、技术的正常工作条件。

（2）按照教育机构的章程，积极参与教育过程的组织和管理工作。

（3）自由选择教学的形式、方法和手段。

（4）要求尊重其荣誉和尊严。

（5）在教育机构担任职务，有选举和当选为该职务的权利。

（6）接受在职培训、学习新专业、参加试用工作、提高专业水平和取得理学学位。

（7）获得保险费和奖励。

（8）长期以来在教育机构中表现出色，并为教育机构的科学教学生活做出重要贡献的教授，可在教授协会担任职务，保留每月的工资、补助以及其他福利和特权，但不得担任任何学术和行政职务。

（9）有权享有法律规定的其他权利。

3.教育者的责任：

（1）参与教育领域国家政策的实施。

（2）确保教育计划（课程）被采用。

（3）培养学生成为具有独立人格的公民和爱国人士，并根据学生的能力和技能发展其主动性，使其能够独立生活和工作。

（4）通过自身工作和个人榜样，向学习者灌输尊重阿塞拜疆的独立、宪法和法律、国家性质、历史、文化、语言、传统风俗以及阿塞拜疆人民、社会和环境的民族精神和全人类共同价值。

（5）遵守教学伦理和道德规范，尊重教学行业，展现知识分子的特点。

（6）尊重学习者的荣誉和尊严。

（7）保护儿童和青少年在身体、心理上不受任何形式的暴力影响，并阻止其不良习惯。

（8）推进专业、科学教学专门知识的学习，开展科学研究，组织额外的工作坊、课外活动。

（9）在阿塞拜疆法律规定时间内通过认证。

（10）完成法律规定的其他职责。

第三十四条　家长的权利和责任

1.家长在教育领域的权利如下：

（1）为未成年子女选择教育机构。

（2）接收有关教育过程、教育质量、子女的出勤率、行为及在所选教育机构的学术表现等信息。

（3）保护学习者的权利，参与教育机构的管理。

（4）与教育机构和组织合作，提出建议，自愿捐款，以改进和升级物质技术资产和教学过程中的技术支持。

（5）履行法律规定的其他权利。

2.家长在教育领域的责任如下：

（1）为子女幼儿时期的身体、道德和智力发展提供条件，确保子女接受义务的全面中等教育和教养。

（2）确保将子女培养成具有人文的、爱国的、热爱劳动的个人,尊重其民族语言、文学和历史,弘扬民族精神,树立全人类共同价值。

（3）履行法律规定的其他责任。

第三十五条　学习者的社会保障

1.公立和市级综合中等教育机构的学生由国家免费提供教科书。

2.为鼓励学习者参与活动,根据阿塞拜疆法律向在公共和市级教育机构和高等教育机构学习的学生提供奖学金(包括专门奖学金)和助学金。

3.其他特许权则根据阿塞拜疆法律提供给学习者。

4.在私立教育机构学习的学习者,其社会保障受该机构的规约管制。

第三十六条　教育者的社会保障

1.国家保证教育者的社会保障。教育工作人员的工资标准和官方薪金,主要由其职能职责、专业特点、专业资格和服务年限等因素决定。

2.公共和市级教育机构可根据其支配的非预算资金,来决定正式薪金、奖金和其他奖励增加数额。

3.在公共和市级教育机构工作的科学教学人员以及与其科学头衔相符的官方薪金数额应由各行政机关决定。

4.在教育机构为残疾儿童、无家长照顾的孤儿、需要严格教养条件的儿童以及有才华的儿童而工作的教育人员,在高山、边境地区和偏远居民区工作的人员,其工资和官方薪金的增加数额应由阿塞拜疆法律决定。

5.中学及高级专业机构的教学专业毕业生,若作为青年专家立即就业于综合教育机构,则将获得由各行政机关决定的额外特权和奖励。

6.根据阿塞拜疆法律规定的程序,享有创造性教育工作的休假。

第四章　教育经济

第三十七条　教育系统的财产关系

1.教育机构的财产由国家、市政当局、创始人、法人实体和个人所提供的财产、永久使用的财产以及通过法律允许的活动所获得的资产和知识产权产品构成。

2.教育机构的创始人为教育机构提供土地、建筑、设备、教育、生产、社会、文化、医疗、福利和体育基础设施以及其他资产和物质技术基础设施。

3.教育机构对财产所有权和使用权的维护、保存及有效使用负有责任。教育机构有关财产管理方面的活动,由创始人或其法定代表人监督实施。

4.利用国家预算拨款和预算外的资金,加强并扩大公共教育机构的物质技术基础设施。

5.教育机构可获得动产和不动产,包括建筑物、设备、新技术、交通工具等,并以此为教学、科研、咨询、治疗预防等提供服务。

6.禁止公共教育机构(除学前教育机构外)私有化。

7.公共教育机构因自有资金而获得的财产,将依法成为其自身财产。

8.返还已分配给教育机构的财产,须依照法律规定执行。

9.教育机构的破产程序须依照法律规定执行。

第三十八条 教育机构的融资

1.国家从国家预算和其他资源中分配支出经费用于发展教育事业。

2.教育机构有权向个人或法人提供各种有偿教育服务,从事经营活动,并根据法律规定的程序接受个人或法人的自愿捐赠和援助。其所获得的资金、财产和收入,不得以任何形式影响从预算拨给该教育机构的资金数额,且按照规定可独立使用。

3.教育机构只能将其收入用于教育的发展以及学习者、教育者的社会保障。

4.公共教育机构经费的筹措应在各层次教育的金融规范基础上实施,并且其规范须根据教育机构的模式、类型和类别,考虑到每个学生的成本而建立。

5.必要时,根据各行政机关的指令,设立利用率低的综合中等学校,其融资利率高于既定的融资标准。

6.公共教育机构根据其章程,可独立地使用学费和其他非预算资源所产生的资金。公共教育机构独立决定使用非预算资源向工作人员提供物质奖励,或向教育者和学习者提供援助的拨款金额。

7.国家提供长期的个人贷款,支持教育机构的发展和符合条件的学生支付学费和其他相关费用,资助科研活动,支持博士课程融资,学习国际经验和其他目的。根据阿塞拜疆法律界定和规范接受教育贷款和赠款的程序与条件。国家对教育和科学研究的资助不得用于教育机构的其他活动。

8.国家为吸引投资而提供有利的投资环境,包括对教育领域的外国投资,并以此为目的,对符合阿塞拜疆法律的投资者予以特许。

9.教育系统的外国投资须按照阿塞拜疆法律建立的程序执行。

第三十九条 公共和市级教育机构的经费来源如下:

1.国家和市政预算基金。

2.学费收入。

3.由个人和法人实体,包括外国公民和外国法人实体,提供的特殊资助、遗赠、自愿捐赠和援助。

4.国家分配的以竞争为基础的科研经费。

5.法律规定的由教育机构的教育、科学、生产、咨询和其他服务所产生的收入。

6.按合同约定,个人和法人分配的用于发展专业人员、在职培训和再培训的资金。

7.通过国家机关资助的专项项目和工程所获得的资金。

8.出售属于教育机构但不适用于教育的机体,或性能过时的设备、交通工具和其他资产的所得。

9.教育机构通过国际合作所获得的赠款和资源。

10.其他来源获得的不被阿塞拜疆法律禁止的资源。

第四十条　私立教育机构的融资

1.私立教育机构的资金来源如下：

(1)为提供教育服务而产生的收入。

(2)创始人(或受托人)的资金。

(3)接受赠款和贷款的资金。

(4)个人和法人实体提供的捐赠、资助、遗赠和赠予。

(5)提供法律规定的教育、科学、生产、咨询和其他服务所产生的收入。

(6)其他来源获得的不被阿塞拜疆法律禁止的资源。

2.私立教育机构独立管理财务资源。

3.私立教育机构在每一层次教育的课程基础上可独立决定学费。

4.私立教育机构与学习者及其家长之间的关系由合同规定。

第四十一条　教育机构的商业活动

1.教育机构可从事各行政机关授权的商业活动,并依照其章程所规定的程序运作以产生额外的收入。

2.教育机构有权根据有关法律自由处置其在商业活动中所获得的收入。公共教育机构通过商业活动获得的资源,可直接用于教育和自身员工社会保障的发展。

3.教育机构可以根据法律规定的程序,建立法人实体或参与其他法人实体的活动,以开展商业活动。

第四十二条　教育不足造成的损害赔偿

1.根据国家教育标准,若发现教育机构在教育方面落后,导致学习者的培训效果不佳,则各行政机关应在法庭上提出申诉,要求教育机构对其损害进行赔偿,包括与其他教育机构的毕业生或学习者的重新培训相关的必要成本。

2.该声明可能仅基于认证机构对被认证教育机构所发出的不利意见。

第五章　教育领域的国际关系

第四十三条　教育领域的国际合作与对外关系

1.教育领域的国际合作应建立在遵守阿塞拜疆法律和国际条约的基础之上。

2.教育机构与外国的科学教育机构和组织、国际机构以及基金会建立直接联系,签订双边和多边合作协议,加入公共教育机构和非政府组织的联合体(如联盟、工会、协会等),并根据其活动性质实施其他形式的合作。

3.根据阿塞拜疆法律,教育机构及其设置机构授权独立开展活动,从事科学与教育工程的筹备工作,组织基础科学研究与设计建设、科学实践会议、专题研讨会以及大学生、硕士生、博士生、教师、科研人员的交流活动,负责知识产权产品和专利等相似领域的采购和销售。

4.教育机构(除具有特殊目的的教育机构外)有权与外国同行合作,在国内外建立联合结构体(如中心、分支机构、实验室、科技园区等),以提高活动质量和扩大符合阿塞拜疆法律要求的国际关系。

5.教育机构的直接国际合作协议没有任何主权担保。

第四十四条 阿塞拜疆公民在国外接受教育的权利和在阿塞拜疆接受教育的外国公民的权利

1.根据与阿塞拜疆签订的国际协议和教育机构、协会、法人实体及个人在任何教育水平上所达成的直接协议,阿塞拜疆公民有权在国外任何教育水平上接受教育和高级培训,正如外国公民享有在阿塞拜疆接受教育和高级培训的权利一样。

2.阿塞拜疆公民在国外接受教育和外国公民在阿塞拜疆接受教育的程序、条件以及教育证件的认证,都须根据各行政机关制定的程序执行。

3.除国际协议中所规定情况外,外国公民不享有进入阿塞拜疆具有特殊目的的教育机构接受教育的权利。

第六章 暂行和最后条款

第四十五条 违反本法的责任

违反本法规定的个人和法人实体,须依照阿塞拜疆有关法律所规定的程序承担责任。

第四十六条 暂行条款

1.在本法失效之前所授予的理学学位候选人资格等同于各自领域内的哲学博士学位。

2.在本法失效之前已获得副博士学位的个人,将被授予博士生地位。

第四十七条 本法效力

1.本法自发布当日起生效。

2.1992 年 10 月 7 日颁布的第 324 号《阿塞拜疆教育法律》将在现行法律生效后失效。

摩尔多瓦

　　摩尔多瓦,全称摩尔多瓦共和国,是位于东南欧北部的内陆国,与罗马尼亚和乌克兰接壤,东、南、北被乌克兰环绕,西与罗马尼亚为邻。面积 3.38 万平方公里,人口 354 万(2020 年 1 月)。首都是基希讷乌,人口 68.59 万。摩尔多瓦族占 75.8%,其他民族有乌克兰族、俄罗斯族、加告兹族、罗马尼亚族、保加利亚族等。

　　全国划分为 32 个区、3 个直辖市(基希讷乌、伯尔兹、本德尔)及 2 个地方行政区(加告兹自治行政区、德涅斯特河左岸行政区)。

　　1359 年,摩尔多瓦人在喀尔巴阡山以东至德涅斯特河之间的大部分领土上建立摩尔多瓦公国。1812 年,沙俄通过对土耳其战争的胜利,将摩尔多瓦公国部分领土,即比萨拉比亚划入俄国版图。1918 年 1 月比萨拉比亚宣布独立,3 月与罗马尼亚合并。1940 年 6 月,苏联进驻比萨拉比亚,将其大部分领土与德涅斯特河左岸的摩尔达维亚自治共和国合并,成立了摩尔达维亚苏维埃社会主义共和国,使其成为苏联 15 个加盟共和国之一。1941 年,比萨拉比亚被划归罗马尼亚。1944 年 9 月,苏罗停战协定规定恢复 1940 年的苏罗边界,比萨拉比亚被重新划归苏联,再次成为摩尔达维亚苏维埃社会主义共和国的一部分。1990 年 6 月,摩尔达维亚苏维埃社会主义共和国更名为摩尔多瓦苏维埃社会主义共和国,1991 年 5 月 23 日再次更名为摩尔多瓦共和国,1991 年 8 月 27 日宣布独立。

　　摩尔多瓦是传统农业国家,葡萄种植和葡萄酒酿造业发达。2019 年,摩尔多瓦国内生产总值约 120 亿美元,同比增长 3.6%。2019 年对外贸易总额为 86 亿美元、同比增长 1.8%。其中进口 58 亿美元、同比增长 1.4%,出口 28 亿美元、同比增长 2.7%。前三大贸易伙伴为罗马尼亚、俄罗斯、德国。

　　注:以上资料数据参考依据为中国外交部官方网站摩尔多瓦国家概况(2020 年 10 月更新)。

摩尔多瓦教育法(草案)

第一章 总 则

第一节 立法目的与术语释义等

第一条 立法目的

《摩尔多瓦教育法》旨在确立摩尔多瓦教育体制的制定、组织、实施与发展。

第二条 教育体制的法律框架

1.教育领域中的法律关系受《摩尔多瓦宪法》、其他现行法律及规范性文件的制约。

2.若摩尔多瓦所遵循的教育领域国际条约规定了除本法以外的其他准则,则须以国际条约为准则。

第三条 术语释义

1.社区教育中心:在无法建立托儿所或幼儿园的地方设立的可提供有限服务的学前教育机构。

2.教育认证:在标准评估程序后对所获技能进行正式审批的过程。

3.教育周期:高等教育中的培训,以终期评估、专业资格、职称等级的评定以及相应教育文凭的获取来结束。

4.学分:衡量学生完成教学课程、教师完成教学计划质量的常用分值单位。

5.成人教育:继续教育的一个组成部分,为人类提供获取科学、信息和文化的通道,并使其能够符合新的、不断变化的社会经济条件,具备各种专业所需技能,积极参与社会生活,能够在不同领域有所收获。

6.全纳教育:通过确保公平享有发展和教育的基本人权,发展和利用现有资源和经验,为被排斥、被歧视的人群提供各种服务和支持。

7.专业培训:在获得法律颁发的证书或文凭后进行的规范化训练。

8.地方教育机构:在行政区划单位内建立的普通教育机构。

9.正规教育:按等级、学位、时间顺序组织和管理的制度化教育,由公共行政中的中央专业部门组织和管理。

10.非正规教育:通过培训形式(兴趣圈、乐团、俱乐部、野营、竞赛、旅行、会议、聚会、展览等),组织有专业师资(教育学家、教师、教育顾问、心理学家、方法学者等)参与的培训活动。

11. 非正式教育:在没有教育计划的环境中,包括家庭、社区、社会及信息交流环境等,对人的个性产生无意识影响的继续教育或培训。

12. 学术流动:根据现行法律,并基于职称、学位和资格认定,让所有学生和教职员工都能够参与学习和研究计划。

13. 心理恢复教育者:开展恢复和矫正教育活动(包括提升口头表达技能、听力技能以及认知技能)的专业人员。

14. 专业:通过某一特定领域的培训而获得专业技能的学业门类。

第四条　国家教育政策

1. 教育为国家优先发展领域,是社会可持续发展的基本要素。

2. 国家通过教育政策确保以下权利:

(1)行使其他人权所必需的基本权利。

(2)建立人力资本再生产和发展的基本机制。

(3)实现教育理想和目标,构建民族意识与民族认同,提升人的价值和社会对欧洲一体化的期望。

第五条　教育的基本功能

1. 发展、维护和创造科学文化价值及社会经验。

2. 满足个人教育需求,并使之符合社会教育需求。

3. 开发人的潜力,确保人民生活质量,提升幸福指数。

4. 发展民族文化,促进不同文化间的交流与包容。

5. 培养社会化和专业成果所需的技能和态度。

第二节　教育原则

第六条　基本原则

1. 公民不受社会地位、民族、性别、国籍、语言、种族、宗教以及政治派别的限制,均享有平等接受素质教育的机会。

2. 保障质量。

3. 人为因素质量的预期发展。

4. 关注人类、国家及科学价值。

5. 与个人发展和社会经济需求相关。

6. 终身学习。

7. 以学习者为中心。

8. 跨文化教育法。

9. 普通教育或非宗教教育。

第七条　教育体系组织管理原则

1. 教育空间的统一与完整。

2.权力下放和教育机构自治。

3.管理效率与金融效率。

4.非营利性。

5.透明、公开与公共问责。

6.包容性。

7.正规教育、非正规教育及非正式教育三者的互动交流。

8.确保培训和研究活动的协调一致。

9.参与并对社会团体、家长及其他社会相关角色负责。

10.支持并促进教师队伍建设,依法实施社会保护。

第三节　教育理想与教育目标

第八条　教育理想

教育理想是从文化、价值、社会经济、民主社会的科学与政治诉求等方面对人格的整体培养和发展,以获得自我发展的价值需求,并以欧洲价值观为基础,达到知识社会中个人成就和社会职业相统一。

第九条　教育目标

1.教育的主要目标是建立和发展一个完整的技能体系,包括多功能知识、能力与价值。

2.教育旨在:

(1)培养终身学习技能。

(2)建立和发展教育、社会、科学和专业的价值体系。

(3)培养学习者具备热爱祖国、保护民族传统文化的精神。

(4)培养和提高罗马尼亚语的有效沟通技巧和不同背景下国际外语的交际能力,包括教育、文化、专业和科学领域等。

(5)培养融入劳动力市场和实现自身职业生涯的技能。

(6)培养人格尊严,维护他人尊严。

(7)培养并采用健康的生活方式,树立保护环境的生态意识和责任感。

(8)培养能够应对复杂多变的形势的能力,接受并推动不同领域的创新发展。

(9)树立对权利责任和男女平等的尊重感。

(10)培养创业行动能力,开发自我发展和自我培训的技能。

第四节　教育体系的组织管理

第十条　确保教育优先地位

1.公共教育不收取学费,根据现行法律条例规定,学校可收取部分活动和学习项目的费用。

2.教育经费投入不少于国内生产总值的 8%。

3.教育经费来源：

(1)国家预算和地方预算。

(2)学生缴纳的费用、捐赠及赞助。

(3)公共教育自身收入与地区和国际项目的支持。

(4)其他合法来源。

4.国家资助扶持有特殊教育需求的公民和表现突出的学生。

5.根据现行法律条例,国家确保教育体系中针对教职员工而实施的社会保护。

6.教职员工的最低工资不得低于国民经济中的平均工资。

7.国家制定法人(不论其组织、法律形式和所有制形式如何)及个人(包括国外人士),依照现行法律条例为教育体系的发展投入资金资源的免税政策。

第十一条　受教育权

1.摩尔多瓦公民依法享有平等的受教育权利,通过国家教育体系接受初步和持续的专业培训。

2.国家促进和支持终身学习。

3.教育机构的招生以及学生转学事项应按照教育部规定的要求办理。

4.其他国家的公民和种族隔离者也可依法通过国家教育体系接受教育。

第十二条　义务教育

1.摩尔多瓦实行九年制义务教育。

2.普通教育中的全日制教育形式,在学生年满 16 岁后即可结束。

第十三条　教育体系中的教学语言

1.罗马尼亚语为学校及其他教育机构的基本教学语言,在以少数民族学生为主的学校及其他教育机构中,可使用本民族的语言文字进行教学。

2.根据教育体系的要求和承担能力,国家应保障公民享有选择教学语言,不同培训等级、形式和类型的宪法权利。

3.所有学校及其他教育机构都必须开设罗马尼亚语课程,并按照国家教育标准进行管理。

4.国家应确保在学校及其他教育机构中学习罗马尼亚语所需的必要条件。

第十四条　社会对话

1.在国家教育体系内促进社会对话的发展,并根据现行法律条例建立和发展学校及其他教育机构与社区、公民社会和企业的合作伙伴关系。

2.教育部需同中央公共行政管理部门和重要社会合作伙伴协商,制定并实施国家教育体系的发展战略。

第十五条　教育体系的科学、方法论及价值论的依据

1.教育部、摩尔多瓦科学院、高等教育机构以及其他指定机构制定教育体系的科学、方法论及价值论的依据。

2.教育体系的科学、方法论及价值论的依据为教育体系的现代化和改革奠定基础。

第二章　教育体系

第一节　总　则

第十六条　教育体系的含义

教育体系是指机构或组织（包括教育、经济、政治、科学、文化等领域）以及人类群体（包括家庭、公民、国家、职业团体、大众媒体等）直接或间接、显式或隐式履行一定的教育职能，确保人格得到正规、非正规或非正式的培养与发展。

第十七条　教学体系

1.教学体系是教育体系中的一个基本子系统，由不同所有制形式的教育机构网络和法定组织形式构成。

2.学校及其他教育机构是现行法律条例规定的法人实体。

第二节　教育体系组织形式

第十八条　教育体系结构

教育体系可划分为以下等级：

1.等级 0：早期教育和学前教育。

2.等级Ⅰ：初等教育和小学教育。

3.等级Ⅱ：初中教育和前期中等教育。

4.等级Ⅲ：高中教育和中后期中等教育；中等职业教育（职业初中、职业高中）。

5.等级Ⅳ：中学后、职业教育（专科）。

6.等级Ⅴ：高等教育阶段Ⅰ（学士学位）；高等教育阶段Ⅱ（硕士学位）。

7.等级Ⅵ：高等教育阶段Ⅲ（博士学位）。

第十九条　教育组织形式

教育可以分为全日制教育、非全日制教育、远程教育、个人培训、家庭教育、自主学习和混合学习模式。

第二十条　教育机构类型

1.教育机构可分为以下类型：

（1）早期教育和学前教育机构：托儿所、幼儿园、学前班、社区教育中心。

摩尔多瓦教育法（草案）

（2）初等教育机构：小学。

（3）普通中等教育机构：初中、高中。

（4）职业教育机构：职业学校、职业高中、专科院校。

（5）高等教育机构：大学、研究院、学院。

（6）进行继续教育培训的专业教育机构。

（7）课外教育机构：创意培养中心、俱乐部或其他机构、夏令营和冬令营。

（8）艺术和体育教育机构：音乐院校、美术院校、体育院校等。

（9）针对有特殊需求儿童的特殊教育机构。

2.根据各地情况，可建立以下教育机构类型：

（1）幼儿园。

（2）社区教育中心。

（3）地方教育机构。

3.根据所有权类型，教育机构可分为以下两类：

（1）公立教育机构。

（2）私立教育机构。

第二十一条　教育机构的组建

1.经教育部批准，由地方公共行政管理部门、中央公共行政管理部门和事业单位联合创办、改组或撤销普通公立教育机构。

2.公立寄宿教育机构、职业教育机构、高等教育机构均由中央公共行政管理部门、地方公共行政管理部门和事业单位组织建立，并根据政府指令改组或撤销。

3.私立教育机构可按照民事法律的规定建立或改组为非商业组织，也可经教育部批准，由个人或法人开办或撤销。私立教育机构的类型应按照其名称划分。

4.经认证的私立教育机构属于国家教育体系和培训的一部分，应遵守本法规定。

第二十二条　教育过程

1.不论教育机构的组织形式和法律形式如何，教育过程都应根据教育部规定的教育水平、全国统一课程、方法手册和指导方针进行，充分利用人力、教育、逻辑及技术资源。

2.教育过程是教育体系中的主要子系统，专门设立和实现整体教育目标，并在制度化教育框架内开展教育教学活动。

3.私立教育机构可以按照国家教育标准采用其他课程计划和教育方法。

4.各级教育体系总体规划应具体规定学年、专业实习、考试及假期的时长。

第二十三条　评分系统

1.评分是授课教师在学习活动的评估过程中，根据学生所达到课程目标的程度和方式，进行定量评估和定性评估而做出的决定。

2.教育体系采用 10 分制评分原则。

3.其他评分方式也可用于教育体系中：

（1）通过和未通过。

（2）优秀、良好、满意、不满意。

4.初等教育中有关学生的技能评估可使用优秀、良好、满意和不满意来评定。初中和高中教育体系中，可使用从 10 到 1 的分数以及通过或未通过来评定。

5.评分为 4、3、2、1 以及未通过的学生，学习技能评估视为不满意。

6.教育评分和评估过程应按照教育部下发的标准条例执行。

7.高等教育中的评分制度与国家评分制度一致，需根据欧洲学分转换制度划分等级（A、B、C、D、E）并附到文凭中，以确保学术流动。

第二十四条　教育体系资源

1.教育体系资源是在教育体系中组织的一系列用于不断培养和发展人格的人力和物力。

2.教育体系资源（包括人力、物力、财力、信息、管理）的投入决定了教育体系的发展质量，这也是社会领域内国家政策的优先发展事项。

3.教育体系资源的使用应在正规教育、非正规教育和非正式教育之间以及教育体系内各层级的关系中进行。

4.教育部规定教育体系资源的使用关系。

第二十五条　教育体系管理

1.教育体系管理是对教育的整体优化，也是对教育战略性和执行性的指导，主要在国家、地区和机构层面进行管理。

2.教育体系管理应以教育组织的基本原则为核心，在本法第一章内容中有所提及，以下为具体原则：

（1）在国家、地区和机构层面制订和实施教育战略发展计划，实施总体战略指导原则。

（2）信息-评估-管理-沟通的有效领导原则。

（3）机构自治原则。

（4）基于管理职能和结构之间相互联系的动态以及全面的领导原则。

（5）民主领导和参与式领导原则。

（6）教育管理体制不断完善原则。

3.中央和地方管理部门的职责由本法规定，机构管理体系的职责应按照本法所制定的标准法规、机构条例及大学章程（针对高等教育机构）来执行。

4.教育部是发展和推动国家教育政策实施的国家权威部门。

5.国家高等教育与研究质量评估机构对高等教育研究与教学质量进行功能检测和外部评估，对教育服务机构所提供的初步和继续教育培训项目进行认证评定。该机构是一个独立单位,需根据政府决定组建。

6.国家高等教育与研究质量评估机构应根据教育部和政府规定的法律条例运行。

7.国家推动创新和技术转让政策,研究的总体管理由国家研发创新和技术转让机构规定执行,该机构需根据政府决定组建。

8.国家研发创新和技术转让机构应根据政府规定的法律条例运行。

9.国家层面的原则如下:

(1)教育部执行管理委员会由教育部部长组建,委员会的名义会员资格应按照政府决定批准。

(2)全国代表大会中参会的教育人员应按照教育部条例规定选拔。

第二十六条 毕业证书

1.开设继续教育培训的初中、高中、职业学校以及高等教育机构(分为阶段Ⅰ、阶段Ⅱ和阶段Ⅲ)应根据教育部制定和批准的文件组织毕业考试,并颁发毕业证书。

2.毕业证书应由摩尔多瓦官方监测机构颁发,由其他法律实体颁发的证书不予承认。

3.如果私立教育机构在学年内未获得资格认证,则各年级的毕业生应经教育部批准,根据教育部颁发的规定与管理办法,在其他获得资格认证的教育机构中参加毕业考试。

4.经教育部批准的毕业证书依照所取得的资格等级赋予持有人继续求学或者求职的权利,且证书免费发放。

5.普通教育和中等职业教育(职业学校、职业高中)的毕业证书应以罗马尼亚语发放,中等职业教育(专科)、高等教育、博士及博士后教育的毕业证书应以国际外语发放。

6.在结束每个等级和阶段的教育后,应颁发以下相应毕业证书:

(1)初中教育机构:初中毕业证书。

(2)高中教育机构:中学毕业证书。

(3)职业教育机构:职业学校颁发职业学习证书;职业高中颁发中学毕业证书;专科颁发职业学习证书。

(4)高等教育机构:阶段Ⅰ颁发学士学位证书;阶段Ⅱ颁发硕士学位证书;阶段Ⅲ颁发博士学位证书。

(5)博士后教育:博士后学位证书。

(6)艺术或体育教育机构:根据教育等级和专业资格认证颁发毕业证书。

(7)继续教育机构:参与证书、再培训专业证书、专业资格证书。

7.若毕业生未完成各年级的学习任务,则应按照教育部批准的范本颁发相应证书,并可继续学习。

8.教育部有责任根据国际公约和欧洲相关机构的建议,通知、认可或确认学习证书及毕业证书的获取资格。

第三章　普通教育

第一节　普通教育的定义及结构

第二十七条　总　则

1.普通教育是教育系统的子系统之一,包括一系列专门提供个人与社会融合所需的技能培训及不同等级继续教育的教育机构。

2.普通教育包括早期教育、学前教育、小学教育、初中教育和高中教育。

3.在各级教育机构体系中,应为有各种特殊教育需求的学生提供全纳教育。

4.在学前教育、小学教育和中学教育阶段,教育机构会组织校内或校际的语言矫正、心理教育和心理援助、运动疗法等服务,以拓展教育和学校的包容性,从而满足有特殊教育需要的学生的需求。

第二十八条　普通教育的组成

1.普通教育包括:

(1)早期教育和学前教育:小班、中班、大班及学前班。

(2)小学教育:1 至 4 年级。

(3)初中教育:5 至 9 年级。

(4)高中教育:10 至 12 年级。

2.普通教育还包括其他组成部分:补充教育(课外教育)、恢复教育(对有特殊教育需要的儿童进行的特殊教育)以及艺术和体育教育。

第二十九条　普通教育的组织结构

1.普通教育所提供的培训方式应为小组或班级形式,并按照以下形式组织开展:

(1)学前教育小组由 10 至 15 名 3 岁以下的儿童组成,或者由 15 至 20 名 3 至 6(或7)岁的儿童组成。

(2)小学教育班级由 20 至 25 名学生组成。

(3)初中教育班级由 20 至 25 名学生组成。

(4)高中教育班级由 20 至 25 名学生组成。

(5)课外教育小组由 15 至 20 名学生组成。

2.根据既定标准成立的小组或班级应采用教育部制定的方法,经当地公共机构同意后进行管理。

3.在私立教育机构中,学校的学生人数不得超过公立教育机构所规定的人数。

4.为有特殊教育需要的儿童提供教育的普通教育机构小组或班级中的学生人数应减少至如下:

摩尔多瓦教育法(草案)

（1）在幼儿园中，3 岁以下儿童小组应由至少 10 名儿童组成；3 至 6（或 7）岁儿童小组由 10 至 15 名儿童组成。

（2）小学、初中和高中教育中所设班级应由 15 至 20 名学生组成。

（3）课外教育中所设班级应由 10 至 15 名学生组成。

第三十条　学年时长

1.普通教育学年从 9 月 1 日开始，持续 34 周，分为时间相对平均的学期来进行，每个学期由节假日隔开。

2.教育部规定普通教育假期的周期和时长以及课程的时长。

第二节　早期教育和学前教育

第三十一条　总　则

1.早期教育和学前教育包括不同类型的公立与私立早期教育和学前教育机构，按照国家教育标准有不同的运作机制。

2.早期教育和学前教育的主要目标是对儿童进行多方面教育培训，使其更好地融入学校活动中，并利用其心理、生理及智力潜能发展培养儿童的创造力。

第三十二条　早期教育的组织结构

1.儿童从出生至 3 岁可接受早期教育。

2.3 岁以下儿童的教育通常在家庭中进行，依照现行法律，国家予以支持。

3.针对 3 岁以下儿童的学前教育机构（如托儿所、社区中心）可根据家长的要求及政府规定，在当地公共行政部门或私立机构创始人的参与下组织成立。

4.国家保障所有儿童，包括有特殊教育需要的幼儿和学龄前儿童在公共教育机构内的护理和教育。

第三十三条　学前教育的组织结构

1.学前教育为 3 至 6（或 7）岁的儿童提供教育，学前教育机构包括公立和私立教育机构，设有不同的运作机制，以确保国家教育标准的实施。

2.从 5 岁开始，儿童必须接受义务教育。国家须确保学前教育机构或小学学前教育教学过程中所需的物力和财力。

3.地方公共行政部门须确保现有学前教育机构体系的整体发展能力，确保学前教育机构得到的物力和财力符合教育部制定和批准的质量标准。

第三节　小学教育

第三十四条　总　则

小学教育有助于培养孩子形成独立且具有创造性的人格，有助于提高其智力能力、阅读能力、写作能力和计算能力,确保其获得沟通能力以及在初中继续接受教育所需的基本技能。

第三十五条　小学教育的组织结构

1. 小学教育包括 1 至 4 年级,实施全日制教育。初等教育机构(1 至 4 年级)、幼儿园至小学、1 至 9 年级以及农村地区的 1 至 12 年级课程通常安排在上午。

2. 除了设有戏剧、音乐、舞蹈和体育课程的学校外,6 至 7 岁的儿童进入小学 1 年级接受教育不用参加任何考试。

3. 年满 7 岁的儿童必须入学接受教育。

4. 根据儿童的身心成熟程度,并经专业人员确认,依照其家长的要求,按照教育部制定的程序,6 岁以上的儿童自 9 月 1 日起入学接受教育。

5. 小学教育将根据教育总体规划开设选修课。

6. 在农村地区,小学学生人数可根据不同年级有所不同,而不受本法第二十九条所规定人数的限制。根据各地区公共行政部门的决定,经教育部批准后各年级可进行同时教学。

第四节　初中教育

第三十六条　总　则

初中教育应确保培养学生的技能和智力能力,为其人格的发展制定明确的标准,并为高中教育、学生的职业倾向或职业教育打好培训基础。

第三十七条　初中教育的组织结构

1. 初中教育是义务教育,包括 5 至 9 年级。对 1 至 9 年级的学生及农村地区 1 至 12 年级的学生实施全日制教育。

2. 从小学毕业的学生无须参加任何考试即可入学接受初中教育。

3. 初中教育设有为孤儿提供的寄宿制学校、为慢性心血管疾病和神经心理疾病学生提供的康复学校以及为违法的学生提供的专门学校。

4. 根据教育部批准的规定,初中教育可组织小组或班级进行课外延长辅导。

5. 初中教育应结合多次考试成绩,组织毕业考试,颁发初中毕业证书。

6. 初中毕业考试方式由教育部决定。

第五节　高中教育

第三十八条　总　则

1. 高中教育是在高中组织进行的,为学生提供基本的理论知识和广泛的文化背景,让其能够在高等教育机构或职业教育机构中继续接受教育。

2.高中教育是一个学习过程,包括10至12(或13)年级,各年级教学类型和情况有所不同。

第三十九　高中教育的组织结构

1.高中教育在高中组织进行,其中全日制教育时长为3年,包括10至12年级,非全日制教育或远程学习时长为4年,包括10至13年级。

2.高中教育有以下几种类型:

(1)理论型,包括人文主义等领域。

(2)技术型,包括技术、农业、经济、服务、自然资源开发、环境保护等领域。

(3)职业型,包括教育、军事、公共秩序和安全、体育、艺术等领域。

3.初中毕业生或职业教育学生按照教育部制定的教育单位相关法律条例规定,可进入高中进行非全日制或远程教育学习(10至13年级)。

4.高中10年级学生至少要上两种类型的课程。经教育部批准,学校可在其所选领域中为有专业能力和特殊表现的学生开设专业化课程。

5.根据本法规定,私立高中应由个人或法人自主创建、改组或撤销。

6.初中毕业生可进入高中继续接受教育。

7.高中学生入学要求应根据教育部制定的办法实施,并在学年初学生入学之前,将入学名单公布。

8.职业学校的毕业生有权进入高中12年级继续接受教育。

9.按照教育部制定的程序,高中学习以毕业会考(中学毕业)结业。

10.毕业会考(中学毕业)结束后,将为学生颁发高中毕业文凭,让其有权进入高等教育机构或高等职业院校继续接受教育。

第六节　特殊教育

第四十条　总　则

1.特殊教育是为有知识学习困难、心理生理问题、情感行为问题和社会交流问题以及行为过于异常的人员而组织的教学学习过程。

2.特殊教育是教育体系的组成部分,旨在为有特殊教育需求的人进行教育、培训和康复,以帮助其融入社会。

第四十一条　特殊教育的组织结构

1.普通教育机构、特殊教育机构及家庭教育,都是为有特殊教育需求的人员提供的教育。

2.为孤儿或无家长的儿童设立孤儿院、家庭式学校和寄宿学校。

3.确保对有特殊教育需要的儿童进行综合评估、监测和再评估,确定其特殊教育需求后,制订个人服务计划,保障其接受教育和培训的权利,使儿童能够适应并融入教育环境中,优先考虑儿童的利益,设立国家儿童综合评估中心和地方儿童综合评估委员会。

4.国家儿童综合评估中心的各项活动应按照政府批准的法律条例组织进行。

5.地方儿童综合评估委员会的各项活动应按照教育部批准的法律条例,经劳动部、社会保护及家庭许可后组织进行。

6.对有特殊教育需求的儿童和学生进行综合评估,应当采用教育部批准的现代化监测评估工具,评估出教育和社会相融合的最终结果。

7.心理和身体残疾的儿童的诊断证明应由其家长提供,并由地方儿童综合评估委员会或国家儿童综合评估中心进行评估。

8.评估时,根据儿童的发展情况,可决定是否能够将其从特殊教育机构转到普通教育机构。

9.特殊教育是免费的全日制教育,在特殊情况下可按照本法规定开展其他形式的教育活动。

10.全纳教育机构和特殊教育机构可以依法从社会援助机构、其他公共或私立组织、慈善团体及国内外个人或法律实体中获得援助,以确保有特殊教育需要的儿童和学生获得高质量的教育,并能够更好地与社会融合。

11.全纳教育机构和特殊教育机构应当根据机构中有特殊教育需要的学生或个人需求,提供设施以及必要的服务和环境。

12.全纳教育机构包括:

(1)辅助教师,即教育学或特殊心理教育学专业的教师,为残疾儿童更好地融入普通教育提供支持帮助。

(2)私人助理,提供个人所需的个性化服务,满足残疾人的基本需求。

13.特殊教育毕业生的培训工作应在职业教育中的专业人员培训、特殊教育学校和职业学校中的专业课程培训以及高等教育机构中的专业人员培训中进行。

14.依照现行法律和所获资格,教育部、劳动部、社会保障部、家庭和卫生部、地方公共行政管理部门以及政府和非政府组织应一同确保特殊教育毕业生能够与社会和专业相融合。

第四十二条　特殊教育的相关规定

1.特殊教育应由特殊教育机构及其他机构提供,这些机构包括特殊教育中心、预防教育中心、康复教育中心、资源和教育援助中心等。

2.特殊教育机构根据教育部的决定,由政府和当地公共行政组织决定组建或撤销。

3.特殊教育机构应根据特殊教育需求的类型开设:知识学习困难、生理(运动和神经运动)问题、感知困难(听觉或视觉)以及行为问题等。

4.对于有慢性心血管疾病和神经心理疾病的儿童,教育部应设立疗养型教育机构。

5.接受刑事侦查被隔离或在监狱中的未成年人,经司法部同意,教育部可酌情为其设立小组、班级或教育机构开展教育活动。

6.特殊教育应经教育部批准,按照教育总体规划和国家课程,并根据儿童的学习能力,开设多样化、个性化及适应性课程。

7.生理和感知残疾的儿童 5 至 12 年级的课程应由具有特殊心理教育学专业背景的教师进行教学。

8.根据儿童残疾的程度和类型,智力残疾的儿童特殊教育学年时长为 8 年,生理和感知残疾的儿童特殊教育学年时长为 10 至 12 年。

9.特殊教育中应当聘用特殊心理教育学专业的合格教师。

第四十三条　家庭教育

由于健康问题或残疾而无法行动或需长期在医疗机构接受治疗的学生,将在家中或医疗机构接受教育,教育时长由教育部规定。

第七节　校外教育

第四十四条　总　则

1.校外教育是教育系统的一个组成部分,与持续教育培训相关,为各种类型的教育机构提供补充教育活动,旨在促进儿童和青少年的认知、情感和行为的发展潜力,满足其兴趣,为课余时间提供更多的选择。

2.校外教育为所有受益者提供信息、资料、沟通、发展、社会融合和自我成就的机会和最佳条件。

3.校外教育机构可以是公立的,也可以是私立的。

第四十五条　校外教育机构的组织结构

1.校外教育机构是由当地公共行政管理部门根据现行法律制定的程序,配合教育部或中央公共行政管理相关部门而建立和发展的。

2.校外教育机构的运作程序应按照教育部制定和批准的运作管理标准来进行。

3.根据具体活动情况,各机构应配合当地公共行政管理部门制定(按照管理标准)自己的运作管理模式。

4.公立校外教育机构所开展的活动是免费的,根据政府批准的免费教育服务专业,不受性别、种族、民族、国籍、宗教信仰等的限制,为所有 5 至 21 岁的申请人免费提供服务,申请人的健康状况也不受限制。

5.公立校外教育机构除了提供监督机构批准的教育计划中的课程服务外,还提供有偿教育服务。

6.公立校外教育机构提供的有偿服务配额不得超过预算支出的 50%。

7.校外教育是根据儿童和青少年的兴趣倾向而开设不同类型的课程。公立和私立教育机构(包括活动中心、少年宫、创意培养中心、科技俱乐部、青年自然学家中心、体育学校、娱乐中心、工作室等)在与家庭、社会文化单位、大众媒体、儿童和青少年组织等的合作下,开展特定的教育活动,并聘请专业培训教师进行小组或个人教学。

8.校外教育经费由国家预算、行政事业单位预算、学费、赞助、捐赠以及其他合法资金来源提供。

第四十六条 国家儿童和青少年中心

1.国家儿童和青少年中心隶属于教育部,是具有特殊地位的国家教育机构,负责协调项目活动,为向儿童和青少年提供课外和校外教育服务的机构提供方法支持。

2.国家儿童和青少年中心的资产属国家所有。

第八节 国家教育标准

第四十七条 国家教育标准的概念

1.国家教育标准规定了学生在小学、初中和高中结业时所需能力和技能的最低水平,要求理论和实践相结合,并基于国家教育体系的教育价值观,开展现代化教育教学模式。

2.各类教育机构的教育过程都应按照国家的教育标准进行。

3.摩尔多瓦教育标准是一份具有评估学生技能水平标准的规范性文件,也为课程设计人员、学校教材作者及其他培训所用辅助工具提供了参考。

4.国家教育标准规定了毕业证书的认可度和有效性,无论其教育类型和形式如何,教育标准都是对毕业生普通和专业知识水平的客观评价依据。

第四十八条 国家教育标准的功能

1.普通教育标准具有以下功能:

(1)保证教育质量。

(2)作为评估和认证的标准。

(3)协调教育过程。

(4)确保毕业证书的认可度和有效性。

2.国家教育标准由教育部在欧洲标准的基础上制定与批准。

第九节 普通教育课程

第四十九条 总 则

1.普通教育课程是教育政策的规范性文件,旨在提高教育质量。

2.普通教育课程确立了培训过程中教育目标的规范性框架,各级教育通过开设灵活、真实、生动的课程来达到每门教学科目的预期水平。

3.普通教育课程是根据国家教育标准制定的,具有培训功能,并被划分为不同的教育等级。

4.普通教育课程和学校教学科目由教育部制定与批准。

第五十条 普通教育课程的组织结构

1.普通教育课程包括基础课程,小学、初中及高中教育总体规划,规划中的必修科目和选修科目,学校用书,方法指南,教学、学习和评估策略。

2.普通教育总体教学规划包括必修科目、选修科目以及每个科目课程数量的上限与下限。选修科目的期末比重在初中和高中教育中有所增加。

3.在普通教育总体教学规划中,选修科目在义务教育阶段占15％,在高中教育阶段占20％。

4.普通教育总体教学规划由教育部、全国统一课程委员会及卫生部协调制定与批准。

5.摩尔多瓦所有教育机构都必须执行普通教育总体教学规划,旨在确保教育质量,加强教育管理,使国家教育计划与国际教育计划相统一,为学术流动创造条件。

第五十一条　学校用书

1.各类教育单位应使用教育部批准的学校用书。

2.学校用书经教育部批准,根据全国统一课程制定。

3.根据政府制定的程序,公立和私立小学的学生将免费领取罗马尼亚语和少数民族语言的学校用书。

第十节　普通教育评估

第五十二条　总　则

1.评估是一套系统而全面的行动计划,在此基础上,根据教育标准对课程、教学过程和学校进展进行分析和评定。

2.普通教育评估具有以下基本功能:

(1)向教学人员、决策者和社会汇报教育质量。

(2)评估和预测教育发展前景。

(3)通过完善教育政策和教学、学习及评估策略,实现双向沟通。

3.评估内容包括:

(1)普通教育体系。

(2)普通教育机构。

(3)初步及继续教育培训的课程。

(4)教职员工。

(5)教学及管理过程。

(6)学校进展。

第五十三条　普通教育评估的组织结构

1.对学校课程评估,特别是对各学科的评估,是普通教育评估的一部分,由教育部组织实施。

2.教育过程评估是普通教育评估的一部分,外部或内部评估皆可。

3.教育过程评估由以下部门实施:

(1)在国家层面,由教育部和其他相关部门实施。

（2）在地方层面，由教育部和其他教育相关部门实施。

（3）在机构层面，由教育相关部门和机构实施。

4.学校进展评估是普通教育评估的一部分，是针对学校课程的综合能力及专业能力而实施的评估。

5.学校进展评估可分为以下方式：

（1）学期初始、期中和期末。

（2）调研、评测和总结。

6.持续评估由教职员工进行并总结，并酌情由教育机构的管理层、教育相关机构和教育部进行评估与总结。

7.普通教育学习成绩的最终评估和认证，由政府设立的评估认证机构来实施。

8.教育机构可以自主选择持续评估学校进展的形式和策略。

9.除罗马尼亚公民以外，教育机构的学生必须参加罗马尼亚语考试。

10.初中和高中教育的期末考试应根据教育部批准的条例组织进行。

第十一节　普通教育管理

第五十四条　总　则

普通教育管理对教育体系进行设计、组织、协调、评估和监控，以保障教育质量。

第五十五条　普通教育行政和咨询机关

1.在教育管理部门方面：

（1）教育管理部门行政委员会根据教育管理部门部长的要求组建成立。

（2）教育管理部门咨询委员会由教育部部长管理，咨询委员会名誉会员应经当地委员会批准后加入。

2.在教育机构方面：

（1）教育机构行政委员会，在行政领域具有决策作用，由校长、副校长、地方委员会代表、市长办公室代表、家长代表、教学人员代表、经济代理人代表以及高中学生代表组成。

（2）教育机构教师委员会，在教育领域具有决策作用，由各机构的教学人员组成，由校长担任委员会主席。

（3）教育机构行政委员会和教师委员会应根据教育部的规定，与教育工会和其他地方公共行政相关机构协商后开展工作。

第五十六条　普通教育管理体系的组织结构

1.普通教育机构应按照本法的规定运营，实施国家教育标准，捍卫学生和教师的权利，保障学生的安全和健康。

2.普通教育机构应按照教育部所制定和批准的标准条例开展活动。

3. 当小学和初中由共同的机构管理时,其机构名称应为初中。当小学、初中和高中由共同的机构管理时,其机构名称应为高中。

4. 公立普通教育机构隶属于地方公共行政机关。

5. 普通教育机构教育活动的方法评估与监测应由教育相关部门和教育部进行。

6. 普通教育机构由校长负责管理,教师委员会和管理委员会将共同参与管理。

7. 校长及副校长的职位应根据竞选情况和专业及管理技能标准给予评定,并与管理委员会和地方委员会协商确定。竞选标准由教育部制定并经教育部部长批准执行。

8. 公立普通教育机构的校长竞选成功后任期为 5 年,可连任两届。

第十二节　普通教育教职员工

第五十七条　总　则

1. 普通教育教职员工包括管理人员、教学人员及其他人员。

2. 普通教育管理人员包括教育部、培训部及后勤部主任和副主任。

3. 普通教育教学岗位包括:

(1)早期教育和学前教育:方法学家、教育工作者、音乐教师、语言矫正专家、缺损学专家、心理学家。

(2)小学教育:教师、讲师、教育工作者、辅导教师、语言矫正专家、心理教师、社团领导。

(3)初中和高中教育:讲师、心理教师、社会教育学家、教育工作者、社团领导。

(4)特殊教育及医学心理教育咨询:教育工作者、教师、讲师、心理教师、语言矫正专家、指导教师、导员、专家、缺损学专家、方法学家、社团领导。

4. 普通教育附属单位教学岗位包括:

(1)孤儿院:教育工作者、语言矫正专家、心理教师、缺损学专家、音乐教师。

(2)校际团体和语言矫正顾问团:教育工作者、心理教育教师、语言矫正专家。

(3)校外机构:方法学家、心理教师、教师(社团领导)、指导员、合唱队指挥员、芭蕾舞教师、文化活动组织者、制片人、伴奏者、艺术总监。

(4)艺术和体育教育院校:教育工作者、社会教育学家、方法学家、教师、讲师、助理教员、艺术总监、芭蕾舞教师、首席小提琴手、合唱队指挥员、伴奏、制片人、培训指导、指导教师、培训员。

(5)私立教育机构的教学岗位与公立教育机构的教学岗位相同。

5. 普通教育其他类型人员岗位包括:

(1)图书管理员。

(2)实验室助理。

(3)工程师、程序员。

(4)医疗助理。

（5）调音师（乐器）。

（6）技术支持人员。

6.根据教育学、心理学和专业方法学等理论与实践的学科教育计划,在中等职业院校（专科）和高等教育院校对教学人员开展初步培训。

7.高等教育院校非师范专业的毕业生,只有在学习本法中具体规定的科目后才能从事教育工作。

第五十八条　普通教育教学岗位填报

1.普通教育教学岗位的填报标准由教育部制定。

2.普通教育中教职员工的教学规范由政府采纳教育部、经济部等有关部委的建议后制定。

3.私立学前教育及小学教育机构的教师,应遵守各自教育机构中的基本教学规范。

4.普通教育中的教职员工由学校校长按照《摩尔多瓦劳动法》的规定予以聘请和解聘。

5.高级教学人员除正常工资以外,还应获得50%的奖金；一级教学人员获得40%的资金；二级教学资格获得30%的资金。

6.高等学校毕业生在教育机构入职的前3年应接受城乡区域调度调配:

（1）相关地方公共行政部门在教育活动期间可免费提供住所；若当地公共行政部门无法提供足够的住房,则年轻的专业人员将获得所需住房租金。

（2）一次性福利津贴金额:

政府为从高等教育院校毕业的年轻专业人员提供30 000摩尔多瓦列伊,其支付方式为:入职后1个月内发放7 000摩尔多瓦列伊；入职1年后发放10 000摩尔多瓦列伊；入职3年后发放13 000摩尔多瓦列伊。

政府为从职业教育院校毕业的年轻专业人员提供24 000摩尔多瓦列伊,其支付方式为:入职后1个月内发放6 000摩尔多瓦列伊；入职1年后发放8 000摩尔多瓦列伊；入职3年后发放10 000摩尔多瓦列伊。

（3）每年每月补助30千瓦时电、煤气供暖所需的1立方米木材和1吨煤炭。

第四章　职业教育

第一节　总　　则

第五十九条　职业教育体系

1.职业教育由一系列专业机构组成,主要教育内容包括:

（1）根据教育体系的资格框架以及第Ⅲ、Ⅳ级教育等级标准对合格的工人、技术人员、技术专家及其他专业人员进行专业培训。

（2）根据教育体系目标培养一般技能和价值观。

（3）重新鉴定各专业培训领域的专业人员。

（4）根据经济和劳动力市场的要求，加强合格工人的专业技能。

2.职业教育培训的总体组织原则应遵守教育部制定的标准条例和本法规定。

3.双重教育制度也可以按照教育部制定的程序，经其他有关部委和主要经济主体批准，在中等职业教育的特定专业中实行。

4.职业技术培训机构以及能够为员工提供资金支持和学习实践机会的企业，都可以提供双重教育。

第六十条　职业教育资格要求

1.职业教育院校的招生要求应基于学生的初、高中学习情况。

2.普通学生和高中生进入职业教育机构只能接受专业培训。

3.职业教育研究经费包括：

（1）由国家预算提供资金。

（2）由个人或企业、组织、机构提供研究费用。

4.国家预算资助的职业教育招生计划由政府根据社会经济发展规划予以制定。

第二节　职业教育的组织形式

第六十一条　总　则

1.职业教育分为以下两级：

（1）中等职业教育。

（2）高等专业教育。

2.中等职业教育包括：

（1）职业学校。

（2）职业高中。

3.高等专业教育由专科院校组织开展。

4.对于采取双重教育制度的特定专业，职业教育由公立、私立教育机构及有关企业组织开展。

第六十二条　职业学校

1.职业学校根据现有资质类别对合格员工进行为期3年的培训。

2.作为特例，经教育部批准，职业学校可设立学生小组，小组成员是由未从9年级毕业但已年满16岁的学生组成的。按照专门的职业技能导向对学生小组成员进行培养。

3.职业学校的招生需根据教育部制定的程序组织进行。

4.职业学校通过组织资格考试结业，发放资格考试合格证书。

5.持有合格证书的学生，可应聘入职，也可按照教育部制定的程序继续升入高中或专科院校进行学习。

第六十三条　职业高中

1.职业高中根据现有资质类别和普通学校学历对合格员工进行为期4年的培训。

2.职业高中的招生应根据教育部制定的程序,在初中学历的基础上,通过选拔考试来进行。

3.职业高中以会考(中学毕业)及资格考试结业:

(1)会考(中学毕业)及资格考试的内容和组织方式由教育部在相关部委的同意下制定批准。

(2)持中学毕业文凭可继续升入中学后职业教育或高等教育机构进行学习。

(3)持合格证书可应聘入职。

4.职业高中可根据1年的高中学习情况创建专业培训小组。

5.职业学校、职业高中都可以依法建立教育联营组织,共同培养专业领域的合格员工。

第六十四条　专科院校

1.专科院校根据国际标准教育等级中第Ⅳ级要求,主要培养技术专家、技术人员和其他专业人员。

2.专科院校学习包括:

(1)持中学毕业文凭的学生学习期限为2年。

(2)持中学毕业文凭,学习医药学专业的学生学习期限为3年。

3.经教育部同意,专科教育可分为以下两步组织进行:

(1)第1步,为期4年的职业教育,毕业后获得中学毕业文凭。

(2)第2步,为期2年的中学后职业教育,毕业后获得中学后职业教育文凭。

4.专科教育以资格考试结业。

5.专科院校毕业生可以:

(1)持资格证应聘入职。

(2)继续进行高等教育学习。

6.职业专科院校、高中都可以依法建立职业教育联营组织。

第三节　职业教育的组织形式

第六十五条　总　则

1.职业教育机构中专业培训的组织过程基于:

(1)职业教育标准和课程。

(2)质量保障体系。

2.职业教育机构由部门、系部、实验室、实习车间、生产车间及实验品组成。

第六十六条　职业教育标准和课程

职业教育标准和课程是经教育部批准,由相关专家和工会代表根据教育等级(中等和高等)和专业培训领域而制定的。

第六十七条　职业教育资格评定

1.资格类别明确了毕业生应具备的技能水平,以便能够将其所获专业技能投入实践。

2.在职业教育机构中,可根据摩尔多瓦工人单一资格分类法进行资格类别获取。

3.资格考试应根据教育部经有关部委同意后所制定的标准组织开展。

第六十八条　职业教育中的专业实习

1.职业教育中的专业实习应由各相关教育机构的教学岗位、车间、实验室以及国家或私营企业、医疗卫生机构等提供,实习地点经政府批准,由相关部委予以规定。

2.经济主体必须按照双边合同为职业教育机构的学生提供专业实习机会,且每10名员工中至少有1名实习生。

第四节　职业教育评估

第六十九条　总　则

1.根据国家标准及教育部所制定的管理方法对职业教育进行评估。

2.职业教育评估包括:

(1)课程评估。

(2)教学过程评估。

(3)学校进展评估。

3.职业教育外部评估应由教育部及相关机构负责执行。

4.职业教育内部评估应由质量控制机构根据其内部规定执行。

第七十条　职业教育中的课程评估、教学过程评估及学校进展评估

对职业教育进行课程评估、教育过程评估和学校进展评估,应按照教育部制定和批准的条例进行组织管理。

第七十一条　职业教育的教学规范

1.职业教育教学规范包括:

(1)根据教育计划和课程科目开展教学评估活动和实践教学。

(2)方法-科学活动。

(3)补充教育和咨询活动。

(4)基于内部规定所提供的其他活动。

2.教育评估规范和实践教学规范包括本法所规定的活动时间,即每周40小时。

3.教育规范根据教育类型、教育等级、教育领域、教育专业特点以及由教育部制定和批准的教育计划来进行区分。

第五节　职业教育管理

第七十二条　职业教育管理的相关规定

1.职业教育机构由教育部进行管理。

2.公立职业院校校长是通过教育部组织的竞选而确定的,任期5年,可连任两届。

3.私立职业院校校长应根据各教育机构创办人理事会的要求,与教育部共同提拔任命。

4.职业教育体系中的管理和咨询机构包括教师委员会、行政委员会及各教育机构的方法学委员会。

5.教师委员会和行政委员会的职责应基于教育部制定的规范性文件和教育部门的法律章程。

6.教师委员会由校长担任主席,是职业教育机构的最高管理机构。

第六节　职业教育中的教职员工

第七十三条　总　则

职业教育中的教职员工包括:

1.管理人员。

2.教学人员。

3.行政人员。

4.技术人员。

第七十四条　职业教育中的管理人员和教学人员

1.职业教育中的管理人员包括:校长和副校长。

2.职业教育中的教学人员包括:教师、职业教育专业教师、高级教师、高级指导员、方法学家、心理学家和管理学生宿舍的社会教育者。

3.聘请职业教育教学人员的程序由教育部根据《摩尔多瓦劳动法》的规定予以制定。

第七十五条　职业教育中教学人员的初步培训和继续培训

1.高等教育机构应为职业教育中的教学人员提供初步培训。

2.无教学经验的特定领域专业人员应参加心理教育学培训课程。

3.高等教育机构和持续培训机构应根据已经认可的相关方案对职业教育体系中的教学人员开展继续培训。

第五章　高等教育

第一节　总　则

第七十六条　高等教育体系及其教育任务

1.高等教育是教育体系的一个子系统,由一系列机构组成,主要负责规划和实施以下内容:

(1)初步和继续专业培训。

(2)研究、创新、技术转让和创造。

(3)多边发展学生人格,促进以知识为基础的社会可持续发展。

2.高等教育体系包括高等教育的所有资源、过程、结构和组织形式。

第七十七条　高等教育的一般组织结构

1.高等教育提供以下两种类型的教育培训:

(1)初步专业培训。

(2)继续专业培训。

2.高等教育中初步专业培训基于以下三个阶段:

(1)学士学位:阶段Ⅰ。

(2)硕士学位:阶段Ⅱ。

(3)博士学位:阶段Ⅲ。

3.继续专业培训通过以下方式进行:

(1)博士后研究。

(2)专业化研究。

(3)继续培训。

(4)资格认证。

(5)再认证。

(6)进阶。

第七十八条　高等教育资格要求

1.摩尔多瓦公民有资格通过以下方式接受高等教育:

(1)由国家预算提供资金。

(2)由个人或组织、机构、企业缴纳学费。

2.摩尔多瓦公民有资格进行两个或两个以上领域或专业的高等教育学习:

(1)由国家预算提供第一个专业的培训费用。

(2)由所缴纳的学费提供第二个专业的培训费用。

3. 从国家预算中获得高等教育学习资助的摩尔多瓦公民，在无法凭借之前所学专业应聘工作，或有职业病、残疾，或在其他现行法律规定的情况下有资格再次获得国家预算资助，可学习另一个高等教育专业。

第七十九条 高等教育组织规范

1. 学士和硕士学位高等教育分为以下几种形式：

(1) 全日制。

(2) 非全日制。

(3) 远程学习。

(4) 混合式教育。

2. 学士和硕士学位高等教育中心理学、临床医学、药学及外语专业的学习形式只能为全日制教育。

3. 博士学位教育分为以下两种形式进行：

(1) 全日制。

(2) 远程学习或非全日制。

第八十条 高等教育机构类型及结构

1. 高等教育机构是一个文化、教育和科学中心，包括大学、学院、研究院及博士学校，提供初步和继续教育培训。

2. 高等教育机构可依法开展创业活动。

3. 高等教育机构有公立和私立两种形式，且都应按照本法规定进行组建、经营和撤销。

4. 大学：

(1) 通常提供多个专业的教育培训。

(2) 在社会生活的不同领域提供初步和继续教育培训。

(3) 在多个领域进行基础性和实用性的科学研究。

(4) 确保教育与劳动力市场的相互联系。

5. 学院：

(1) 提供一般领域的专业培训（包括经济、法律、艺术等）。

(2) 在社会生活的不同领域提供初步和继续教育培训。

(3) 在多个领域进行基础性和实用性的科学研究。

(4) 确保教育与劳动力市场的相互联系。

6. 研究院：

(1) 提供某一特定领域的专业培训。

(2) 在社会生活的不同领域提供初步和继续教育培训。

(3) 在多个领域进行基础性和实用性的科学研究。

(4) 确保教育与劳动力市场的相互联系。

7.博士学校是高等教育机构的一部分,提供博士学位高等教育,即高等教育机构及研发机构中的第Ⅲ阶段。

8.公立高等教育机构的类型和结构,由创办该机构的公立部门经教育部批准确定;私立高等教育机构的类型和结构由创办人依法确定。

9.教育部根据高等教育研究质量管理局制定的要求和方法,每年对高等教育机构进行等级评估。

10.高等教育机构的等级评估结果决定:

(1)机构的资助金额。

(2)国家预算拨款金额。

(3)依法给予其他奖励。

11.高等教育机构应当按照相关机构的目标和使命、教育部批准的标准法规及其自身的管理规定来进行组织管理。

第八十一条　高等教育机构的分支机构及联营机构

1.经认可的高等教育机构可依法设立分支机构。

2.国内和国际高等教育机构可基于伙伴关系建立联营机构,实施合作方案和项目活动。

3.联营基础文件必须包括参与者、管理机构、员工雇用要求、运营原则、资金来源以及联营解体要求。

4.只有达到高等教育发展目标、提高教育质量、实现本法所规定的教育目的,高等教育机构的分支机构和联营机构才可组建。

第八十二条　高等教育机构招生工作

1.公立和私立高等教育机构每个学习阶段的招生工作是每个高等教育机构的职能,应根据自己的组织办法、机构能力以及教育部制定的高等教育招生总体框架,组织一场竞争性选拔考试。

2.所有高等教育机构的招生要求和办法应在学年初之前公布在自己机构的网页上。

3.高等教育机构可以按照教育机构理事会批准的招生组织法律条例向申请人收取报名费。教育机构理事会可决定增加或减少费用。

4.高等教育机构的招生工作受教育部监督。

第八十三条　学习合同

1.学习合同规定了学生与教育机构之间的关系,包括学术、财务以及有关机构政策等其他方面的问题。

2.学习合同的范本由各高等教育机构按照教育部根据章程、学习型组织内部规定以及现行法律所制定和批准的合同规范形式来制定;合同范本应当对自费攻读硕士学位、博士学位的学生或培训人员做出具体规定。

3.学习合同应当规定各方在整个学习阶段中各自的条件、权利和义务，以确保质量达标。

4.在高等教育各阶段内，学生可按照学习合同、内部制度管理条例以及现行法律条例的规定，改变其所学专业及研究方向。

第二节　高等教育各阶段组织结构

第八十四条　学士学位高等教育（第Ⅰ阶段）

1.高等教育第Ⅰ阶段的准入机制由教育机构依照现行法律条例，开展竞争性选拔考试，来组织经过授权的专业课程培训。

2.第Ⅰ阶段的竞争性选拔考试允许中学毕业文凭持有者（高中文凭）、中学后职业教育文凭持有者或国家级主管机构认可的同等学力文凭持有者参加。

3.根据欧洲学分转换制度，获得高等教育学士学位则相当于获得 180 至 240 个可转换学习学分。

4.教育部同其他主管部委根据以下情况规定与第Ⅰ阶段有关的学习时间和专业培训计划（领域或专业）中可转换学分的数量：

(1)高等教育资格框架。

(2)职业框架和根据所获资格行使各自职能所需专业技能的复杂性。

(3)专业培训领域的具体特点。

5.学士学位高等教育确保学生在普通技能和专业技能的基础上达到合格水平，从而允许持有学士学位高等教育文凭的学生进入劳动力市场。

6.学士学位高等教育以毕业考试结业，毕业考试包括两门考试和论文答辩。毕业考试的形式和次数由教育机构理事会制定。

7.持有学士学位的毕业生有权按照职业框架应聘入职，也可继续升入第Ⅱ阶段的硕士学位高等教育进行学习。

8.学士学位证书应附有罗马尼亚语版和国际流通外语版。

9.学士学位高等教育除了从相关学科获得必修学分之外，还可以累计额外的学分，并且在证书的补充文件中具体说明。

10.未完成心理教育学初期培训并希望在教育系统（包括小学教育和初中教育）工作的本科生，必须完成一门心理教育学课程，即获得不少于 60 个可转换学分。

第八十五条　硕士学位高等教育（第Ⅱ阶段）

1.硕士学位高等教育的招生机制是由教育机构根据现行法律条例和机构规定，通过所授权的课程，在竞争性选拔考试的基础上组织进行的。

2.硕士学位高等教育的入学考试允许学士学位高等教育证书持有者或国家主管部门所认可的同等学力文凭持有者申请参加。

3.硕士学位高等教育共有 90 至 120 个可转换学分，每学期 30 个学分。

4.硕士学位高等教育阶段的专业领域继续教育培训与学士学位高等教育不同,申请者应在所申请的核心课程中累计获得 30 个可转换学分,这也是第Ⅱ阶段所学课程的前提要求。

5.学生获得硕士学位后继续学习不同课程或专业的资格,可以在本科学习期间获得,也可以在硕士学位高等教育的第一个学期获得。

6.获得硕士学位课程的前提条件,仅以法律条例规定的费用为基础。

7.硕士学位高等教育:

(1)深化和扩展第Ⅰ阶段(本科)的初始教育背景,确保特定领域的专业化发展。

(2)为第Ⅲ阶段,即博士学位高等教育的继续学习奠定必要基础。

8.硕士学位课程共有 90 至 120 个可转换学分,每学期 30 个学分。

9.硕士学位课程除了必修学分外,还可申请除教育学科外学习心理教育学课程所累计的学分。

10.第Ⅰ阶段和第Ⅱ阶段所累计的可转换学分数量至少应达到 300 个。

11.由国家预算资助的硕士学位高等教育每年的招生计划由政府制订。

12.自费型硕士学位高等教育招生计划由高等教育主管机构根据法律规范制订。

13.国家预算资助的硕士生人数应不少于国家预算资助的学士学位高等教育中本科生人数的 50%。

14.硕士学位高等教育包括具有科学和教学学位的教学人员。作为例外,硕士学位高等教育是极其重要的实践部分,其课程的教学人员可能不是具有科学博士学位的人员,而是在各自领域具有扎实专业知识的专业人员。这类教学人员的教学时间不得超过学习计划中所规定总学习时间的 25%。

15.硕士学位高等教育应以论文公开答辩形式结业,并颁发硕士学位高等教育证书。

16.硕士学位高等教育证书应附有罗马尼亚语版和国际流通外语版。

17.硕士学位高等教育证书证明其持有者已获得一般技能和专业技能,其中包括管理、研究及创新等技能。

18.硕士学位高等教育证书持有者能够根据其所获资格应聘入职,展现其管理能力,取得与专业表现相关的学位和奖励,组织专业性强且复杂的活动,开展和实施科研项目以及各级教育机构的工作。

19.硕士学位高等教育证书持有者可升入第Ⅲ阶段的博士学位高等教育继续学习。

20.有兴趣的公立或私立教育机构可要求开设硕士学位课程,但要确保有充足的资金,并遵守各自教育计划的认证要求。

21.硕士学位高等教育学习:

(1)拓展教育类型,确保第Ⅰ阶段所学领域中专业技能的进一步发展。

(2)跨学科或多学科发展,确保在两个或更多专业培训领域中特定横向技能的发展。

（3）发挥补充作用,硕士教育是对本科教育中所获技能的补充,扩大知识面及专业背景。

22.所有类型的硕士学位毕业生都可以进入第Ⅲ阶段的博士学位高等教育继续学习。

23.硕士学位的高等教育还应包括与专业培训领域特点相适应的科研或艺术创作部分。

第八十六条 综合型高等教育

1.对于特定的专业培训领域,特别是受国际规范约束的专业,可能会在综合型高等教条例育机构中组织进行,包括第Ⅰ阶段和第Ⅱ阶段。

2.与高等教育机构第Ⅰ阶段招生条件类似,综合型高等教育机构的招生要求也应按照政府批准的招生计划执行,并随之发生变化。

3.综合型高等教育的第Ⅰ阶段和第Ⅱ阶段累计的可转换学分数量应不少于300个。

4.综合型高等教育应当颁发与高等教育学位同等的毕业证书来结业,即第Ⅱ阶段的硕士学位证书。

第八十七条 博士学位高等教育(第Ⅲ阶段)

1.第Ⅲ阶段的博士学位高等教育招生工作由高等教育机构或研究机构根据现行法律条例在已授权领域或专业中组织进行。

2.硕士学位证书持有者和经有关国家主管部门认可的具有同等学力者,可参加博士学位高等教育招生选拔考试。

3.博士学位高等教育形式可分为全日制、非全日制和混合形式。

4.博士学位高等教育学习时长为3年。

5.未在规定的时间内完成学业者,可在结业后7年内完成博士学位的论文答辩。若未按规定完成论文答辩,则需重新申请博士学位。

6.博士学位高等教育由国家预算拨款,学生按照现行法律条例,缴纳学费。

7.在政府批准下,博士招生将分配10%的名额给国家预算拨款的硕士生。

8.国家高等教育科研能力保障机构根据高等学校评估结果,向教育部推荐,组织高等学校和科研机构设立博士学位。

9.博士生导师以个人名义或通过学校组织,鼓励博士生参与先进的培养项目与科研项目。

10.根据教育部批准的条例规定,博士生导师资格要求为大学讲师(副教授)、科研讲师(副教授)、大学教授、科研教授。

11.在保证质量的前提下,规定博士生导师指导的博士生人数上限。

12.申请跨学科博士学位的博士研究生可由科学顾问协助学习。

13.现行法律条例规定,高等学校、研究机构以及大学联盟可设立博士学位。

14.完成博士论文公开答辩,并被授予科学博士职称的学生方可获得博士学位。

15.博士学位证书由学生博士学习所在机构颁发。

16.科学博士学位证书应附有罗马尼亚语版和国际流通外语版。

17.在相关培训领域具备一定能力,并能够在高等学校、科技创新组织和国民经济组织就职的学生可获得科学博士学位证书。

18.博士研究生可继续专业学习(博士后研究),进一步提高专业能力与研究能力。

19.高等学校博士学位的设立应遵照摩尔多瓦科学院和教育部批准的条例。

第八十八条　博士后学习

1.取得博士学位的学生可继续博士后学习,选择新的研究方向,开展先进的基础性科学研究。

2.博士后学制为 1 至 2 年。

3.根据法律条例规定,博士后学习可在高等学校和科技创新机构开展。

4.在博士后学习期间必须公开发表研究成果,并在索引刊物上发表博士论文或进行博士论文答辩。

5.公开发表科研成果(以科学著作为依据)或博士论文者,可获得科学博士职称。

6.博士后科研工作和科学博士学位授予程序应遵照教育部所批准的规定。

第八十九条　高等医药学教育

1.公立教育机构独立开设医药学教育专业,并通过专业教育和医院实习进行学习。

2.专业教育学制为 4 至 6 年,一学年有 60 个可转换学分。

3.按照教育部同卫生部共同制定的标准,组织专业教育进行竞争性招生。

4.公立教育机构组织学生参加结业考试并向其颁发学士学位证书(医学或药学),并允许其参加执业医师考试。

5.卫生部组织医院实习,提供义务性医师和药剂师专业化培训,实习期为 1 至 5 年。

6.公立教育机构组织按照卫生部和教育部共同制定的标准,组织竞争性实习。

7.按照卫生部和教育部共同制定的标准,医院实习结束后学生需参加硕士学位考试。

8.参加硕士学位考试的医院实习毕业生,可取得硕士学位。毕业后可继续进行临床专业实习或攻读博士学位,也可进行独立实践活动,每 5 年进行一次重新审核。

9.卫生部组织临床专业实习,提高实习医师的专业素质,实习期为 2 年。

10.临床专业实习的考核方式为毕业考试,取得资格证书后方可参加独立实践活动。每 5 年进行一次重新审核。

11.高等医药学教育根据国家预算拨款,由政府批准进行招生。

第九十条　双重专业化

1.培养具有学士学位和硕士学位的双专业人才。

2.根据法律条例规定,教育科学可以实现双重专业化。

第三节 高等教育培训项目

第九十一条 总 则

1.通过培训项目实现短期和持续性高等教育专业学习。

2.培训项目包括与学习和研究过程中的设计、组织、管理和实施相关的所有活动,确保获得专业能力。

3.根据现行法律条例,高等学校负责组织培训项目。

4.培训项目根据以下情况而有所不同:

(1)高等教育阶段。

(2)专业培训领域。

(3)教育组织形式。

5.培训项目包括:

(1)大学标准和课程。

(2)教学科研评估过程。

(3)培训项目活动实施的质量体系。

(4)国家资格框架。

6.教育部根据社会经济形势预测研究,同其他中央政府部门、各高等学校和地方机构合作,共同协调开展培训项目,满足用人市场需要和社会部门的发展。

第九十二条 高等教育标准

1.高等教育标准包括有关学习、科研和职业培训的所有规范和要求。这些规范和要求反映了不同阶段内的本科生、硕士生和博士生应该了解的职业期待和社会需求。

2.高等教育标准内容包括:

(1)能力标准。

(2)内涵标准。

(3)就业机会和设施标准。

3.教育部根据专业领域的发展情况,制定高等教育标准。

第九十三条 大学课程

1.大学课程包括一系列课程产品:

(1)专业领域教育及教育发展计划框架。

(2)学科专业课程。

(3)学术或大学手册。

(4)方法指南。

(5)教学评估工具。

2.学术课程由高等学校评议会批准,根据相关标准及国家资格框架的规定制定。

第九十四条 高等教育评估

1.高等教育教学过程的校外评估由国家高等教育质量保证机构根据教育部规定实施。

2.校内评估由质量保证机构根据内部条例进行。

3.学生学习成绩评估时间如下：

(1)学期内。

(2)学期结束时。

(3)每个教育阶段结束时。

4.高等教育成果评估如下

(1)第Ⅰ阶段：高等教育学士学位毕业考试。

(2)第Ⅱ阶段：高等教育硕士学位毕业考试。

(3)第Ⅲ阶段：高等教育博士论文答辩。

5.根据本法规定，毕业考试由各高等学校遵照教育部批准的标准条例以及高等学校评议会批准的内部规定组织实施。

6.未通过毕业考试的学生，可在毕业后 5 年内免费申请再考，申请次数不得超过3 次。

第九十五条 国家资格框架

1.高等教育国家资格框架应确保本科生、硕士生和博士生学习的透明度，学术流动性以及国内、国际的文凭认可度。

2.国家资格框架规定：

(1)专业培训领域所需掌握的专业知识。

(2)高等教育阶段。

(3)专业培训领域所需的一般和特定能力目标。

(4)工作量，即可转换学分。

(5)高等教育质量保证程序。

3.高等教育国家资格框架规定每个学习阶段及培训领域应与欧洲资格框架相一致。

4.高等教育国家资格框架经政府批准，由教育部与其他有关部委、高等院校、经济实体和其他社会机构共同制定。

5.高等学校学历资格应被列入国家高等教育资格档案。

第九十六条 学分转换制度

1.高等教育第Ⅰ阶段和第Ⅱ阶段的所有形式的职业培训项目均遵照欧洲学分转换系统。

2.可转换学分衡量标准规定学生在一定时间内学术课程需达到规定的学业成绩，具体要求如下：

(1)每学期取得 30 个学分。

（2）每学年累计取得 60 个学分。

3.学分转换只能在同一个高等教育阶段进行。

4.学分制的实施方法应遵照教育部制定的规范制度以及内部规范。

第九十七条 高等教育实习

1.实习是高素质专业人才培养的必要形式之一。

2.通过签订双边合同,与组织、企业和其他机构达成协议进行实习。

3.根据机构与实习人员和有关单位签订的实习合同,公共机构、组织、企业和其他机构(包括商业和非营利性机构)有义务在相关部门提供实习机会。

4.教育机构提供给实习机构的优先权:

（1）优先选择最优秀的研究生到自己的组织、公司工作。

（2）合作建立孵化园、科学实验室等。

（3）对员工进行长期培训。

（4）经验交流。

5.法律条例规定国家应给提供实习机会的企业一定奖励。

第四节　高等教育管理

第九十八条 总　则

1.高等教育管理是具有全球性、战略性、可操作性的最优化模式,由国家、教育部、机构和高等学校共同实施。

2.高等教育管理基于以下原则:

（1）机构自治。

（2）通过制订和实施高等教育国家战略发展计划来进行全球战略管理。

（3）通过信息评估交流管理活动进行有效管理。

（4）管理职能和结构相互依存的复合式管理。

第九十九条 行政和咨询机构

1.高等学校内的行政和咨询机构包括:

（1）高等学校评议会。

（2）高等学校评议会办公室。

（3）行政理事会。

（4）科学理事会。

（5）学院理事会。

2.高等学校行政机构的选拔,应按照评议会批准的规定进行。

3.高等学校评议会是由科研教学人员以及学生组成的高等学校管理机构。在教育部的协调下,根据相关制度规定,评议会成员由来自学院、科研中心和各部门的教授及教职员工通过无记名投票选出,并由校长担任主席。

4.在评议会会议期间的高等学校运作管理由评议会办公室负责。评议会办公室由校长、副校长和评议会科学秘书组成。

5.高等学校行政理事会由校长组织设立,由院长、副院长、财务主管、人事部主管及图书馆馆长组成。

6.学院理事会是由院长负责管理的高级管理机构,由副院长、系主任、教师代表组成,采用学院自治的管理模式。

7.科研中心的科学理事会成员需根据选举成员的科学学位以及科研职称或科研教学职称选拔。

8.作为高等学校的行政和咨询机构(评议会和学院理事会)的代表,本科生、硕士生、博士生应参与管理程序。人数至少占全体成员的15%。

9.副校长、院长、科研中心负责人可设立全国高等学校管理人员理事会、教育政策质量管理咨询机构。

第一百条　高等学校的管理

1.高等学校由校长或副校长负责管理。

2.根据政府规定,各高等学校校长须通过公开竞聘选举。

3.满足下列条件的摩尔多瓦公民可竞聘校长职位:

(1)拥有科学职称或科研教学职称。

(2)具有至少10年科研和教学工作经验,包括5年高等学校的教学活动经验。

(3)具有管理能力。

(4)熟练掌握罗马尼亚语。

4.校长由评议会通过平等、自由、无记名方式投票,以多数选举方式选出。

5.公立高等学校校长的选举需通过部长委员会批准,而私立高等学校的校长通过机构创办人批准选举。

6.若校长未能履行其职责,则在任期内可以被解雇。当校长被三分之二以上的评议会成员投票弹劾时,若评议会议员达到三分之一即可启动解雇程序。

7.公立高等学校副校长由该校校长任命,要求应聘人员具有科研职称或科研教学职称,具有至少5年以上的工作经验和一定的管理能力,还要求熟练掌握罗马尼亚语。

8.任命新校长后,副校长职位可以空缺。

9.私立高等学校副校长的选拔或任命应遵照相关制度规定进行。

10.院长及系主任的选拔应遵照相关制度规定进行。

11.管理人员选拔通过公开竞聘,任期5年,最多可连任2期。

第一百零一条　高等学校的大学自治和社会责任

1.大学自治是由国家保障的制度框架,以确保学习和研究过程的学术自由。

2.大学自治的实施方式:

(1)形成适当的组织结构。

（2）选拔优秀的科学、教学和研究人员。

（3）推荐满足科学、科研教育职称要求的候选人。

（4）行政机构自行选举。

（5）根据双边协议建立学术交流关系。

（6）建立国内和国外的合作伙伴关系。

3. 在职能方面，大学自治的实施方式：

（1）制定相关政策，明确使命及目标。

（2）在保证质量的前提下，制订、检验和实施学习计划。

（3）为各高等教育阶段制定内部质量评估体系，包括学术过程、培训目标、教学研究评估的技术、研究策略、招生办法。

（4）制定和开展科研项目。

（5）在保护版权和知识创新产权的前提下，应用科学研究成果。

（6）实施内部质量保证体系。

4. 在资源管理方面，大学自治的实施方式包括：

（1）根据所通过的决议，充分利用现有资源进行科学研究。

（2）积累科研、税收、项目、咨询、产品等具体活动的收入。

（3）通过实施本条第四项第二目中所规定的活动来限制和实施财务管理政策。

（4）储备预算，明确发展重点，优化教学及科研设施。

（5）选取最适合物质资源基础发展的场地和设施。

（6）自行出资设立奖学金。

5. 高等学校将平衡自治程度与提高教育质量之间的关系，实施机构发展计划，确保机构组织、运作程序及管理模式的认知度和透明度。

第一百零二条　大学章程

1. 大学章程包含一系列教育制度政策，还涉及对高等学校的设计、组织、管理、运作和发展的评估。

2. 大学章程由高等学校评议会批准制定。

第一百零三条　高等教育制度与用人单位的联系

1. 专业发展与高等教育体系和经济环境密切相关。

2. 构建高等学校与用人单位的合作关系是政府的工作重点，主要通过以下方式实施：

（1）社会对话与协商。

（2）集体谈判和协议。

3. 通过下列治理原则建立教育机构和经济环境的合作关系：

（1）在专业发展过程中，明确所有利益相关者的作用、相关性及责任。

（2）激励和促进高等学校与用人单位之间合作关系框架的建立。

4. 高等学校和用人单位作为服务提供者或受益人应以平等和公正的方式提供服务。

5.高等学校与用人单位合作：

(1)建立合作中心，明确职业方向与发展。

(2)组织招聘会。

(3)建立毕业生就业中心。

(4)建立孵化园和科研实验室合作中心。

(5)设立国家启动和长期专业培训基金。

(6)建立持续性职业培训合作。

(7)提供专业实习单位。

(8)用人单位的高素质专家制定资格框架、职业框架和职业标准。

(9)用人单位的高素质专家监督和评估高等教育质量。

(10)开展其他活动和法律行动。

第一百零四条　高等教育质量管理

1.保证短期和持续性专业培训的质量是高等学校发展的根本任务。

2.高等学校采用总质量管理体系，与体制结构相协调。

3.总质量管理体系包括下列体系分支：

(1)定位，即让本科生和博士生选择自己的就业方向。

(2)为本科生和博士生提供教学评估服务。

(3)按学科进行课程评估。

(4)对教学过程和学习成绩进行持续性评估。

(5)高等学校的科研评估。

(6)学术、行政和财务管理评估。

(7)对本科生和博士生社会资助服务的评估。

(8)加强毕业生和企业之间的联系。

(9)毕业生就业率评估。

4.教育部、国家高等教育及科研质量保证局负责监督和保证高等教育质量。

5.国家对高等教育体系的管理应遵照现行法律条例规定，并通过一定的认证及授权程序进行。

第五节　高等教育科研

第一百零五条　高等教育科研的具体内容

1.高等学校研究活动以基础性和应用性科研的形式进行。

2.高等学校凭借设计、咨询、科研、开发和技术转移等手段以及一定的专业知识，在各学院、研究中心、实验室、科研机构以及其他研究机构开展高等学校科研工作。

3.根据现行法律条例，高等学校在通过国家高等教育及研究质量保证局的专业培训项目认定后，可开展科研工作。

4.科研通过以下组织形式开展：

(1)开展独立科研，作为科学和教学要求的一部分。

(2)科研项目以国家规划及机构、国家和国际项目和其他相关法律条例形式资助为基础。

5.内部规章和其他有效规范性文件规定了高等学校组织开展科研的办法。

6.高等教育研究人员包括：

(1)教学和科研人员。

(2)研发人员。

7.根据教育部批准的特殊管理规定，高等学校的艺术工作在功能上等同于科研。

8.高等教育研究由国家预算和其他合法来源资助。

9.高等学校的国家研究经费通过国家研究、创新和技术转让机构组织的竞赛获得。

10.竞赛在国家科学重点领域开展。

11.政府规定国家给予高等教育研究活动的资助金额。

12.高等学校科研成果的生产和销售独立。

第六节　高等教育人员

第一百零六条　高等教育工作人员

1.高等教育工作人员包括：

(1)科研教学人员：助教、讲师、高级讲师、副教授、教授。

(2)科研人员：初级研究员、高级研究员、科研协调员、首席研究员。

(3)教学人员：培训师、培训主管、社会教育家、心理学家、音乐家。

2.副教授和教授职称评选是以高等学校评议会以及国家高等教育及研究质量保证局批准的科学和教学活动为依据的。

3.政府批准授予科研和教学职称。

4.高等学校管理人员由校长、副校长、院长等人员组成。

5.其他职员类别：图书管理员、秘书、技术员、伴奏员、程序工程师、医生、护士等。

第一百零七条　高等教育科研和教学职位

1.根据教育部批准的条例规定，高等教育科研和教学职位应采取竞争性选拔的方式进行。

2.高等教育科研和教学人员的职称等级通过科研和教育职称划分。

第一百零八条　高等教育的科研和教学活动规范

1.科研和教学活动的种类包括：

(1)课堂教学活动：授课；组织研讨会、实验室工作、实践工作、咨询以及内部制度规定的其他活动。

(2)非课堂教学活动:提供专业的实习建议;组织教学、艺术、体育活动;提供年度论文、毕业论文、硕士论文和博士论文的学术建议;监督和评估活动;内部制度规定的其他活动。

(3)研究和技术转让活动:制定课程、手册、方法指南;发表科研文章;编辑专著,科学馆藏;博士论文答辩;业绩评比;参与和协调科研项目;参加科学会议;内部制度规定的其他活动。

2.具有职称的科研人员的研究活动规范应根据现行法律条例制定。

3.按照常规时间计算,教学活动时间通常以一个星期、一个学期和一年为单位进行统计。

4.常规时间所指的 1 小时,是指一节课、一个研讨会、一个实验、一项实践活动或内部制度规定的其他活动。

5.在本科教育中的一节课、一个研讨会、一个实验或一项实践活动所用的 1 小时,通常是由 2 个常规小时组成。

6.在硕士生和博士生教育中,一课时为 2.5 小时,研讨会和其他类似活动为 2 小时。

7.根据高等学校评议会的相关规定,本条所规定的科研和教学规范中包含的其他活动均以常规时间计算。

8.年度教学规范以常规小时计算,本条第一项第一、二目中所涉及的活动的规定如下:

(1)教授:80 至 110 小时。

(2)副教授:110 至 140 小时。

(3)高级讲师:140 至 160 小时。

(4)讲师、助教:160 至 180 小时。

9.大学辅导员的教学规范不包括教学课时。

10.本条第一项所述的科研和教学活动每周的总工时数为 40 小时。

11.高等学校评议会根据专业领域、基础份额、专业和可选课程、团体规模以及教学人员的表现情况,来制定科研和教学规范。

12.根据本条第八项规定,若不能按照规范完成教学课时,则可由科研活动的时间(小时)代替,以达到规范学时的规定标准。同时通过竞争维护教职员工职能规范。

13.《摩尔多瓦劳动法》规定了高等教育其他种类职工的工作规范。

14.工作合同中注明了指定的教学规范。

第一百零九条 高等教育科研和教学人员评估

1.高等教育科研和教学人员评估是质量保证的一部分。评估每 5 年进行一次。

2.高等教育科研和教学人员的评估标准如下:

(1)参与科研和教学职位的竞争。

（2）具有高级讲师、副教授、教授职称。

（3）具有教学和研究效率。

（4）具有教学和科研成果。

（5）具有教学创新。

（6）大学章程规定的其他标准。

3.高等教育科研和教学人员的评估成员包括：

（1）管理部门。

（2）系主任。

（3）质量保证委员会。

（4）同事和专家。

（5）学生。

（6）其他机构及授权人员。

4.学生必须对高等教育科研和教学工作人员做出评估。

第一百一十条　高等教育科研和教学人员的继续教育

1.在整个专业活动中,必须对高等教育科研和教学人员进行继续教育。

2.高等教育科研和教学人员进行继续教育的方式为：

（1）参与国内外研究中心和组织的培训。

（2）参与国家和国际项目。

（3）参加国家和国际会议、研讨会及专题讨论会。

（4）自我发展等。

3.对高等教育学分系统内的科研和教学人员进行继续教育。

4.高等教育科研和教学人员的继续教育应遵照本法、内部制度以及教育部规定进行。

第六章　具体的教育类型

第一节　艺术和体育教育

第一百一十一条　总　则

1.艺术和体育教育代表教育系统中不同职业维度的专业领域特殊资格的发展。

2.艺术和体育教育包括由各级教育系统形成的正式和非正式组织。

3.艺术和体育教育具有自愿性质。根据国家一揽子计划,依靠政府免费提供教育和社会服务以及法律条例规定的税收运营。

第一百一十二条　艺术和体育教育机构类型

1.正规的艺术和体育教育机构包括：

（1）普通教育机构：小学、体操学校、专门从事艺术或运动的学术中心。

(2)职业教育机构:艺术或体育专业学术中心和学院。

(3)开设艺术或运动专业的高等学校。

2.非正规的艺术和体育教育机构包括:

(1)少年宫。

(2)不同主题的俱乐部。

(3)体校和艺校。

(4)艺术和运动中心。

(5)体育和艺术训练营。

(6)学校剧院等。

第一百一十三条　艺术和体育教育组织

1.艺术和体育教育应遵照本法规定,普通、职业和高等教育组织运作的标准条例以及教育部、政府及有关中央公共行政部门制定的标准进行组织。

2.在艺术和体育教育组织中:

(1)入学考试包括具体能力测试。

(2)框架方案由教育部和相关中央公共行政部门根据专业方向制定批准。

(3)体操学校和学术中心的毕业考试包括专业实践考试。

第二节　兵役、安全和公共秩序教育

第一百一十四条　总　则

1.兵役、安全和公共秩序教育是摩尔多瓦教育体系内的一个子体系。

2.兵役、安全和公共秩序教育计划只在公共机构免费组织实施。

第一百一十五条　开展兵役、安全和公共秩序教育

1.兵役、安全和公共秩序领域的教育工作应遵照本法与内部制度的规定,并根据教育部、政府及有关中央公共行政部门制定的标准条例开展。

2.兵役、安全和公共秩序教育的内部编制结构由专家委员会和机构评议会与中央有关部门共同协商制定。

3.根据中央有关部门规定,教育机构对兵役、安全和公共秩序方面的主要职工的培训工作,需要进行一年一度的政府审核。

4.接受兵役、安全和公共秩序教育的学生的选拔应遵照中央公共行政部门与其他有关主管部门共同制定的基本条例。

5.兵役、安全和公共秩序方面的教育方案的制定应遵照相关教育机构及有关中央公共行政部门和教育部的规定。

6.获得兵役、安全和公共秩序领域的毕业文凭及相关职称者可在相邻专业间转专业,并被承认具有同等学力。

第三节　神学教育

第一百一十六条　总　则

1.根据《摩尔多瓦宪法》规定,确保人民宗教教育自由。

2.国家正式承认的宗教有权建立神学教育机构,培训宗教工作者,开展社会传教活动。

第一百一十七条　开设神学教育

1.完成普通教育后,可接受神学教育。

2.神学教育课程应遵照本法规定组织开设。

第七章　成人教育

第一节　成人教育的组织

第一百一十八条　成人教育的内容和使命

1.成人可自愿接受成人教育,有助于保持经济竞争力和就业率,确保人力资源的持续供应。

2.成人教育包括:

(1)持续性专业发展。

(2)与文化研究、社会经济、技术方面相关的一般发展,包括公民道德教育、医疗保健、创业、信息技术、变革管理、宪法研究、人口研究等。

3.对成人教育领域的管理应遵循政府批准、教育部等有关部委出台的成人教育条例。

4.成人教育为公司、其他机构或组织提供与教育和持续性培训有关的服务咨询。

第一百一十九条　成人教育经费

法律条例规定成人教育经费主要由国家预算、经济企业的投资、赞助、捐赠、税收、个人捐款、外部资金(项目)及其他资金来源等构成。

第二节　持续性专业发展

第一百二十条　持续性专业发展的内容、形式和类型

1.持续性专业发展包括专业、特长、职业发展、职业再培训、资格认证、资格再认证、专业化。

2.持续性专业培训方式:

(1)内部。

（2）外部。

（3）自我发展。

3.内部持续性专业发展由地方公共行政部门的专门机构通过在职讲习班、专业合作、经验交流、会议、研讨会、授课、实习等形式开展。

4.地方公共行政机关与持续性专业发展中心可联合建立社区培训中心，并根据社区需求提供内部持续性专业培训。

5.外部持续性专业发展包括：

（1）经教育部认可的教育机构的专业中心。

（2）经教育部认可的专业发展机构。

（3）公共机构的成人学校（包括艺校、文化中心、开放性大学、图书馆、博物馆等）。

（4）经教育部认可的持续性专业发展非政府中心。

6.根据成人教育规定的方案和其他形式，外部持续性专业发展应通过各种课程、实习（长期、中期、短期）、培训、咨询、可选型学习套餐、远程教学实施开展。

7.自我发展主要包括进行个人学习，参加会议，汇编书刊和文章，发表科研成果，参加展览，收集成果资料，取得发明专利，获得创新发明称号，进行博士论文答辩等。

第一百二十一条　持续性专业发展工作机会

1.持续性专业教育中心制订了高标准的持续性专业发展计划，并提供模块化的持续性培训。

2.持续性职业培训计划应遵照成人教育相关条例。

3.持续性专业教育中心提供多种培训项目。详情可见教育部及相关部委根据本地区需求和持续性培训计划制定的《持续性专业发展目录》。

4.持续性专业发展实行学分制，学生通过参与不同的发展活动获取学分。

第一百二十二条　培训师

1.由培训师负责持续性专业发展的培训。

2.培训师成员类型：

（1）持续性专业发展中心的工作人员，负责组织和提供有关活动的培训和管理。

（2）短期和持续性专业发展中心的工作人员，负责各自的活动分配。

（3）大学科研培训师，负责满足专业发展的具体需求。

（4）专家，负责提供持续性专业发展的规划，特别是在专业领域。

（5）主要来自用人市场的培训师。

3.根据本法及《摩尔多瓦劳动法》的规定，培训师的课堂教学规范应按照成人的工作特点制定。

第一百二十三条　提供持续性专业发展的权利和义务

1.根据法律条例规定，国民经济中的任何机构、公司或组织都有义务制订发展计划。内容包括员工的持续性专业发展、外部持续性培训的战略和年度计划以及内部专业发展的监督 。

2.雇主负责对雇员进行持续性专业培训,并为雇员的专业发展提供必要条件。

3.雇员可根据培训项目类型确定自己的职业发展方向。

4.参与持续性专业发展可获得:

(1)培训证明。

(2)证书。

(3)高中教育证书。

(4)学历文凭。

5.雇员需对自己的职业发展负责,并在 5 年内积累可转换学分,持续性专业发展中心会在 5 年后对其进行专业发展必修学分的再次确认。

第一百二十四条　持续性专业培训的评估、监督和认证

1.根据专业培训标准进行持续性专业培训的评估。

2.由高等教育和研究质量保证机构对持续性专业培训项目进行评估和认证。

第八章　教育系统内相关单位和连接服务

第一节　教育图书馆

第一百二十五条　总　则

1.教育图书馆是教育单位组织结构的组成部分,主要是为学生、科研和教学人员的持续性专业发展及培训计划提供其所必需的信息资源(包括书籍、媒体、光盘、录音带、视频等)。

2.图书馆的活动一般由高等教育有关专家负责。

第一百二十六条　教育图书馆的组织和运作

1.教育图书馆的组织和运作应遵照教育部规定及其他相关规范。

2.教育图书馆管理员与教学人员享有同等地位。

第二节　心理教育咨询服务和谈话治疗中心

第一百二十七条　总　则

教育部门内应设有心理教育咨询服务和谈话治疗中心。

第一百二十八条　心理教育咨询服务和谈话治疗中心的组织和运作

心理教育咨询服务和谈话治疗中心应遵照教育部和卫生部联合制定的规定进行管理。

摩尔多瓦教育法(草案)

第三节　职业发展和咨询服务中心

第一百二十九条　总　则

1.职业发展和咨询服务中心的任务是帮助学生和青年制定职业规划,并为教育机构提供职业教育的方法支持。

2.一般情况下,职业发展和咨询服务中心的咨询师应聘请心理咨询教育学以及社会组织心理学学士、硕士,其薪资水平与学历相关。

第一百三十条　建立职业发展和就业咨询中心

1.职业发展中心由市级教育部门与当地公共行政部门和地方就业中心共同合作设立。

2.在职业高等学校内部可以设立就业咨询中心。

第四节　教育选择

第一百三十一条　总　则

1.教育选择是提供除官方教育以外教学方案的教育形式。

2.通过教育选择,国家确保教育多元化中的个性教育权。

3.教育选择的规划和实施应遵照政府的教育标准。

第一百三十二条　开展教育选择制

1.根据本法及教育部规定,在全国范围内的公立和私立教育系统中推行教育选择制。

2.依法对教育选择制进行评估和认定。

第九章　教育质量的保证、评估和认定

第一节　总　则

第一百三十三条　教育质量概述

任何教育服务提供者及其工作人员都应该保证教育质量的永久优先发展地位,通过提高工作质量确保教育服务质量的可信度。

第一百三十四条　教育质量评估

1.教育质量评估采用内外部多重标准审查方式。教育服务提供者及其教育计划都需要达到相关教学标准。

2.教育质量评估方式:

(1)根据预先确定的标准,由指定的质量评估机构对具有操作性质的活动和技术进行评估。

（2）由市级教育部门对普通教育机构进行监督。

（3）根据本法规定，在教育机构成立后的 3 年内，需要进行特别监测。

（4）由欧洲质量保证机构名录内的国内或国际机构进行周期性外部评估。

3.摩尔多瓦的教育质量保证政策应参照相关国际教育质量保证政策。

第一百三十五条　内部质量评估和保证

1.教育机构负责人确保教育质量保证工作的落实。

2.摩尔多瓦教育服务提供者的各级部门都建立了专门的评估和质量保证体系。根据服务提供者批准的战略、规章以及相关标准开展工作。

第一百三十六条　外部质量评估

1.普通教育和职业教育服务提供者的外部质量评估由教育部聘请的外部合作机构专家进行

2.高等教育服务提供者的外部质量评估由国家高等教育和科研质量评估机构进行。

3.若教育服务提供者拒绝接受外部评估，则教育部可根据国家高等教育和科研质量评估机构的提议，自动启动机构终止或录用的有关法律程序。

第一百三十七条　临时运作授权

教育部颁发高等学校和创新教育项目的临时授权书。教育服务提供者有权开展教学工作。

第二节　高等教育的评估和认证

第一百三十八条　高等学校的评估和认证程序

高等学校的评估和认证由国家高等教育和科研质量评估机构进行。

第一百三十九条　高等教育课程的评估和认证

1.对本科、硕士、博士或持续性专业培训计划的每个方案都需要进行高等教育评估和认证。

2.课程评审经教育部鉴定和临时授权，确认其符合教育水平和质量标准，符合社会文化和经济方面的实际需要。

3.首批毕业生毕业后需进行学习计划的初步认证，且每 5 年进行一次课程评估。

4.课程认定的标准和指标由教育部、国家高等教育与科研质量评估机构共同制定。

第一百四十条　私立高等学校的课程评估和认证

1.私立高等学校的课程评估和认证需根据本法规定进行。

2.若私立教育机构的学习计划未在本法规定的期限内通过认证，则各学年的毕业生需经教育部批准后参加毕业考试，并由经教育部认可的教育机构颁发相应的学历证书。

第十章 教育系统的人力资源

第一节 总 则

第一百四十一条 教育系统人员

教育系统人员包括教学人员、管理人员、科研人员、科研专家、普通学生、本科生、硕士生、博士生、军事专业学生、助教和技术管理人员。

第一百四十二条 教学人员的基本任务

1. 教学人员是确保教育质量的决定性因素。

2. 教学人员的基本任务是提供满足教学标准及其教学目标的一般培训、短期和持续性专业培训服务。

3. 教学人员应根据法律条例和道德规范完成教学任务。

4. 保证私立教育机构至少拥有 50％的教学人员。

第一百四十三条 普通学生、本科生、硕士生、博士生的基本任务

1. 普通学生、本科生、硕士生、博士生是教学过程的主体,是国家人力资源形成的决定性因素。

2. 普通学生、本科生、硕士生、博士生的基本任务:

(1)将学习视为自己的终身事业。

(2)接受培训和自我培训,获得基本和特定的资格,实现社会和职业的有效融合。

第二节 权利和义务

第一百四十四条 总 则

1. 教育机构应遵守《世界人权宣言》和《联合国儿童权利公约》。

2. 教育机构禁止体罚和施加任何形式的身体或心理暴力。

第一百四十五条 科研和教学人员的权利

1. 科研和教学人员有权:

(1)选择和采用教育部认可的课程、教学方法、教科书和教学材料,以满足国家的教学标准。

(2)在教育机构的行政和咨询部门中进行选举和被选举。

(3)利用在普通教育中的教学活动经验以及进行职业培训的教学经验转入高等教育机构。

(4)根据国家现行法律规定,享有住房补贴和其他设施的优惠。

(5)经教育部批准,可获得最长 3 个月的研究带薪休假,编写教科书和其他教育科学资料。

（6）不受直接服务义务的影响，自觉维护其职业权力和利益。

（7）可申请教学项目学位的奖励。

2.依照法律条例规定，私立教育机构的科研和教学人员在参加学术、文化和体育活动时，可享有与公立教育机构的科研和教学人员同等条件的保障以及社会和医疗救助。

第一百四十六条　科研和教学人员的义务

1.通过实施国家教育标准和国家课程，确保教学过程的质量。

2.尊重职业道德。

3.尊重培训者权利。

4.为学生个人潜能的发展创造最佳条件。

5.以身作则，培养公平、公正、无私、勤奋、爱国主义等价值观。

6.与家庭和社区合作。

7.遵守集体劳动合同、机构章程、内部规章和本法规定。

8.确保学生在教育过程中的生命安全和健康。

9.不断提高专业素质。

10.不在教学过程中宣传沙文主义、民族主义、政治、宗教和军国主义思想。

11.禁止学生参加街头政治行动（如集会、示威、纠察等）。

第一百四十七条　普通学生、本科生、硕士生和博士生的权利

1.普通学生、本科生、硕士生和博士生享有以下权利：

（1）获得在法律条例规定范围内所提供的奖学金和指南，如医疗、食宿、交通补助。

（2）自由选择教育机构的类型。

（3）自由表达自己的观点、信念和想法。

（4）从获取信息中受益。

（5）根据本法和相关法律规定，参与教育机构管理、素质教育的评估和推动。

（6）参加国家或国际学术交流项目。

（7）根据现行法律条例规定，建立非政治协会或组织，以维护自身权益。

（8）进入工作领域后，将工作与学习相结合的员工受相关法律保护。

2.根据现行法律条例规定，可在教育机构下设立普通学生、本科生、硕士生和博士生的自治机构。

3.根据教育部批准的有关规定，本科生，硕士生和博士生可减免学费。

4.根据现行法律条例规定，若普通学生、本科生、硕士生和博士生因自身健康状况而丧失学习能力，则其有权享受休假。

5.根据现行法律条例规定，为了保障需要社会救助的学生的受教育权，国家将承担学生在教学期间的全部或部分维护费用，其中包括疗养型或者家庭型学校的维护费用。

6.根据现行法律条例规定，私立教育机构的普通学生、本科生、硕士生和博士生在

参加学术、文化、体育活动时,可享有与公立教育机构相关人员同等条件的保障及社会和医疗救助。

7.普通学生、本科生、硕士生和博士生享有教育机构章程规定的其他权利。

第一百四十八条　普通学生、本科生、硕士生和博士生的义务

1.普通学生、本科生、硕士生和博士生有义务:

(1)在各个学习阶段的规定期限内完成课程任务。

(2)遵守教育机构的内部规定条款。

(3)举止礼貌,尊重共存规则,使用和维护教育机构的设施。

2.普通学生接受义务教育时,应遵守教育机构的章程,保证上课时间,获得延展知识。

3.毕业生有义务学习罗马尼亚语,以实现社会职业融合。

4.教育机构的内部规范性文件中所规定的普通学生、本科生、硕士生和博士生应承担的其他义务。

5.普通学生、本科生、硕士生和博士生若触犯内部规范文件,则应处以开除处分。

第一百四十九条　家长的权利和义务

1.家长有权:

(1)为子女选择教育机构和教学语言。

(2)要求教育机构尊重子女的权利和自由。

(3)了解教学内容和教学过程以及学生的考核结果。

(4)对子女进行课后辅导,确保满足教育部规定的教育水平。

(5)成为教育行政及咨询机构的成员。

2.家长有义务:

(1)根据本法规定,确保子女接受义务教育或进行家庭培训。

(2)为子女提供家庭教育,并为其学习、技能培养、课外活动和自我训练创造条件。

3.不能满足子女教育和培训的家长有责任遵守现行法律条例规定。

第一百五十条　教育机构的卫生保健

卫生部及各部门医疗机构确保为学龄前儿童、学龄儿童、普通学生、本科生、硕士生、博士生以及教育系统的教学人员提供全方位的卫生保健服务。

第十一章　教育系统管理

第一节　中央教育部门

第一百五十一条　政府职能

1.确保教育的优先发展权。

2.组织起草《摩尔多瓦教育法》并提交议会审议。

3.批准实施《摩尔多瓦教育法》。

4.监督教育部的活动。

5.任命公立高等学校的校长。

6.构建和发展教育体系。

7.审核教育部及其他中央行政机关和公共部门对相关机构的设立、改组或者解散的提案。机构包括公立特殊教育机构、职业技术教育学校、高等学校、科研机构、持续性专业发展中心。

第一百五十二条　教育部职能

1.教育部的职能包括：

(1)制定和实施国家的教育政策。

(2)通过《摩尔多瓦教育法》实现国家对教育的管控。

(3)对国家教育体系进行管理、监督和评估。

(4)阐述法律条例并控制其合规性。

(5)制定和批准国家教育标准、国家课程并监督其实施。

(6)与中央和地方合作,制订国家教育制度的战略性支出计划。

(7)制定教育系统的国家预算草案。

(8)与财政部共同制定和发展国家教育系统的融资机制和规范。

(9)协调和监督教育部下属公立教育机构的财务活动。

(10)拟定并向政府提交建议,如改善教育系统教学人员和其他类别职员的薪酬问题。

(11)协调高等教育的科学研究。

(12)协调心理学和教育科学的科学研究。

(13)授予科研和教学职称。

(14)协调教师的短期和持续性专业培训。

(15)教学人员的教学职称及奖励的评估。

(16)审核教育部、其他中央行政机关、公共部门和组织的建议,如公立小学、体操学校和学术中心的设立、改组或解散。

(17)特殊和公共职业教育机构管理人员以及国家直属教育机构负责人的选拔聘用与解雇。

(18)与二级地方政府协调,任免市教育部门负责人。

(19)按照现行法律条例规定,实现教育和科研的合作。

(20)制定外国教育机构所颁发教育文件的确认程序。

(21)制定教育集体劳动公约。

(22)与其他中央行政部门合作,适当参与提高青少年身体素质,促进体育事业发展的活动。

(23)免费向 5 至 7 岁的学龄前儿童及小学生提供教科书。

(24)推举国奖候选人。

(25)编辑和出版教育系统现状的年度报告。

(26)履行法律条例规定的其他职责。

2.为了发挥专业领域的职能,教育部可设立理事会、委员会、专家组和其他咨询机构。

第二节　地方政府教育部门和地方公共行政管理部门

第一百五十三条　地方政府教育部门职能概述

1.地方政府教育部门是教育管理的直属机构,可分为区级教育部门、直辖市级教育部门和加告兹自治区教育部门。

2.根据教育部、各部委及其他有关中央行政机关、二级地方公共行政管理部门的建议,政府负责设立教育部门的标准结构和规章制度。

3.区级、直辖市级教育部门负责人通过竞争性选举选出。由教育部门与二级地方公共行政管理部门批准任命,任期为 4 年,连任不得超过两届。

4.加告兹自治区教育部门负责人由加告兹执行委员会根据管理能力标准,通过行政长官与教育部内部的协调批准任命,任期为 4 年,连任不得超过 2 届。

5.地方政府教育部门职能:

(1)负责地方教育事务的管理、监督和评估。

(2)确保辖区范围内遵守《摩尔多瓦教育法》并促进国家教育政策的实施。

(3)实现所属教育机构与地方公共行政管理部门和教育部之间的合作。

(4)对普通、课外、艺术和体育教育网络的运作情况进行监督及检查。

(5)为教育机构和教学人员提供教学和方法支持。

(6)推动所属教育机构的融资和物质技术基础。

(7)与地方公共行政管理部门合作,为教学人员和学生的活动创造适宜的环境。

(8)为教学人员提供持续性专业培训。

(9)协调教育机构毕业考试与学术竞赛,如奥林匹克竞赛。

(10)与家长和地方公共行政管理部门共同确保 16 岁以下儿童接受义务教育。

(11)机构负责人需根据相关地方公共行政管理部门意见,通过竞争性选举聘用或解雇。

第一百五十四条　地方公共行政管理部门职能

1.遵守相关领域的教育法律规范。

2.在辖区内发挥职能作用建立、优化并发展校园网络。

3.批准一级地方公共行政管理部门关于公办学校和课外教育机构的设立、改组或解散的决议。

4.出租所管辖土地给下属普通教育机构。

5.确立教育机构位置,记录辖区内私立教育机构的位置。

6.与其他机构合作,确保 16 岁以下儿童接受义务教育。

7.确保对距离学校 3 公里以上的农村学生进行免费接送。

8.根据法律条例规定,为贫困家庭的学龄前儿童和义务教育儿童提供物质和财政援助。

9.确保对教育机构教学人员的社会保护。

10.假期为学生提供免费的医疗服务、食品和娱乐活动。

11.确保孤儿和残疾人毕业生的就业。

12.在活动范围内组织全民体育活动和体育比赛,如锦标赛、杯赛、联赛等。

第十二章　教育系统融资和物质技术基础

第一节　教育系统融资

第一百五十五条　教育系统融资的来源和原则

1.教育系统融资以教育融资的原则为基础,是公共投资的一种。

2.公共教育系统的主要资金来源是国家预算和地方行政机构的预算。

3.公立教育机构的其他资金来源:

(1)支付服务、科学研究合同、设计、专业知识咨询以及其他依法在独立账户上记录的教育和科研服务的合同收入。

(2)学习过程中发表文章的收入和公有场地、器材及其他资产的租赁收入。

(3)赠款、赞助、捐赠。

(4)其他合法来源收入。

4.公办教育机构的教育服务名称,应当由高级管理部门或地方公共行政管理部门根据其职权范围予以批准命名。

5.按照招生计划规定,每年由政府批准,国家保障短期职业培训经费由国家预算提供。

6.私立教育机构的融资应从创办人投资、学生学费、赞助、信贷、捐赠等方面获得。

7.私立学前班、小学和体操学校等教育机构可获得国家资助。

8.按照教育服务合同的约定,明确教育机构与个人或法人的关系,明晰双方的权利和义务,如授课时间、学费等。

9.学费和其他服务由各教育机构自行规定。

第一百五十六条　教育系统融资方式和财务管理

1.教育系统融资可总结为以下四种类型:

(1)标准融资:每名学生的标准成本和调整系数。

（2）补偿性融资：用于有特殊需要的儿童、天才儿童、实验和替代项目、高等教育表现评价等。

（3）补充性融资：用于技术和教学材料的更新、食宿、交通等补贴。

（4）竞争性融资：以竞争类项目为基础。

2.标准成本可以作为学费计算的依据。

3.根据现行法律条例规定，职业学院、高等学校以及持续性专业培训机构可以筹集和使用企业自然人和法人支付的专项资金。包括根据合同约定的国外融资，用于进行培训、发展和职业再培训。

4.特殊的融资手段如捐赠和赞助，无论其规模大小都不会调整教育预算拨款。

5.私立教育机构的融资标准可能低于公立教育机构。

6.职业学院、高等教育学校和持续性专业培训机构可以依法进行自主融资。

7.社会团体、专业协会和慈善机构依法为教育事业提供支持。

8.根据现行法律条例规定，法人和企业家有权出资支持公立和私立教育机构的物质技术基础的发展。包括新员工的入职培训和持续性培训的经费。

9.教育机构从经济活动中获得的无形收入应用于内部发展。

10.教育机构免征税款，其中包括土地税。

11.学校食堂自产食品免征增值税。

12.教育部每年都设有《摩尔多瓦国家预算法》批准的专项资金手册，且专项资金的拨款方式和机制由政府规定。

13.教育机构应改革融资计划，每年拿出不少于1%的拨款金额，用于自身内部信息系统的开发。

14.私立教育机构的劳动报酬发放应遵照《摩尔多瓦劳动法》的规定，不得低于公立教育机构的劳动报酬。

15.根据《摩尔多瓦劳动法》的规定，经济实体应当组织员工培训。

第二节 教育系统的财产和物质技术基础

第一百五十七条 教育系统的财产

1.教育系统的财产和物质技术基础包括教学楼、工程设备、图书馆、实验室、车间、食堂、诊所、土地、教学和科研工作坊、设备、运输工具、机器及其他固定资产和运营资本。

2.公立教育机构具有经营管理权，其固定资产和营运资金属于国家财产。

3.私立教育机构的财产在经营过程中不得撤销，但法律条例规定的特殊情况除外。

4.私立教育机构属于租用土地，只有在租赁合同期限届满或者授权允许后，方可予以没收和转让。

5.公共教育机构的财产、建筑及相关土地的财产权不得转让，但系统内部进行转让或为保证其有效运行进行转让的情况除外。

6.若在特殊情况下(如毁坏或长期不使用),土地面积的改变,公共教育机构产权范围内的建筑物和相关土地的转让等且均用于非教育行为,则应当经过政府和教育部的允许,根据二级地方公共行政管理部门的规定执行。

7.教育机构有权进行房屋及相关土地和其他物品的租赁,且经创始人授权可进行公开招标。

8.私立教育机构享有优先购买其所租用的国家或者城市建筑物的权利,但需要通过转让程序进行。

第一百五十八条　教育系统的物质技术基础

1.教育系统的物质技术基础的发展资金来源包括预算收益、机构专项资金及其他合法来源。

2.政府确保公共教育系统的物质技术基础的发展,建设符合教育部制定的国家标准水平的教育机构配备、教学楼、体育休闲综合楼、学生宿舍。

3.按照国家标准,私立教育机构应当具有私有财产权或者使用权,以满足教学过程的物质技术基础。

4.根据现行法律条例,中央行政主管部门、地方公共行政管理部门及企业有权在教育范围内对土地进行免费转让或拒绝向教育机构支付费用。其中包括建筑物、教育过程中所使用的设备和材料、器械、交通工具、活动场地、土地等。

5.企业应利用自身收益给予教育机构物质技术基础的支持,其中包括员工培训和持续性专业发展的支出。

第十三章　教育领域的国际合作与对外关系

第一百五十九条　国际合作

1.教育领域的国际合作应按照摩尔多瓦的法律条例及所签订的国际条约进行。

2.教育部有权在国际合作中建立合作关系,达成协议并签订议定书;有权参与教育科研领域的国际项目。

3.摩尔多瓦教育机构有权与海外教育机构建立直接的合作关系。以下情况需经教育部和中央公共行政部门批准后进行:

(1)参与学术专业流动项目。

(2)开展研究和科研合作项目。

(3)针对海外法人开展的基础性和应用性科学研究。

(4)海外教育机构通选课程的应用。

(5)以国外教育机构的相关部门的参与为基础(实验中心、实验室、技术园区)。

(6)获得区域性国际非政府组织的会员权利。

(7)参与区域和国际性项目。

4.国家间和非政府部门协议内的活动资金应根据现行法律条例规定获得。

5.国际项目的资金应根据现行法律条例规定获得,在某些情况下需根据欧洲法律、政策框架的规定获得。

6.每年根据《摩尔多瓦国家预算法》,允许在国外进行学术专业流动融资。

第一百六十条　区域和国际组织合作

1.在欧盟合作伙伴项目下,教育部优先开展教育领域的合作项目。

2.为了实现国家教育体系现代化、达到欧洲价值标准以及参与博洛尼亚进程的欧洲高等教育领域改革,教育部参与了国际组织开展的区域和国际性合作项目。

3.根据现行法律条例规定,教育部允许外国志愿者提供教育服务活动并监督非政府组织在国家教育体系下开展不同的国际项目。

第一百六十一条　留　学

1.国家应确保学术专业流动符合国家和国际规范。

2.根据国际、政府间或部门协议以及教育机构的合约申请,摩尔多瓦公民有权出国留学。

3根据合作协议,海外留学人员可享有一定的设施福利和特权。

4.海外留学归国的摩尔多瓦公民享有与摩尔多瓦同等教育机构毕业生平等的就业权利。

5.教育部批准和认可国外取得的学习成果。

第一百六十二条　外籍公民和无国籍人士的入学标准、权利及义务

1.外籍公民和无国籍人士的入学标准:

(1)属于摩尔多瓦参与的国际条约国家。

(2)与教育机构签订授权协议。

(3)参与学术流动项目。

(4)与教育机构签订个人合同。

2.外籍公民和无国籍人士入学,须经教育部同意后,由申请人提交教育证书等待认定。

3.公立和私立机构应开设教育部认可的特定专业,保障外籍公民和无国籍人士学习的权利。

4.根据教育体系的情况以及预算资源限额,外籍公民和无国籍人士的培训应使用罗马尼亚语或应申请人的要求用另一种国际语言进行教学。

5.在摩尔多瓦境内学习的外籍公民和无国籍人士,除享受国家奖学金的学员以外,均应按照现行规定缴纳学费。

6.不懂罗马尼亚语的外籍公民和无国籍人士,应在开学之前接受高等教育入学培训。政府间和部门间协议规定外国公民培训课程是高等教育的一个组成部分。

第十四章　最终和过渡条款

第一百六十三条

1. 从 2010—2011 学年开始,具有学士学位文凭的普通教育毕业生可以进入高等教育机构继续学习。

2. 从 2010—2011 学年开始,不允许体育毕业生进入综合类中学学习。

3. 普通综合中学应根据其学术潜力及物质技术基础,与体育学校或学术中心合并重组。

4. 本法生效后,应组织选拔各级(包括普通教育、职业教育、高等教育)教育机构的管理人员(已经选定的除外)。

第一百六十四条

本法生效后,《摩尔多瓦教育法》1995 年 7 月 21 日颁布的第 547 - Ⅻ号法令、1997 年 7 月 16 日颁布的第 1257 - Ⅻ号法令中有关摩尔多瓦教育机构考核评审条例以及 1999 年 6 月 4 日颁布的第 423 - Ⅻ号法令中有关教育机构考核评审批准条例的规定应予以废除。

第一百六十五条

从本法生效之日起 6 个月内,政府应依照本法提起立法。

第一百六十六条

本法自颁发之日起生效。

摩尔多瓦教育发展战略白皮书（2014—2020年）

摩尔多瓦第944号政府令

2014年11月14日

第一部分　序　言

　　教育是摩尔多瓦国家发展的优先战略方向，是传播创造新的文化价值观和全人类共同价值的基石，同时也是发展人力资源，形成民族意识，实现加入欧洲一体化愿景的首要因素。教育在人类社会可持续发展及建立知识性社会的过程中扮演着重要角色。教育质量很大程度上决定了公民的生活质量，并为每一位公民充分实现自我价值创造了可能。

　　摩尔多瓦教育部将工作重心转移至素质教育领域，注重教育进程的质量以及对年轻人在教育进程中专业能力的培养。一个人的成功取决于其适应变化的能力和持续学习的能力。教育制度应提供适合培养、发展这些能力的环境。在世界瞬息万变、我国人口急剧下降的宏观背景下，实现终身学习是教育制度的重要任务。

　　摩尔多瓦教育部对于公民在教育制度方面的关注程度予以高度重视，并倡导公民积极参与教育改革。在摩尔多瓦，教育被视为衡量公民对社会经济生活是否满意的主要指标之一。据调查，对教育服务领域满意及非常满意的公民人数所占比例超过50％。这与国际和国家测试中学生成绩较低、毕业生就业率低下、职业发展和劳动力市场需求联系薄弱以及高水平的非正式支出（非正式支出又称自付费用，其涵盖范围较广。例如，未成年人的医疗保险费用、学生在受教育期间产生的自费项目等）等因素之间存在一定的联系。由此可见，国家命脉和经济竞争力均取决于教育的普及性、质量及其相关性。

　　《摩尔多瓦教育发展战略白皮书（2014—2020年）》（以下简称《教育发展战略》）是教育政策的纲领性文件。《教育发展战略》为教育发展制定了中期目标和任务，确定了摩尔多瓦教育制度的发展方针和优先发展方向，并与其他相关政策文件、教育制度改革以及《摩尔多瓦国家发展战略（2020年）》所规划的其他改革措施密切联系，以实现全面协调教育领域的顶层设计规划。

　　《教育发展战略》建立在教育普及性、教育相关性和教育质量这三大基础之上。教育制度旨在保障每个公民充分能够发挥个人潜能，并培养其具备专业的工作能力。因此，《教育发展战略》以教育目标成果为导向，在教育领域以及与其紧密相关的其他领域研究并解决相应问题,并对所研究讨论的一系列问题集中进行深入研究,以保障解决策略的连续性。

《教育发展战略》的实施进程将通过制定政策性文件和法律的形式得以保障。其规划方向以及具体任务将被纳入中央政府战略发展计划之中,并根据中央各部门的战略规划文件,尤其是中期预算预测、年度预算和行动纲领来实施。以相应教育法规的形式保障《教育发展战略》规划的方向以及具体目标实施的法律基础。《教育发展战略》在实施过程中所需的资金来自国家预算、地方预算以及通过捐赠资助、基金、个人赞助等合法资金。其重点是基于规划和目标成果拓宽资金来源。

第二部分 《教育发展战略》的目标、主要任务和基本原则

一、目标

《教育发展战略》全面审视摩尔多瓦教育体系现状,针对当前面临的基本问题提出最佳解决方案,促使教育体系成为经济和社会发展的重要因素。

二、主要任务

(一)保障教育体系稳固发展,旨在培养具有完备人格、积极向上且具有创造力的个人,这也是人类发展和国家社会经济进步的主要因素。

(二)通过保障友好安全的学校环境,加强学生和家长共同协商、决策,以增加所有儿童和青少年获得优质教育的机会。

(三)确立摩尔多瓦教育发展优先战略原则和机制。

(四)提高教育领域公共资金投资的使用效率,促使教育资源得到充分利用。通过改善教师待遇,完善教育进程和加快教育机构基础设施建设,以提高教育质量。

(五)抓住信息通信技术发展创造的机遇,促使教育体系提高效率,创新教育服务。

(六)统筹全局发展,根据个人及社会经济的需求,继续职业培训,以促进成人终身教育体系多样化。

(七)国家教育体系的结构和质量需与欧洲相关教育领域标准相适应。

三、基本原则

(一)义务

对教育制度的方方面面进行分析并提出解决方案以及《教育发展战略》愿景,旨在通过实施《教育发展战略》来完成所有规划的基本任务。

(二)反思

摩尔多瓦教育制度中出现的一些问题已存在多年,尽管政府在此期间历经多次改善,但仍有部分问题未能得到彻底解决。《教育发展战略》则对此提出基于现代方法和

运行原则搭建新的制度结构。而这些方法和原则能够改变教育进程所有参与者的固有观念,其中包括教师、中学生、大学生、家长以及经济领域的代表等。

(三)效率

提高资金的有效使用率,进而最大化实现教育资金使用率也正是《教育发展战略》的基本任务之一。

(四)试点和推广

对所提出的解决方案进行测试,未经测试的方案将通过实验进行检验。因此,将会选择已经证明可行性或即将证明可行性的解决方案在摩尔多瓦个别地方进行试点。

(五)适应性

已成功应用于其他国家的教育发展方案,应在摩尔多瓦本土化的进程中适应本国的文化、经济和社会现实,以使这些方案能够提高摩尔多瓦教育进程的相关性和质量。

(六)制度的可行性

从功能角度详细分析论证所拟定的制度结构,使其在教育制度的每个层面,无论是在补充原则的不同类型机构的相互关系上,还是在实施决策的平衡关系上,都能够明确界定决策的责任范围。

第三部分　摩尔多瓦当前的教育问题和形势

经济转型期情况复杂多变,人口减少,严重影响了教育制度体系。尽管教育投资不断增加,经济竞争力却依然持续低迷。

摩尔多瓦经历了一个艰难的过渡时期。过去的 20 年里,摩尔多瓦经济下滑、人口下降,移民危机以及 2008—2009 年金融危机所造成的阴霾依旧挥之不去。尽管自 2000 年开始经济有所增长,但人均 GDP 与购买力平价的换算比例仍持续走低。相较于投资、出口以及外商直接投资,2000—2008 年的资金流动则更为便捷,该阶段的摩尔多瓦经济形势呈良好态势。当前摩尔多瓦经济以资金流动为依托,并将其作为经济发展的重要参数。

人口减少致使参与教育进程的人员数量持续减少。国家统计局数据显示,自 20 世纪 90 年代以来,国家人口一直呈下降趋势。在过去 10 年里,人口仍然保持负增长,且人口总量约减少六万人。出生率下降,但死亡率却高居不下,青年人口大规模移民致使人口减少。此外,通过各种参数对 2050 年人口情况进行预测,结果显示,在接下来的数十年间,人口仍会持续下降。

因此,若出生率与死亡率至 2050 年仍保持基本稳定,则以 2010 年记录在册的数据为例,全国人口总量预测将减少 90 万人,到 2050 年全国人口总量为 264.46 万人。该形势下,若年轻一代所占比例下降,老年人的占比上升,则学校里的学生人数必将会减少。

教育投资无法保障国民经济的竞争力。2005—2012年,国内生产总值中教育支出从7.9%增加到8.4%。与人均GDP相比,对中学生和大学生的公共教育支出份额呈逐年增加态势(自2005年的34.9%上升至2012年的45.2%)。而公共支出中部分具有社会用途的支出,则不能被视为教育投资。在摩尔多瓦案例中,2012年,经全面分析约有13.5%的教育预算资金用于食品、奖学金以及宿舍设施建设。尽管教育支出稳步增加,但近年来的教育投资仍旧不能满足行业日益增长的需求。而当前行业日益增长的需求要求培养对世界经济具有竞争力的劳动力。在此形势下,需要全面创新教育政策。

人口下降导致受教育人数总量显著减少,并出现过高估计学校网络规模分布的问题,也因此存在着一定程度上的教育普及性问题。

由于人口的负增长以及人口移民,中学生和大学生人数也明显减少。国家统计局数据显示,30岁以下的长居人口数量在2013年年初为155.89万,同2007年相比减少了7.1%,同2003年相比减少了12.5%。2013年3至23岁年龄段的人口,同2007年相比明显减少了17.3%,同2003年相比减少了24.5%。其中,2013年3至23岁年龄段的受教育人数,同2007年相比下降了14.0%,同2003年相比下降了26.5%。

人口不断下降导致出现了对教育机构的网络分布规模评估过高等严重问题,尤其是对普通教育机构的网络分布规模的评估,致使资源使用率低下,并已经难以满足学校现代化设施建设的资金需求。因此,受各种因素制约,在不同的教学阶段学生的受教育问题依然存在。

幼儿接受教育的情况逐步改善。但现有的幼儿园的网络分布规模只能满足部分需求。农村地区儿童进入幼儿园接受教育所占比例与城市地区相比仍存在巨大差距。

学前教育机构的数量在20世纪90年代的危机之后有所增加。到2013年年初,全国共有1 418所学前教育机构,同2007年相比增加了6.3%。学前教育机构数量的增长也促使进入学前机构接受教育的儿童人数上涨,2012年达到14.11万人,同2007年相比增长17.5%。因此,儿童进入学前教育机构接受教育的比重有所上涨,与2007年的72.6%相比,2012年比重达到82.1%。但是,农村地区的学前教育机构覆盖率仍与城市地区存在差距。

政府基于早期教育针对儿童进一步发展的重要性,重新审定了千年发展目标,并确定了学前教育的任务。3至6岁儿童学前教育项目规划的覆盖率自2002年41.3%上升至2015年的78%,5至6(或7)岁儿童学前教育项目规划的覆盖率自2002年的66.5%上升至2015年的98.0%。此外,城乡地区之间,低收入和中等收入人群之间学前教育项目规划覆盖率的差距约减小5.0%。同时,对于已经实现3至6岁儿童学前教育项目规划覆盖率任务的地区,5至6(或7)岁儿童学前教育项目规划覆盖水平于2012年达到93.5%。

尽管近年来儿童进入学前教育机构接受教育的情况有所好转,但是幼儿园的覆盖率仍然很低。教育部统计数据显示,2013—2014学年初,摩尔多瓦首都基希讷乌约有

8 000 名登记在册的儿童排号等待进入幼儿园学习。2014 年年初,有 157 个居民点建有幼儿园,仅占所有居民点的 9% 左右。由于国家财政预算有限,地方财政资源管理效率低下,且对儿童早期教育投资的重要性认识不足,导致在农村发展学前教育服务困难重重。

官方统计数据显示,摩尔多瓦尚未设立私立学前教育机构。但实际上存在私立机构进行学前教育。而这些机构是以教育中心、公共团体等不同形式类型组织成立的。相关法律法规并不完善,且对私立教育机构的业主和设施标准要求过高,尤其是严格的卫生保健标准严重制约了私立教育机构的发展。

很多学龄前儿童数量较少的居民点创办了公共中心性质的社区中心,一定程度上解决了儿童接受学前教育的问题。但是,农村地区的家长更倾向于将儿童学前机构作为照看儿童、保障儿童饮食和安全的机构,以便自己能够安心工作。而这些机构中心只将 4 至 6 小时致力于教育活动的工作方案,难以满足家长全职工作的需求。因此,应根据地方需求,鼓励发展私立学前教育服务(如家庭层面),推进儿童学前教育服务多样化。

学生接受普通义务教育的比例稍有下降,主要受社会和制度上的一些因素影响,尤其是在低收入群体中表现更为明显。同时,学校网络分布距离过远,且分布结构不合理,从而导致资源使用率低下。而根据学生人数进行财政投资的新模式对多数学校而言则更为合理,并能够充分释放财政资源,以进行长期投资。因此,必须加强学校管理人员的能力,建立强化责任意识的机制,保障学校预算资金得以高效使用。

官方统计数据显示,在过去的 4 年里,小学教育的覆盖率较为稳定,但中学教育的覆盖率却持续下滑。2012 年,城市地区小学教育的覆盖率为 107.4%,而农村地区小学教育的覆盖率却仅为 86.1%;城市地区中学教育的覆盖率为 96.2%,而农村地区中学教育的覆盖率仅为 81.1%。同时,还缺乏相应数据收集和指标衡量机制,缺乏信息的监测和评估管理体系,致使难以准确测量出教育覆盖率和实施高效的教育监管。教育部于 2013 年开始建设教育信息系统,在提供数据的同时,实现对学校层面、当地政府层面以及国家层面指标的分析。

对未被纳入教育体系的儿童以及辍学学生进行的调查研究显示,存在一定数量的儿童未被纳入教育制度体系。教育部官方统计数据显示,2011—2012 学年共计有 143 名儿童未上学。另外,儿童缺课现象也引起了广泛关注。世界银行和联合国儿童基金会进行的调查研究表明,教育阶段与缺课数量之间也存在一定的比例关系。例如,2011—2012 学年,小学生平均缺课 24 小时,中学教育阶段的学生平均缺课 65 小时。另外,城市地区的缺课情况要比农村地区更为严重,男孩缺课情况要比女孩更为严重,尤其是毫无理由的缺课现象。

大量农村地区儿童进入城市学前教育机构学习,导致农村地区学前教育机构招收儿童人数急剧下降。而中小学教育机构招收比例下降的主要原因是,居民收入群体的差异、有特殊教育需求儿童的招收问题以及为了家庭团聚而转学等,致使城乡之间儿童接受教育的情况差异巨大。中学教育机构相对较低的招收比例也引起了社会广泛关注，主要原因是学龄儿童登记制度不够明确，并且缺乏提高家长、教师、教育机构负责人以及地方公共教育制度招生管理人员责任意识的制度。

普通教育的特点在于学校的分布网络规模，但资源利用率低下这一现状，阻碍了对教育机构现代化及对必备的基本设施投资。与 1990 年相比，2012 年的学生人数减少了一半，但学校机构数量却只减少了 14.6％。学校学生平均人数自 1990 年的 437 人下降至 2012 年的 267 人。针对这一形势，摩尔多瓦教育部开始整顿学校的分布网络规模，并创建周边地区学校。2005—2013 年，共整顿 206 所普通教育机构，主要整顿措施为将高等学校改建为中学，或者将中学改建为小学。其整顿措施成果显著，结束了教育机构学生平均人数下降这一趋势。例如，班级学生平均人数自 2012 年 5 月的 19.2 人上升至 2012 年 10 月的 20.0 人。平均每位教师对应的学生人数也自 2012 年 5 月的 10.9 人上升至 2012 年 10 月的 11.2 人。

2013 年，所有中小学教育机构均依据学生人数进行财政拨款，从而促使财政资金重新分配的效率提高。而新的机制是建立在每名学生标准支出的基础之上的。新的教育财政资金分配措施能够平衡学生培养的成本，简化并加快财政预算规划进程，提高学校财政拨款的透明度，加强学校自治。在学校获得自治权力的情况下，教育机构行政机关在规定领域内可根据自身需求（包括投资支出等），自行分配学校财政资金。

新的财政资金拨款机制极大地提高了效率，更有利于学生人数多的学校，并激励地方管理机构重新整顿规模较小的学校或效率低下的学校。在摩尔多瓦，小学阶段学生人数小于等于 41 人的学校，或者中学阶段学生人数小于等于 91 人的学校，都被视为规模较小的学校。另外，根据 2012 年 10 月 2 日摩尔多瓦政府颁布的第 728 号政府决议规定，依据启用摩尔多瓦政府制定的每名学生标准支出比例，地区行政机构对普通中小学教育机构进行财政拨款，且这些教育机构学生的平均人数为小学生 23 人、中学生 46 人。

尽管从新的教育财政资金拨款机制中受益需要一定时间，但已预测到该机制将会带来的积极影响。在实施新的教育财政资金分配机制之前，教育机构的资金主要来自国家预算，而现在是由学生人数多的地区和学校掌握财政资金投资资源。2013 年财政预算执行情况的分析结果表明，用于基本投资的 1.324 亿列伊来自地方，共计在 483 所学校进行投资，其中包括对 191 所学校的礼堂、体育馆、教室、学校食堂、卫生间、宿舍、运动场等进行基本维修，对 82 所学校的门窗进行更换，对 78 所学校的屋顶进行基本维修，对 61 所学校的供暖系统进行维修等。同时，一些规模较大的学校则拥有足够的资金，不仅能够改善学校的基本设施，还能够对教育进程投资，以提高教学质量。例如，摩尔多瓦温杰尼地区的一些学校共花费 147.12 万列伊用于更换窗户、购置设备等。

由于教育机构的建筑设施状况不能为学生提供全面的安全和健康保护，所以今后在基础设施方面的投资仍然很有必要。教育机构绘制的统计图数据显示，41％的学校建筑设施需要进行基本维修，11.2％的学校在建筑设施方面配备斜坡道。学校建筑设施的供暖问题严重。约有 29％的学校未配备现代供暖系统，这对教学进程和儿童的身体健康状况影响很大。此外,大多数学校未连接中央供水系统,且学校建筑设施内未配备卫生间。近 10 年来,由于对优化学校网络分布规模的认识仍不够清晰,因此,投资相对有限,且集中在没有发展前景的学校。摩尔多瓦教育部积极鼓励使用建筑物保温装置,以发展更加高效的学校供热系统项目。

实行儿童寄宿照料制度体系改革有助于减少寄宿学校儿童的数量。另外,有特殊教育需求的儿童很难被纳入普通教育学校,其原因主要是普通教育学校既缺乏相应的条件,又存在来自个别学校领导、老师和家长的误解和抵制。

在摩尔多瓦教育部儿童寄宿照料系统中共有 3 088 名儿童。该系统共有 36 所寄宿机构,其中包括 10 所专门为孤儿和无家长照料的儿童所设立的寄宿学校;1 所儿童之家;2 所为患有精神心理活动失常、心血管系统以及关节疾病的儿童所设立的疗养寄宿学校;6 所专门为有身体和感官缺陷的儿童所设立的专门机构;17 所为有智力障碍的儿童所设立的寄宿学校。大多数有特殊教育需求的儿童,都是进入为有身体和感官缺陷的儿童设所立的专门机构和有智力障碍的儿童所设立的寄宿学校。据统计,有特殊教育需求的儿童人数正在减少,2007—2008 学年有 4 000 名学生,但在 2013—2014 学年减少为 1 700 名。此外,约有 3 500 名有特殊教育需求的儿童在 400 所普通教育机构学习。还约有 1 600 名有特殊教育需求的儿童,由于各种原因而无法上学,需为其进行个人家庭教育。

2007—2012 年,实施儿童寄宿政策改革,致使儿童寄宿机构减少了一半,其中与家人分离的有特殊教育需求的儿童人数约减少 62%。与此同时,摩尔多瓦政府建立并发展儿童以及有特殊教育需求儿童的社会服务,以多种解决方式为基础,反对将儿童留守在寄宿教育机构中。例如,集中对儿童及其家庭进行初步评估,为每名儿童制订个人援助计划,帮助离开寄宿教育机构的儿童重新融入家庭环境中,发展专业化的公共服务体系(如职业监护教育、家庭类型的儿童之家教育),以培养儿童的社会服务意识,并帮助这些儿童重新融入教育机构。在寄宿教育机构改革的背景下,关于教育财政资金重新分配的报告(2012 年 5 月 29 日摩尔多瓦第 351 号政府决议《关于批准寄宿类型教育机构改革框架下财政资金重新分配的报告》)促使财政拨款机制的实施,旨在将寄宿教育机构财政资金转向公共服务体系和家庭类型的儿童之家,促进教育的发展。

尽管摩尔多瓦教育部的政策以将有特殊教育需求的儿童纳入普通学校为导向,但是实施过程中仍存在一些问题。将有特殊教育需求的儿童纳入普通教育体系,需组建市级和区级的心理教育服务组织、学校多学科委员会,成立专门研究和实施个人教学计划的部门,引进专业教学教师,并将特殊教育纳入普通教育的教育资源中心进行教师团体培训。但将特殊教育纳入普通教育是一个漫长而艰难的过程。其影响因素主要在于缺乏必要的条件(如接受过教育特殊儿童培训的教师、基础设施以及相应的教学资料),同时也受到个别学校领导、教师和家长的阻挠。

约有一半的中学毕业生将进入高等学校继续学习。而其余的中学毕业生则走上工作岗位,但就业率仅为 12.8%。

中学毕业生可继续在高等院校学习,也可选择接受普通职业教育或普通专业教育。普通职业教育或普通专业教育需根据学生个人兴趣和能力,提供职业和专业的选择机会。2012 年的 38 600 名中学毕业生中,46.5% 的学生选择继续在高等院校接受教育,21.4% 的学生选择在普通职业教育机构接受培训,19.2% 的学生则选择在普通专业教育机构继续学习。中学毕业后,不再接受教育的学生人数自 2007 年的 18.7% 下降至 2012 年的 12.9%。但从年轻人就业水平较低这一形势考虑,应将义务教育扩大至全面普通教育和普通职业技术教育。

普通职业教育和普通专业教育对学生的吸引力不强,但却消耗国家大量财政资金。普通职业教育和普通专业教育机构网络分布规模过大,且结构设置陈旧,导致资金支出不合理。同时,普通职业教育和普通专业教育机构的毕业生失业者人数已超过失业总人数的三分之一。普通职业教育和普通专业教育机构与经济环境之间的合作联系十分薄弱。

在过去 20 年间,对普通职业教育和普通专业教育的需求急剧下降。1990—2012 年,由于人口减少、经济衰退以及高等教育院校实施扩招,高等院校的学生人数增加了一倍,而普通职业教育和普通专业教育机构的学生人数减少比例已超过 57%。

与财政拨款不断增长的情况相比,普通职业教育机构登记在册的学生人数却不断减少。2006—2011 年,在普通职业技术学校培养 1 名学生的总费用增长了 2 倍,在专科院校培养则增长了 1 倍多。但费用使用效果甚微。例如,2012 年持有普通职业教育和普通专业教育学历的失业人数达到 25 100 人,占失业总人数的 37.1%,超过了持有高等教育学历(失业人数为 15 900 人)、中等教育学历(失业人数为 15 300 人)和普通中学教育学历(失业人数为 10 200 人)的失业人数。

67 所普通职业教育机构的基础设施仅使用一半,平均每所机构的学生人数为272 人,但每所机构能够容纳 500 至 600 名学生。在人口减少的宏观背景下,保留大量的教育机构,且教育资源不能充分利用,则导致教育资金支出不合理,并对教育质量投资产生不利影响。此外,现有的基础设施在材质和功能上都已经过时,且教育机构网络分布主要集中在摩尔多瓦北部和中心地区,教育机构教学侧重面与其分布地区社会经济特征并不相适应。普通职业教育和普通专业教育机构的基础设施不适合为有特殊教育需求的学生提供学习机会。

普通职业教育和普通专业教育机构的技术设备并不能满足劳动力市场对培养专业技能需求,并且,推进技术设备现代化还需要大量的资金投入。普通职业教育和普通专业教育机构同企业合作,共同使用先进技术设备,实施联合培养学生这项具有广阔前景的重大举措,但其合作具有不确定因素。

2013 年 1 月摩尔多瓦政府批准了《2013 至 2020 年职业技术教育发展战略和战略实施规划》,为普通职业教育和普通专业教育制度的结构、内容以及现代化改革做出相应规定。目前,这项改革正处于实施的初始阶段。

20 世纪 90 年代,高等教育机构的学生人数急剧增加,之后学生人数开始逐渐下滑。由此可见,高等教育人才专业培养的结构性仍存在不平衡的问题。

20 世纪 90 年代,高等教育机构的学生人数翻了一番,然而近年来,学生人数不断下降。2013—2014 学年初,32 所高等教育机构学生人数共计 9.73 万人,同 2007—2008 学年相比,学生人数减少 20.9％(但学生人数仍是 1990—1991 学年的 1.8 倍)。因此,在 2013—2014 学年初,平均每一万人中有 273 名大学生和 70 名拥有高等教育学历的毕业生,但在 2007—2008 学年,平均每一万人中有 344 名大学生和 56 名拥有高等教育学历的毕业生。在过去的 5 年中,高等教育机构毕业生人数并未显示稳定增长,这是由于高等教育经历了两个周期,并实施博洛尼亚进程之前的高等教育模式(4 至 5 年教学,未按周期划分)。

同时,高等教育机构不适应于现代教育,更不能满足有特殊教育需求学生的需要。例如,这些高等教育机构都尚未对行动不便的学生进入教学大楼和宿舍配备相应的基础设施,也缺乏特殊教学的技术设备以及特殊教育需求学生个人导向的教学计划。因此,技术设备基础不完善,难以应用新的教学技术,无法将市场认可的研究贯彻到实践当中。

经调查研究发现,在 2012—2013 学年,经济科学领域的学生人数所占比例较高,达到 24.5％;其次是教育学(教育科学)领域,达到 14.4％;法律科学领域为 14.0％;工程技术与活动领域为 11.0％。

吸引儿童和青年参与决策的进程尚需完善。在家庭、学校和社会中每个孩子的权利往往被忽视,难以真正得到实施。

关于遵守联合国《儿童权利公约》的报告显示,儿童以及维护儿童权利的工作人员认为,儿童参与学校决策进程仅仅是形式化要求,且儿童意见往往被视为无足轻重,得不到重视,并认为在学校和社会中儿童对决策的影响微乎其微。

尽管有事例表明儿童的意见在学校中受到重视,但这些事例仅仅是个案,并不长久,也不系统、完整。因此,根据 2013 年的摩尔多瓦儿童和青年参与决策议定书规定,若要改变对儿童参与决策的认识,使儿童能够在各个层面参与决策进程,就必须在每所教育机构中建立儿童咨询机制,以引导教育机构管理者促进儿童参与决策进程。

儿童暴力事件发生率仍相对较高,并且并非所有儿童暴力事件都获报道。虽已批准裁定、预防和报道虐待儿童行为的相应程序,但其具体实施仍需要相关培训程序支持。

尽管研究表明,儿童暴力事件发生率较高,但许多暴力事件并未得到报道。摩尔多瓦儿童暴力事件(2007 年)的官方数据表明,有 25％的儿童承认遭受家长身体暴力,同时有 10％的儿童表示了解性暴力事件。该研究还表明,有 1/3 的儿童表示受到教师的语言暴力,有 13％的儿童受到教师体罚,10％的家长了解有猥亵儿童或对儿童实施性暴力的教师。此外,约有 24％的儿童承认受到教师歧视,特别是低收入家庭的儿童。许多发生在学校的儿童暴力事件未得到相应报道,其原因在于教育体系工作人员不清楚裁定和报道程序,学校管理缺乏必要的监督设备。

2012 年 2 月 22 日摩尔多瓦教育部第 77 号命令,在制度上规定了当发生儿童暴力、歧视儿童、贩卖儿童事件时,教育机构工作人员应采取相应的干预措施,并保障幼儿园和学校加强学生对暴力事件的辨别、预防和认识。按照既定程序,任一教育管理机构和教学机构都应任命相应负责人,以协调实施保护儿童的相应措施。其职责在于,培训教育机构工作人员,与当地的监督小组建立密切联系,监督和报告儿童虐待和儿童无人监管事件,并在学校层面采取相应行动。在此规定的基础上,2013年对教育管理部门专家、学校校长和教导主任进行了培训。

在劳动力市场上,出现供求关系严重失衡、高等技术劳动力短缺的现象。对就业领域和失业结构的分析表明,教育制度并不能满足劳动力市场需求,无法提供劳动力市场所需的职业技能。

劳动力人口移民以及人口下降,导致劳动力就业水平明显下滑,自2000年的54.8%下降至2013年的39.3%。虽然2013年的失业率仅为5.1%,但是,这一指标并不能充分反映国民经济状况。另外,因高薪职位数量相对较少,且人们对需求产生负面影响,致使人们相对于寻找工作,更愿意处于失业状态,或者是出国工作,以期得到更高的薪水。

最新商业环境质量研究表明,缺乏高等技术劳动力已成为制约企业发展的重要因素,且有66.7%的企业表示正面临这一问题。尤其是经济领域代表特别强调,普通专业技术教育机构的毕业生专业知识和综合能力不足,难以满足企业需求。此外,部分职业学校仍在培养学生劳动力市场上没有需求的职业技能,并且有52.2%的受访公司指出,年轻员工的工作热情不够积极。劳动生产率低下,商品和服务质量不高,因此形成了恶性循环,也从而决定了员工微薄的薪资待遇。

即便没有明确的指标来衡量教育的相关性,也依然可以证实,劳动力市场同教育体系之间存在着扭曲的关系。对就业人口年龄段和受教育程度的结构分析显示,在25至34岁年龄段,有36.3%的就业人员仅拥有小学或普通中学学历,并且未在教育机构进行相应的职业培训便踏上工作岗位,但接受过职业培训的学生却找不到专业对口的工作。2008年的青年就业市场情况报告显示,有32.4%的毕业生表示,第一份工作与其所学专业不对口。职业学校的毕业生比普通专业教育机构和高等教育机构的毕业生失业问题更为严峻。

教育培训项目内容超负荷,项目内容无法保障个人发展与社会的相关性,并且职业教育机构在教育进程中难以贯彻实施。

1997—2001年,对大学预科教育课程进行改革,但并未实现向建立现代教育体系模式转型的目标。经过短期的课程改革试点后,在教育人才培养项目的监督和支持下,于2006年出台了新的课程文件,其中以减负为标志,减少课程理论内容。但无论是2006年,还是之后的课程改革阶段,都未真正进行减负。2010年对课程的重新修订侧重于引入能力的概念,从欧洲教育文件规定的关键能力到教学机构课程培养的特色能力以及所谓的准关键能力。这一概念在学术领域和学校层面引起广泛争论。

教育机构的领导、学生、家长以及各种非政府组织研究所的关注焦点:

1. 深奥的课程理论。

2. 各层级所规划课程内容的相关性和实践应用性较低,对于学生终身学习以及在个人、社会和职业层面明确定位收效甚微。

3. 过于依赖知识成果的最终正式评价,不利于综合能力的评估。

4. 创业和生活技能不足,不能使用母语和外语正常交流,缺乏解决问题和实现团队合作的能力,并难以对个人教育进程进行自我规划与管理,不能高效地使用信息技术和资源等。

5. 缺乏帮助学生毕业后建立理想职业规划的咨询和辅导制度。

计算机设备陈旧且不完善,严重影响学生对信息通信技术的了解。在教学管理过程中,互动教学法和信息通信技术设备使用频率低,难以实现教学质量目标(如培养年轻人适应劳动市场需求,促使其追求理想的社会经济生活)。2012—2013 学年,在教育体系中共有 35 584 台计算机。摩尔多瓦教育体系中不仅计算机设备不完善(例如,同欧盟最多只有 3 名学生使用一台计算机相比,摩尔多瓦约 15 名学生使用一台计算机),而且计算机耗损严重。据统计,其中约 50% 的计算机是老一代计算机。此外,摩尔多瓦是从 7 年级开始教授信息通信技术课程的,而在绝大多数欧盟成员国中,小学就已经以某种形式开始了信息通信技术的教学。

互动教学法和信息通信技术设备在教学进程中并未广泛应用。2012—2013 学年,仅有 6 061 台计算机应用于教学进程。为了使信息通信技术更加深入地融入教学进程,约 140 所学校为基础学科配备了专门软件。但教师应用信息技术设备动力不足,且教师信息通信技术领域的培训制度不完善,致使对这些设施的应用程度不同。

在普通教育机构教授计算机科学的 1 400 名教师中,有 50% 的教师在精确科学领域接受过教育,仅有 36% 的教师在信息教学领域接受过教育。大多数教师未参与继续教育和提高教学技能的培训活动,因此通常难以适应信息教学课程。7 至 9 年级的课程并不符合欧洲的教学要求,其所教授课程不做任何区分,且难易程度远高于联合国教科文组织和欧洲学校理事会的要求。

在学校管理层面,仍以传统的交流方式为主,如印刷在信纸上的会议文件等。在学校管理中应用信息通信技术将有效节约时间,降低成本。同时,信息通信技术的应用也能够提高教育进程中教师管理的透明度,创建班级电子记录簿,制作并分发教学内容以及家庭作业的电子版,以供学生和家长查阅。

由于缺乏国家资格认证框架体系、明确的职业培训方向和就业标准,因此,各级教育无法培养学生具备劳动力市场所需的专业能力。

国家资格认证框架体系规划并区分了各级教育的教学成果,并成为劳动力市场所需专业技能人才的主要环节,目前正处于研究、制定当中。高等教育同样需制定和采用国家资格认证框架体系,并应将其扩展到其他职业培训领域,如艺术、教育、科学等。教育其他层次的国家资格认证框架体系,目前正处于研究、制定的初级阶段。所有项目都应与欧洲资格认证框架体系的规定和国民经济结构最新变化相适应。

在普通职业教育和普通专业教育中,现有的领域、专业和职业方向决定了教育项目招生计划以及教育机构所培养的职业技能水平。但当前这些领域、专业和职业方向却都已过时,既不能反映劳动力市场的需求,也不符合欧洲资格认证框架体系和国际技术资格等级评定体系的标准。尽管专科院校的地位在2003年发生了变化,且职业技术院校所教授的专业范围也逐渐变窄,有些(如剔骨工、炉工等)甚至已经消失,但是普通专业教育机构仍以高等教育体系职业教育培训制定的教育目录开展教学工作。普通职业教育和普通专业教育系统所提供的培养项目和专业技能都尚未按等级进行明确划分,对学生没有吸引力,对企业主不具有现实意义,也因此减少了毕业生的就业机会,同时阻碍其学术和职业的流动性。

对职业分类标准的研究、制定仍处于初级阶段。由私营部门参与的行业委员会研究并制定了职业标准,并规定了就业所必备的知识与技能。目前仅成立了4个行业委员会,包括农业和食品工业委员会(成立于2009年)、建设委员会(成立于2008年)、交通和道路基础设施委员会(成立于2012年)、信息通信技术职业培训委员会(成立于2012年)。行业委员会在工作过程中会面临一些困难,如缺乏明确的法律地位,并且职权有限。同时,由于研究、制定职业标准的方法过于复杂,许多国家已经采用易于操作的浮动就业标准。鉴于当前情况,仅制定完成6个职业标准,其中有4个标准为建筑领域(油漆粉刷工、卫生管道钳工、混凝土铁匠和泥瓦工),2个标准为农业和食品工业领域(糖果点心师和葡萄种植工人)。

失业人员的职业培训和进修课程面临着与初期教育同样的问题。尽管高级技术劳动力短缺,但仍未建立任何对劳动者在正式或非正式培训机构所获技能、经验、资格等级的认证机制。此外,对于移民在摩尔多瓦教育体系之外获得的技术等级证书将不予以承认。

失业人员的职业培训和进修课程主要由现有的职业培训机构提供,同正式的教学课程一样也面临着相关性较弱的问题。国家就业局通过教育机构、工会教育中心、国有经济部门教育中心、商业机构、非营利性组织等为失业人员和其他类别人员(如需要进修的人员)提供职业培训课程。此外,根据职业名称设置职业培训课程,但在普通职业教育体系中对于人才培养而言,这些职业名称所反映的职业分类,在一定程度上已经过时。

在非正式培训期间所学的经验与技能,对于一定的职业而言是不可或缺的,但并不适用于求职,因为通过正规教育系统以外的培训所学的技能难以得到证实,而认可个人在非正式渠道中所获得某一领域的经验,是提高就业水平的重要因素。因此,有必要建立能够确认证明个人专业能力的制度体系,使其经验、能力得到官方认证,并在劳动力市场更具优势。目前,除了高等教育机构以外,尚未建立任何机制以承认移民在国外获得的专业技能资格。

已经研究并制定了儿童从出生到7岁的发展标准以及早期教育课程,但教育工作人员在教学活动设计中却未能有效地贯彻实施该战略文件。

尽管已经研究并制定出儿童从出生到 7 岁的发展标准、早期教育系统中教学人员的职业标准以及儿童的教学课程和教学方法，但是教育工作人员却不能很好地将其应用于教学活动设计中，也因此对早期教育质量产生不利影响。所以，有必要直接在工作地点建立年轻教育工作人员高效的继续教育体系，如建立早期教育服务质量监督和评估制度。

另外，在日常教学实践中未能有效地实施以学生为中心的教学互动方法。在学前教育机构中，许多教学人员都在教学过程中使用小学教学所特有的方法，从而"悄悄地"将幼儿园变成小学。但从以儿童为核心的学前教育原则出发，这是不合理的。因此，必须重新审定小学 1 年级的教学方法，更加重视儿童游戏的重要意义，以保障教育的连续性。

教学成果的监督、评估和质量保障体系不应与能力培养的课程设定、国际评估项目的要求结合在一起。

在普通教育体系中，教学成绩不断下滑。2013 年，学士学位考试成绩的平均分仅为 6.11，同 2008 年的平均分数 7.71 相比，明显下降。目前学校所展示的评估与最终评估结果并不一致。在此形势下，2013 年的情况成为典型。在高中学习阶段，约 42% 的学生平均分数不低于 8 分，但在 2003 年的学士学位入学考试中，却仅有 8% 的中学毕业生平均分数不低于 8 分。此外，与 2009 年 95.78% 的考试成绩好评率相比，2013 年的好评率已下降至 68.17%。此外，学生成绩下降在一定程度上还受严格惩戒考试作弊行为和自 2010 年实行的数据自主处理系统影响。数据自主处理系统能够保障信息安全、优化监控进程。因此，普遍认为考试评估制度现代化和进一步优化评估制度与学校课程的关系是十分必要的。

国际学生评估项目对摩尔多瓦学生的评估结果不理想，这充分显示出教育系统教学质量存在隐患。2009 年国际学生评估项目对摩尔多瓦年满 15 岁的学生的评估结果显示，在阅读、数学和科学领域，摩尔多瓦的学生位居该地区排名的末尾。摩尔多瓦与邻国之间教学成果的差距，相当于两年的教学周期。国际学生评估项目测试数据显示，参加该测试的年满 15 岁的学生中，有一半以上未达到积极高效参与社会经济生活所必需的基础数学能力的基本水平。该结果表明，需继续加强教学课程、学生和教师评估以及教学质量的改革力度，拓宽改革范围。

教育标准不健全，现有的教育标准得不到合理应用，严重限制了建立以成果为基础的教育体系。2010 年研究并制定的教学标准对于教师而言，其教学效率不能满足现有教学活动的需求，且大多数教师，对其运用并不了解。对于学校而言，2013 年通过的教学质量标准对儿童有益。但为了使该文件成为教学机构质量评估的现实标准，则必须对教师以及教育体系领导实行培训。由于教育体系中缺乏教师和管理人员的职业标准，因此，难以对各自的成果进行相应的评估，也难以建立以成果为基础的薪酬制度。

在中学教育系统中未建立对教学机构以及教育工作人员监督和评估的委托机构，严重阻碍了提高教学质量的进程。并且现有的检查制度仍不够完善，依旧沿袭苏联时代的模式。市教育局以及摩尔多瓦教育部对教育机构的检查更为正式,其检查结果更为严肃,且多是监督和惩罚,而并非评估和支持。尤其是进行检查的专业人员并未接受过相应的职业培训,有时其教学培训程度甚至要低于被评估的教师。

学生和企业主的职业培训质量低于预估水平。教学成果的评估和认证机制不完善、效率低下,并存在腐败的潜在问题。因此,在各级教育系统中教学质量保障体系难以真正发挥作用。

在普通职业教育和普通专业教育体系中,毕业生的评估和认证都不具有可信度。因为缺乏相应的方法和衡量尺度,难以对学生进行客观的评估。同时也缺乏与劳动力市场相适应的教育目录、国家资格等级认证体系和职业标准。这些将决定高等技能劳动力应具备的知识和技能水平。最终考核也已成为毕业考试,具有主观性强、透明度低的特点,难以激励学生和教师取得更好的成绩,并且学生所获得的考核证明文件也难以得到就业市场的信任。初进职业教育领域的教师和专家往往不具备熟练的教学技能,而且有关继续培训和提高教学技能的进程仍尚未完善。此外,还缺乏资金支持。

近年来,对职业技术教育的一些专业课程进行重新修订,但缺乏对教育机构以及培训项目评估和认证的组织机构,难以提高毕业生的受教育水平。

在高等教育体系中,也仅仅是按照欧洲地区高等教育标准进行结构性改革,但因为缺乏相应的制度、程序和文化基础,因此高等教育质量和相关性较低,高等教育领域投资效率低下。

与高等教育体系实现现代化采取的一系列措施不相符的是,摩尔多瓦国家教育制度进程尚未完善,而欧洲国家早已完成。尽管摩尔多瓦博士学位已经成为高等教育的第三部分,但尚未形成体系,无法像欧洲高等教育体系一样正常运行。学术流动重在形式,大学自治也尚未成熟。改革的被动性、模仿性以及将陈旧的内容强行置于新体系结构中的尝试,导致教育进程水平下降。因为仅仅对教育进行结构性改革,是无法达到欧洲教育质量水平的。

没有国家外部评估和认证机构,难以客观评估大学教育体系的质量。高等教育机构评估和认证条例规定高等学校认证有效期为 5 年(特殊情况下为 7 年),但在摩尔多瓦,存在大量高等院校尚未重新认证便开展相应工作的情况。

与此同时,高等教育机构同研究所、企业和劳动市场协调机制效率低下。高等教育机构科研潜力数据分析显示,在博洛尼亚进程所规划的改革尚未完成期间,高等院校的科研工作被严重忽视。高等院校在很大程度上仅成为提供高等教育、培养毕业生以及复现社会结构的机构。因此,高等院校不再承担知识和能力创造者的角色,不会投入大量的资金和精力进行科研工作。2012 年,国家在科学和创新领域共投入 3.025 亿列伊作为基本资金,高等院校仅得到 4 940 万列伊资金,占 16.3%。高等教育体系的资金不足,动摇了高等院校的信心(物质基础建设、人才引进、对成就或努力进行奖励等)。资金不足导致行政层面的不良运作:科研学术人员研究任务超负荷。

1996—2012 年,摩尔多瓦各个领域科研小组科学研究成果产量的变化进程表明,摩尔多瓦出版的科学刊物在许多科学领域影响力很弱,或者在一些科学领域直接没有摩尔多瓦科共和国科学刊物的影子。在摩尔多瓦高等教育体系中存在这些科研领域,我们期待相关专业的科研结果早日问世。在人文艺术科学、经济学、口腔学、地理科学、能源科学等领域科研成果产量较低。更为重要的是,2006—2012 年,能源领域是战略优先研究领域之一,同时也是 2013—2020 年战略研究的优先方向之一。值得注意的是,一些研究团队仍致力于化学、物理学和工程学领域研究,并未受到资金缺口的影响。

教学和科研活动的社会威望较低,工作薪水微薄,难以激励大学生加入学术研究队伍,进行科学研究。在摩尔多瓦科学创新领域,小于 35 岁科研人员的比例为 22%。在普遍兼职参与高等教育机构的科研项目中,年轻科研人员占 27%。在欧盟科研潜力平均分布图中,摩尔多瓦年轻科研人员所占比例低于欧盟平均水平。并且,摩尔多瓦科研形势将进一步恶化,四分之一的科研人员已经退休或即将达到退休年龄。

教育工作人员的职业技能及其发展并未与教育制度的变化相互协调。

教育工作人员能力水平的下降,对教育质量产生不利影响,不利于社会和知识型经济的发展。教育体系中人才资源质量下滑是多个因素造成的。经济的不稳定性和人口变化,导致劳动力资源外流,教师社会地位下降,造成了教育行业的不景气。

在教育行业缺乏公平的薪金制度,同其他工作人员相比,专家能力水平的差异以及教导员受到的不平等待遇在教育进程和教学成果方面都引起了许多问题。

学前教育机构的工作人员的职业能力已经过时。截至 2013 年 1 月 1 日,共计有 12 532 名教育工作人员参与学前教育机构教育进程。其中,92.0% 的教育工作人员进行教学活动,但仅有 46.5% 的教育工作人员拥有高等教育学位。58.3% 的教育工作人员具有 15 年以上的工作经验,但仅有 44.2% 的教育工作人员具有教学法学位。这足以证明,当前教师的专业能力存在明显问题。

同其他教育工作者相比,教导员受到不公平对待。学前教育机构教导员的工作量为每周 35 小时,比小学教师多 15 小时,比初中和高中教师多 17 小时。教导员的假期为 42 天,比中学和大学教师少 20 天。教导员的最低工资为 2 000 列伊,而小学教师最低工资为 2 200 列伊。以上所有的不公平待遇都对学前教育机构人员的工作积极性产生负面影响,不利于高等院校毕业生投身于教育事业,同时,易造成教育人员流失。

普通教育体系的教师人数不断下降,但下降速度比学生人数下降的速度要慢得多。在当前形势下,2000—2013 学年,师生比从 1∶15 下降至 1∶11。与此同时,在过去的十年里,教师行业迅速衰微。2012 年,18.7% 的教师达到退休年龄,而 2002 年仅有 6.8% 的教师达到退休年龄。2005 年批准的"国家青年教师支持计划"旨在改善当前教育制度形势,但收效甚微:分配至各教育机构的青年专家中 20.0% 在教师补贴期满后离校。尽管如此,在过去的两年中,这一比例在仍不断下降,2010—2011 学年下降至 10.0%,2011—2012 学年达到 2.3%。

教师年龄不断增长,但其专业技能却未得到相应提高。拥有普通教学学历的教师比重为 8.6%,拥有更高教学学历的教师比重仅为 2.1%。大多数拥有普通教学学历或更高教学学历的教师在普通教育机构工作,并且大多数人已达到退休年龄或即将达到退休年龄。已经调查明确:71.6％普通教育机构负责人并未取得管理学位。新进入教育体系的年轻教师水平较低:教育专业是通过分数最低的专业之一,师范类高等学校以及普通师范专业教育机构毕业生平均分数仅为 7.80 分,因此这一形势将会加剧。

尽管大量教师在师范教育机构接受过培训,但人才短缺的情况依然存在。2013 年,师范类教育机构毕业生为 3 176 人,同 2012 年相比增长约 30％。尽管教师人才缺口达 1 052 人,但仅有 781 名毕业生求职于教育机构。而且并非所有的通过者都会最终接受教育机构的工作。

继续教育教学大纲不能满足教师的需要。提供继续教育服务的机构必须推进教学进程以及教学实际评估的现代化,旨在培养发展教师保障高质量教学进程所需的专业能力。

从课程发展的角度出发,需要将重点从知识的培养转移至专业技能和能力的培养(通过增加教学实践和深化教学技术和方法,以提高教学进程的效率)。此外,在国立高等教育机构中,教师初期培训的教学计划中并未包含教育机构管理,因此缺乏对教育机构管理人员相应的培训。

教师队伍和教育管理人员的鉴定考核是当前职业晋升的重要因素,但其运行机制已经过时。以教学成果为导向的现代评估制度是不可或缺的,其旨在保障评估结果的客观性以及推进教师队伍和教育管理人员评估制度的现代化。现代评估制度借助于职业信用体系,以教学技能和职业操守为基本原则,改善鉴定考核进程,提高教育专业技能等级资格认定的透明度和客观性。

对教师职业缺乏兴趣降低了致力于研究教育专业博士的质量水平。在职业技术教育体系中,专业学科的教师通常不具备必需的教学技能。缺乏相应的教师引进和激励机制,教师和科研人员成果鉴定考核效率低下。

教育工作者往往未具备应有的专业技能。2012 年,在学前教育机构中,有 47.2％的教育工作者拥有普通专业教育学历;在普通教育体系中,教育工作者拥有高等教育学历的比重为 87.1％;在普通专业教育领域中,相应的比例达到 93.8％。在高等教育机构中,拥有博士学位的教师为 2 700 人,占 44.2％。

近 3 年来,拥有普通职业教育学位的教师人数有所增加。应该指出:大部分教师知识丰富,教学技能精湛,但却从未投入教学实践中。普通职业教育机构教师的平均年龄为 52 岁。一系列报告表明,近 10 年来,大多数教师并未参与继续教育活动。

在财政自主的条件下,教育机构管理者的角色发生改变,从教育进程管理者转变为整个教育机构系统的主管人。然而,教育机构负责人的选拔任用机制尚需完善,难以有效地选聘专业能力超群的管理人员。

随着教育领域的结构性改革,教育机构管理人员的职能发生了变化。教育机构负责人既要保证教育发展的质量,同时也如同企业经理和财务总监一样管理教育机构工作人员,承担教育机构战略规划以及财政资源分配的责任。尽管结构性改革针对普通教育制度,但是该声明适用于所有国家教育机构,高中教育、普通职业教育和普通专业教育机构。由于教育机构成为具有管理人力和财力资源的法人机构,因此管理人员的聘用机制的重要性不言而喻。

到 2010 年,根据行政指令任命教育机构负责人这一不合理措施得到终止。

这种未经选拔、任期不明的任用制度,难以激励教育机构负责人进步与发展。目前,在 582 所教育机构(高中、寄宿学校、职业学校和独立学院)中,170 名负责人(占比为 29.2%)任期不明。这种情况导致缺乏对教育机构负责人需获取相应成果的责任制度。因此,建立透明和公正的教育机构管理者选拔机制的同时,应改变教育机构负责人任期不明的法律基础。

摩尔多瓦缺乏符合欧洲高等教育标准(ESG)的内部和外部质量保障机制,导致对其教育成果的信任度低,阻碍了学术交流和专业人员流动,造成高等教育体系惰性发展。

摩尔多瓦教育质量水平普遍较低。缺乏有效的评估、监督和报告制度与机制,以及教育系统各级质量管理能力不足,导致了教育质量和教育相关性水平较低。

大多数高等教育机构已经建立起学校内部质量管理体系。然而,质量管理体系仍存在一些制度性问题,如高等院校人才引进管理能力不足;在质量保障体系方面对受益人定位不明确;教育工作人员对质量管理体系的心理反应、态度以及行为不积极;内部和外部合作沟通不畅;对实验室设备、信息技术和多媒体设备的财政投资有限;国家教育质量保障体系的投资项目和计划不足。

第四部分　战略理念

欧洲各国普遍认为,重视各级教育是欧洲取得进步的主要因素之一。当今世界瞬息万变,终身学习的必然性和优先性越来越受到重视,这同时也是就业以及经济发展的关键因素。终身学习赋予了个人全面参与社会公共生活的机会。在每个欧盟成员国都对本国教育体系高度重视的情况下,欧盟教育政策规划旨在支持各成员国教育实践,并应对欧盟教育体系共同挑战,如社会老龄化、劳动市场缺乏专业技能资格认证以及全球竞争。以下为欧盟教育政策的长期战略任务:

实现教学实践中人员流动和终身学习。

提高教育发展的质量和效率。

促进平等,增强社会凝聚力,激发积极的公民意识。

激发创造力和创新精神,包括各级教育系统中的创业精神。

在知识型社会中,由知识、技能和全人类共同价值构成的关键能力对于每一个人而言,都发挥着重要的作用。关键能力能够为劳动力市场上的求职者建立优势,提高灵活性和适应力,增加成就感,激发潜能,并且能够增强社会凝聚力,激发积极的公民意识。由于所有公民重视关键能力,2006 年 12 月 18 日,欧洲议会和欧盟理事会通过了关于终身学习关键能力的决议。该决议是欧盟国家的基本教育文件,旨在保障将关键能力完全贯彻于涉及每一个国家的教育政策体系和战略中,特别是涉及终身学习的教育政策。在摩尔多瓦参与欧洲一体化的背景下,应将欧洲关键能力体系贯彻到摩尔多瓦国家政策和战略中去。

第五部分 战略方向

一、教育的普及性和平等的机会

(一)提高教育的普及性和终身职业培训的水平

参与教育进程和职业培训取决于多重因素,包括社会经济因素,以及从早期教育开始的参与教育进程的程度。正在进行的分析表明,影响受教育者参与教育进程的障碍千差万别。这些障碍并非相互排斥,而是相互影响、相互强化,进而促使个人及其家庭放弃参与各级教育进程。不同的障碍相互交织,确定了以下的具体任务,旨在提高终身教育的参与水平和普及度。

具体任务一

扩大优质学前教育的普及程度,旨在使 3 至 6 岁学龄儿童教育覆盖率自 2012 年的 82％上升至 2020 年的 95％,6 至 7 岁学龄儿童教育覆盖率自 2012 年的 92％上升至 2020 年的 98％。

优先措施:

1.完善所有儿童早期教育政策,以及在国家、地方、教育机构和家庭层面公平享有优质教育服务的政策。

2.根据地方需求更新和建设学前教育机构,推进学前教育机构分布网络发展和现代化,以保障所有儿童享有优质教育。

3.根据发展领域尽早明确有特殊教育需求的儿童,研究并制订相应的干预机制和方案,旨在帮助儿童恢复健康。

4.推进早期教育服务多样化,旨在更好地满足孩子的个性化需求以及当地需要。

5.通过提供综合性服务,加强教育、卫生和社会保障之间的合作,为早期教育服务提供系统的方法。

6.支持社会弱势群体,如地方社区、机构、家庭,以保障参与早期教育项目。

具体任务二

保障提供十二年普通义务教育(中学或普通职业教育),至 2020 年,19 岁以下人口义务教育覆盖率达到 100％。

优先措施:

1.实施提高家庭、地方公共行政机构、地方社区和教育机构责任的方案,保障所有儿童都能享有优质教育。

2.研究、制定并实施预防和降低辍学率的措施。

3.建立教育机构入学监督制度。

4.改善教育进程,保障受教育者肯定自我价值以及培养其个人、社会和职业发展所必需的技能。

5.扩大心理教育服务和职业咨询服务范围。

6.推进课外活动多样化。

具体任务三

提高职业技术教育的吸引力和普及性。到 2020 年,职业技术教育体系学生比例将上升 10％。

优先措施:

1.根据区域社会经济发展情况,合理规划职业技术教育机构分布网络,并推进其现代化。

2.研究并制定合理的法律基础,旨在鼓励经济领域代表参与对国家经济发展举足轻重的领域的初期和继续教育培训。

3.为职业技术教育机构提供相应的基础设施,培养与所从事的职业和行业高度相关的实用技能。

4.为职业技术教育机构学生宿舍配备充足的基础设施,提供相应的生活条件,以提高职业技术教育的吸引力。

5.在职业教育不同阶段以及技能资格等级培训项目中,保障受教育者之间相互交流。

6.研究并制订激励职业技能水平较低的工作员工参与普通职业和普通专业教育的方案。

7.研究并制定通过正式或非正式教育获得的技能资格认证标准。

8.根据有特殊教育需求的人的个人情况和能力,为其提供参与职业技术教育的机会。

9.保障职业技术教育领域同其他领域政策的关联性。

具体任务四

在国家社会经济发展举足轻重的领域中,提高高等教育体系的录取比重,使 30 至 34 岁居民中大学毕业生比例至 2020 年达到 20％。

优先措施:

1.提供相应的法律基础,以保障加强劳动力市场所需技能同技能资格等级认证体系之间的关系。

2.研究、制定并实施学分转换系统和财政奖励制度,以增加受教育的机会。

3.研究并制定合理的法律基础,以促进开展多种教育形式(开放型教育、远程教育、混合型教育)。

4.扩大教育普及的社会层面,保障有特殊教育需求和社会弱势公民享有教育的机会。

具体任务五

终身学习教育体系扩大并多样化,至2020年10%的25至64岁居民将参与教学培训项目。

优先措施:

1.在欧洲教育框架下研究并制定合理的成人教育法律基础。

2.研究建立成人教育体系财政拨款机制。

3.研究并制订终身学习方案时,应优先发展关键能力:信息技术能力、企业管理能力、语言交流技能、跨文化交往能力。

4.建立专门应用于终身学习的信息系统。

5.研究并制定应用于终身学习项目下的专业技能资格认证工具,并采用学分转换工具。

具体任务六

在教育系统层面提倡和保障包容性教育。包容性教育体系中每年至少增加10%有特殊教育需求的儿童。

优先措施:

1.协调国家发展包容性教育法律基础与欧洲该领域相应的准则,以保障每名儿童、青年以及成年人(包括有特殊教育需求的人)获得优质教育。

2.提高在家庭、地方公共行政机构、地方社区和教育机构层面包容性教育的作用,以保障所有儿童平等地享有优质教育。

3.2011—2020年,摩尔多瓦实施开展包容性教育的国家项目和行动规划。

4.教育体制的结构、形式、职能等建设或重组,旨在为有特殊教育需求的儿童发展提供必要的心理辅导。

5.为摩尔多瓦教育机构实施包容性教育提供相应的基础设施和物质条件。

具体任务七

封闭式教育机构的儿童重新融入社会教育体系,以减少封闭式教育机构儿童人数,至2015年减少25%,至2020年减少50%。并且,封闭式教育机构于2015年不少于20%,于2020年不少于25%转变为普通教育机构。

优先措施:

1.特殊教育需求的儿童寄宿教育机构制度体系的改组整顿。

2.将被整顿改组的寄宿教育机构的财政资源转向其他社会和教育服务。

具体任务八

提供相应条件,采取相应行动,以降低中小学辍学率,至少每年下降10%。

优先措施：

1. 研究、制定并实施降低中小学辍学率的国家方案和行动规划。

2. 研究和提倡跨部门联合机制，以预防和减少学校辍学现象。

3. 组建相应机构，向家长解释、阐明教育的必要性、将儿童纳入义务教育体系以及继续教育的必要性。

4. 完善学校入学率和学校绩效的监督体系。

具体任务九

为少数民族和国外移民社会语言融合提供有利条件。

优先措施：

1. 研究、制定并实施国家方案和行动规划，以提高少数民族语言教育机构罗马尼亚语教学质量。

2. 通过实施符合欧洲外语水平制度的规定，推进少数民族语言学校罗马尼亚语言和文学教学的现代化。

3. 增加学校罗马尼亚语的学科数量，以支持外国学生的社会语言融合。

4. 在教育体系中，研究、制订并实施跨文化教育方案和行动规划。

5. 监督、评估和优化对外罗马尼亚语教学课程方法的实施进程，保障罗马尼亚语对外教学的质量。

具体任务十

发展职业咨询和职业生涯规划服务。

优先措施：

1. 在国家教育体系下发展职业咨询和规划服务。

2. 在普通教育系统、小学教育和继续教育体系中提供职业咨询和规划服务。

3. 支持发展提供职业指导和职业生涯规划服务的机构分布网络。

具体任务十一

保障安全的校园环境，预防儿童暴力。对遭受暴力的儿童，应及时介入以确认、证实，并给予儿童帮助和关怀。

优先措施：

1. 研究、制定并实施各级儿童保护政策，关注儿童权利、儿童发展机遇以及地方需求。

2. 研究并制定合理的教学方法，补充完善教师和教育机构管理人员的初期和继续教育培训。培训项目的主题涉及公共机构组织，以及教育机构工作人员对虐待儿童、忽视儿童、贩运儿童事件的干预。

3. 对教师和教育机构管理人员预防儿童暴力进行相应培训，并将儿童保护政策纳入教育进程之中。

4. 增强教育体系授权检查机构的职能，加强对儿童暴力事件的监督和报道。

5. 加强儿童、家长及社会成员对儿童暴力的认识，预防和及时报道儿童暴力事件。

二、保障教育同公民生活与职业发展的相关性

国家的经济竞争力在很大程度上取决于劳动力的受教育水平,而受教育水平又取决于国家教育体系和职业培训的质量。一般而言,教育被视为提高经济竞争力和生活质量的重要措施。摩尔多瓦现行的教育体系分析表明,劳动力市场上明显存在供需矛盾,高等技能劳动力短缺,教育体系无法培训与劳动力市场相适应的技能。此外,缺乏国家资格等级认证体系、不断更新的职业培训分类以及职业标准严重阻碍了符合劳动市场所需能力的人才招聘进程。尽管高等技能劳动力短缺,但是摩尔多瓦仍未建立相应机制,对非正式培训中所获得的技能、经验及专业能力进行认证。在这种情况下,应采取相应行动,以解决以下具体任务。

具体任务一

保障儿童的早期教育并成功地升至小学。

优先措施:

1. 根据儿童从出生到 7 岁的发展标准,推进学前教育课程现代化。

2. 强化教育工作者责任意识,旨在高效合理地应用儿童从出生到 7 岁的发展标准。

3. 以职业标准为基础,对学前教育工作者的成果进行评估。

4. 评估课程效果,引入学前教育升小学的评估工具。

5. 根据儿童从出生到 7 岁的发展标准,监督儿童发展水平。

具体任务二

保障小学和中学教育的相关性。

优先措施:

1. 优化中学教育课程设计和更新的标准,建立国家普通教育课程的设计、研究、实施、监督和评估的制度基础。

2. 研究、制定同生活必需的能力密切相关的中学课程(计算机知识,用罗马尼亚语和至少两种现代常用语言进行高效交流的技能,谈判、团队合作、决策等共同解决问题的能力,批判性思维和创新能力,战略思维和管理技能,研究能力,自我学习、信息管理和投资技能,生态教育,健康的生活方式,创业教育,跨文化教育等),坚持以学生为中心。

3. 加强课程规划以及教师培训,建设校选课程体系。

4. 完善教科书以及教学法教材编写和出版机制。

5. 为数字教学及评估的开发和使用制定标准。

6. 研究并制定中学教育机构学生的评估标准。

7. 研究并制定相应的制度以及特殊规定,以检测、认证劳动者在非正式教育机构所获得的技能成果。

具体任务三

按照 2020 年国家职业技能资格认证体系,保障职业技术教育的课程及教学方法。

优先措施：

1.研究、制定并实施国家职业技术教育技能资格认证体系。

2.根据国家的经济需求和欧洲标准（欧盟统计局），加强职业和专业（混合专业）目录的现实意义。

3.在劳动力市场建立专业技能评估机制，并在此基础上强化教学课程所规划的能力。

4.重新修订教学课程设计的标准，培养教师课程设计方面的能力。

5.根据劳动力市场的需求，在终身学习关键能力框架下，推进职业技术教育课程的现代化。

6.在职业技术教育体系中研究、制定并实施学分累积与转换系统。

7.改进教育最终成果评估的方法，包括在完成职业技术教育时引入外部评估。

8.为实施双重职业教育创造条件，以促进经济领域代表有效参与职业教育。

9.反思教学实践，以提高初级职业培训质量。

具体任务四

以学生为中心，以学生能力为重点，以经济环境需求为导向，推进大学课程的现代化。

优先措施：

1.根据新的教学课程趋势和理念，改变大学课程模式：以跨学科教学为基础，以学生能力为重点（按照终身学习关键能力制度体系），以学生为中心。

2.吸引企业参与课程发展进程和国家职业技能资格等级认证体系。

3.在国家、地方和机构层面完善课程管理。

4.依托现代教学技术，如信息通信技术，推进大学课程现代化。

5.协调大学课程与国家职业技能资格等级认证体系的关系。

具体任务五

促进科学研究，以此提高专业能力，促进高等教育培养效率和质量。

优先措施：

1.鼓励将科研成果作为评估标准，推动高等教育体系人员参与职业培训。

2.研究并制定获得科学学位所需科研成果的最低标准。

3.为博士计划提供单独资助。

4.为引进在科研活动中取得先进成就的年轻人员进入高等教育机构建立相应机制。

5.在高等教育机构中，高等学校教师的科研活动将证明其科研成果，以此为基础，建立并运用公开透明的、选拔的科研财政拨款机制。

三、在教育中高效应用信息通信技术

教育政策应支持青年人积极参与知识社会的建设和发展，使其成为社会经济发展前进的动力,以提高国家全球竞争力。信息通信技术的迅猛发展使其广泛应用于人才教育培训,并且在教育进程中使用信息通信技术已成为经济发达国家的常态。对摩尔多瓦当前形势的分析表明,由于计算机覆盖率较低,信息通信课程开课时间较晚,学生对信息通信技术的学习十分有限。在教学和管理中,信息通信技术互动教学方法和设备的使用受到制约,以至于难以实现相应教育质量、包容性和效率的任务。这些任务旨在培养青年人适应劳动市场需求,充分参与社会和经济生活。为了有效地将信息通信技术融入教育体系中,根据下述具体任务以规划设计相应措施。

具体任务一

向教育机构提供有利于教学进程的现代设备,提高优质教育的普及率。

优先措施:

1. 自 2013 年开始,在 10 所中校实施"为每一名学生配备计算机"的试点项目。

2. 研究并制订中期计划,旨在为教育机构配备现代技术,接入互联网,并在教学进程中保障高效实施信息通信技术所需的基础设施。

3. 为学校图书馆配备现代化设备并接入互联网,以满足学生和教师查阅信息和文件的需求。

4. 通过实施远程教育模式,保障学生(尤其是现有规模较小的学校中的学生)获得优质教育。

5. 加强网络通信建设,以促进教师之间经验交流。

6. 为学校配备专业设备,以保障对有特殊教育需求学生的教学活动。

具体任务二

基于数字教学内容的开发与应用,在教学进程中提高计算机技能。

优先措施:

1. 在师范类高等教育机构中对学生进行信息通信技术培训,包括数字教育资源开发和使用。

2. 研究、制订并实施教师培训方案,鼓励教师在教学进程中使用信息通信技术,包括制作、发表个人数字教学内容。

3. 通过引进使用或推广信息技术课程,推进中小学选修课程多样化。

4. 研究并制定数字教材及其应用标准。

5. 创建统一的教育平台,收集摩尔多瓦数字教育资料,以供学生、教师和家长使用。

6. 在考试评估进程中使用信息通信技术。

7. 提倡使用现有的数字教育资料(例如 Discovery、Khan Academy 教育机构等)。

8. 通过在大学课程中加入在线课程(大型开放式网络课程 MOOC),提高大学教育质量。

具体任务三

借助于信息技术系统,提高学校和班级管理的效率及合理性。

优先措施：

1.实施教育信息管理系统，根据学校统计调查，录入学校、学生和教师的信息，并定期、准确地收集数据。

2.保障学校管理人员的培训项目，完善培训进程，加强管理能力（会计核算、财政预算规划等），以完善学校管理。

3.在学校中逐步引进课堂管理软件，提高教学质量和学生成绩，加强学生、教师和家长之间的沟通联系。

四、发展、支持和激励教育工作人员，以保障优质教育

人力资源是任何行之有效的教育系统的关键因素。人力资源与教育系统的一切因素息息相关，并且是教育改革的真正动力。在该战略制定过程中进行的分析揭示了对教育系统结果具有重大影响的多个方面。教育工作者的专业能力及其发展与教育系统的变化并无密切联系。教育领域缺乏公平的劳动薪金制度，工作人员专业能力水平低下。同其他类别的教育工作者相比，教导员劳动报酬不平等，在教育进程中和教育结果中都造成了严重问题。教师专业技能发展项目并未以教师的需求为导向。提供教师专业技能发展服务的培训机构应根据教师的真实需求，以提高教师教学质量的职业技能为基础，推进培训和评估的现代化。为了改变这种情况，提出相应措施以解决以下具体问题。

具体任务一

增加教师职业的吸引力，引进并留住教育系统高素质人才，至 2020 年教育系统中教师平均年龄降低 3 岁，教师平均工资处于经济平均工资水平，提前退休比例下降 10％。

优先措施：

1.借助大众媒体提升教师的形象和地位。

2.提高薪金报酬与职业成果的相关性，以激励教育工作者。

3.研究、制定并实施高效透明的制度，以绩效和专业成果为基础，促进教师职业晋升。

4.教育工作人员就业和晋升去政治化。

5.改革教育工作者的薪酬制度。

6.减少最高工资水平所要求的工作时间周期。

7.推进教育事业晋升以及薪酬提高途径的多样化。

8.教育机构增加了新的职能。为了机构合理有效地运行，巩固教育机构的职能，研究并制定教育系统行政技术人员的薪酬计算制度。

9.研究为获得教育研究成果以及发表教学材料的教师提供年度补助的必要性和可行性。

10.为教育工作人员灵活地进入以及重返教学活动研究并制定法律基础。

11.推进青年教师就职于农村教育机构途径的多样化。

12.出于教学准备时间以及职业初期减少教学负担的考虑,研究在教育系统各层级改变教学活动标准的必要性和可行性,以精简教学活动。

13.推进教育领域教师和管理人员继续教育方案以及继续教育培训中心计划的多样化。

14.为教师创建社会福利体系。

具体任务二

维持各级教育系统教师供求数量和结构的平衡,保障教育机构教学发展中各个学科具备教学技能卓越的教师。

优先措施:

1.在各级教育和各个学科中支持建立国家教师名录。

2.为普通中学生提供学校心理服务。

3.在实际生产条件下为职业技术教育机构专家的继续教育创造条件。

4.为具有专业经验的个人(教育系统之外)就职于普通职业教育和高等专业教育机构打开窗口。

5.加强教师、专家和科研工作人员学术和科研的流动性。

具体任务三

重新审定教师的初期培训,旨在发展教师实施教学实践的专业技能,以满足复杂的环境和以知识为基础的瞬息万变的全球社会。

优先措施:

1.巩固发展高等教育机构,推进其现代化,广泛开展教师培训项目。

2.根据职业阶段和教育系统的层级,为教师研究并制定国家专业等级资格认证体系和职业标准。

3.以教师基本能力和专业技能为着眼点,推进教师初期培训计划现代化。

4.研究、制定并批准旨在研究、刊载和推广教育及职业培训领域先进经验的方案。

5.建立反馈机制,以收集有关教育政策及其内容的质量和影响的数据。

具体任务四

为教育机构的教师和管理人员创造高效、灵活的持续教育体系。

优先措施:

1.优化规范基础,以提高教育机构师资队伍和管理人员的专业技能。

2.按照职业标准建立发展教师专业技能培训服务的自由市场。

3.鼓励创建教师职业协会。

4.根据新教学技能的需求,通过支持教学、心理学、教学法和咨询方法的创新,以提高教师专业技能。

5.建立教师体系的三大基础:教师教学实践周期,年轻专家的教学活动以及教师的职业发展。

6.引进培训制度体系,旨在加强初进教育机构的管理工作人员以及继续教育进程中管理工作人员的能力。

7.根据终身学习原则以及职业学分累积与转换系统的规则,研究并制定职业技术教育体系中专家/教导员继续教育模式。

8.在高等教育体系中,以积累职业学分和自我教育为基础,建立教师继续教育体系。

9.在教师职称评定中引进职业学分统计系统。

五、高效的教育评估、监督和质量保障体系的顶层规划和制度化

在现代社会中,教育政策通过实施教育项目和教学机构质量保障机制,以期在各级教育的各个方面、各个阶段取得最佳成果。质量保障机制的目的在于使学生和全体公民相信,国家具有提供高质量教育服务的能力,以促进经济和社会进步。摩尔多瓦的教育审查,揭示了一系列制度体系问题。缺乏符合欧洲标准的内部和外部质量保障机制,导致对摩尔多瓦教育的信任度较低,学术和专业流动性受到阻碍,教育系统的发展缓慢。此外,对教师职业兴趣的缺乏导致教师职业招聘率下降。在普通教育体系中,部分专业教师缺乏必需的专业技能。缺乏教师引进和激励机制,也尚未建立对教师专业活动进行持续评估的制度。对教师以及科研工作人员成就现有的评估不具任何效力。在这种情况下,规划相应措施以解决下列具体任务。

具体任务一

研究并制定国家教育标准体系。

优先措施:

1.保障实施儿童从出生到7岁的教育发展标准。

2.研究、制定并实施普通教育和普通职业教育质量评估和监督的标准及绩效指标。

3.研究并制定高等教育质量评估和监督的标准及绩效指标。

4.研究并制定终身学习的国家等级资格认证体系,包括高等教育和职业技术教育。

5.根据职业标准建立教师(包括职业技术教育教师)评估体系。

具体任务二

建立和发展教育领域质量保障的体制框架。

优先措施:

1.完善相应法律法规基础,保障教育独立审查机构的工作以及普通教育质量的监督和外部评估。

2.建立和维护国家检查人员对普通教育视察的制度(包括对教育工作人员的评估)。

3.建立课程和评估机构。

4.完善全国普通教育国家课程规划、研究、应用、监督和评估的体制基础。

5.建立并运行国家职业教育质量保障机构。

六、优化教育资源管理

在欧洲尽管摩尔多瓦是教育投资在国内生产总值中所占份额最高的国家之一,但若用标准化指标(例如国际学生评估项目PISA测试)衡量,其教育评估成果并不明显,这表明教育预算拨款的使用效率较低。教育制度体系分析表明,学校网络使用效率较低,难以对推进教育机构现代化进行财政资助以及配备相应的网络设备。鉴于2013年所有学校均已按照学生人数进行财政拨款统计,预计将会有效分配财政资金。新的财政拨款机制将为教育机构灵活使用资金提供了更大的自主权。教育领域进行结构性改革的同时,教育机构管理者的形象也发生了变化。基于以下具体任务,制定相应的措施,以提高教育系统的管理效率。

具体任务一

完善教育机构分布网络的规划和管理。

优先措施:

1. 根据教育不同的层级,绘制教育机构分布网络统计图。

2. 根据区域发展前景和人口形势,推进教育各层级教学机构分布网络现代化。

3. 推进校外补充教育结构的多样性。

4. 研究并制定法律基础,以简化教育领域进行个性化服务的程序,并在部门领域、跨部门领域,以及国家和国际层面建立伙伴关系。

具体任务二

提高教育财政拨款的效率。

优先措施:

1. 研究、制定并实施学前教育、中小学教育财政拨款机制。其运行基础在于:遵循教育优先方向;教学成果;学生人数及其根据成本质量比例分析的专业需求;预算方案;学生费用。

2. 赋予教育机构财务自主权,同时在权力下放的宏观背景下增强教育机构的责任。

3. 实行资金来源多元化政策,鼓励社会资金投入,以发展教育事业。

4. 以教育机构绩效指标为基础,论证并制定教育系统社会投资的机制和标准。

5. 为高等教育机构借助于教学物质基础为企业活动提供服务,增加高等教育机构收入提供法律基础。

具体任务三

推进教育机构基础设施和物质技术基础的现代化。

优先措施:

1. 确定教育体系中各级教育基础设施质量标准,更新现有的卫生标准和安全准则。

2. 清点所有教育机构的面积。

3.研究、制定并实施教育机构教学楼重建及现代化的方案和项目,增设残疾人所需设施。

4.为去其他地区上学的学生提供学校交通服务,改善包括有身体不便的学生在内的交通基础设施建设。

具体任务四

保障课本和教材资料。

优先措施:

1.为5至12年级社会弱势家庭的学生提供高质量的免费教科书。

2.鉴于摩尔多瓦的民族语言状况,为教育工作者和家长出版相应教育材料。

3.向教育机构提供生物学、化学和物理学等自然科学设备。

4.根据目前的标准,为教育机构教师以及早期儿童发展提供教学技术设备,至2015年将达到80％,2020年将达到100％。

5.保障所有教育机构教学进程中所必需的教科书、教学材料和学校设备能够满足残疾学生的需求。

6.将购置科学图书、文献,订阅期刊和保障图书馆连接数据库的项目纳入教育机构发展计划。

七、维护社会团结,保障教育质量

教育进程满意度的提高、教育活动兴趣十足、合理决策以及技能实践活动已成为儿童和青年参与教育政策规划、实施和评估的主要关注点。此外,吸引儿童、青年、家长、居民社团组织和其他社会组织成员参与决策进程,有助于基于不同儿童群体的实际需求制定透明、合理的教育政策。

在几十所已成功进行教育制度改革的国家中,改革前期就教育制度发展理念、基本结构及优先方向已达成广泛的社会共识。意识到社会共识对改变摩尔多瓦教育制度的重要性,为保障在未来教育问题上的社会凝聚力和政治共识,我们提出以下具体任务。

具体任务一

保障优质教育的社会责任。

优先措施:

1.推进社区和家庭参与决策的形式多样化。

2.建立激励社区和家庭参与决策进程的机制。

3.研究、制订方案,以支持地方社区参与解决教育问题的进程。

具体任务二

扩大学生参与决策进程的渠道,包括教育政策的研究规划、实施与评估。

优先措施:

1.根据儿童参与的国际标准,保障各级教育儿童不受歧视,研究、制定并实施所有儿童意见咨询机制。

2.重新审定教育机构教师和管理人员初期培训和继续教育课程,以整合儿童权利、儿童意见以及儿童发展能力的概念。

3.加强教育机构管理人员和教师对儿童意见和观点的重要性的认识,并将其融入教育进程之中。

4.在地方、区域和国家层面鼓励创建并支持学生委员会,作为教育政策沟通和评估的平台。

具体任务三

保障有效的家庭教育,提高儿童教养。

优先措施:

1.在国家、地方和机构层面研究、制定并提倡合理可行的家庭教育政策。

2.在早期教育和继续教育阶段加强家庭教育体系化。

3.研究发展家庭教育的理念与策略,完善儿童家庭教育实践活动,注重儿童教养。

4.组织开展家庭教育活动中问题的报道,提高家庭教育的社会责任感。

5.研究、制订并实施家庭教育计划。

6.保障家庭成员(以及儿童保姆)参与家庭教育项目,包括弱势群体家庭。

7.为家庭建立社会心理教育服务。

8.提高教师培训效率,以在早期培训和持续教育框架下为家庭教育提供服务。

9.根据国际普遍采用的模式进行家庭访视教学制度。

具体任务四

教育领域发展合作伙伴关系。

优先措施:

1.保障社会成员参与教育政策的研究与制定。

2.加强教育机构、教师以及管理人员之间的经验交流。

3.研究建立教育合作伙伴关系的机制,以提高教育质量。

4.加强教育同社会及企业对话,建立密切关系,以解决教育和地方社区的问题。

5.研究、制定有效的激励机制,以鼓励企业参与职业技术教育机构物质技术教学基础的建设,支持组织学生长期实习,参与双职业教学培训项目。

6.参与国际组织实施的区域和国际合作方案与项目。

第六部分　战略的实施、监督和评估

该战略包含高度复杂的公共政策,其成功实施,需要详细分析所规划的目标和行动措施,具体实施需与现实情况相互协调,并进行相应的监督。为明确所规划的措施能否产生预期成果,需定期评估《教育发展战略》的实施情况。

《教育发展战略》被批准后,政府将负责具体实施。教育部门承担实施《教育发展战略》所规划目标与任务的责任。该战略制定了目标，规划了中央其他公共行政机构相应的行动，特别是对《教育发展战略》的实施具有重大影响的劳动和社会家庭保障部、经济部、卫生部和财政部。对于一些主要行动，将建立联合工作小组，专门负责制定专题性政策文件，并推动《教育发展战略》所规划的行动。

《教育发展战略》将在现有的政策性文件和相应的法律基础上实施。《教育发展战略》中所规划的战略方针和具体目标将被纳入中央公共行政管理部门的战略发展方案，并将以部门战略规划文件进行具体实施。战略方针和具体目标的实施将在中期预算、年度预算和行动规划中得到具体表现。类似举措能够将《教育发展战略》目标整合纳入日常的行政进程中，在避免官僚主义不良影响的同时，能够进一步加深行政人员对《教育发展战略》的认识，为实现战略方针和具体目标共同努力，不懈奋斗。战略规划文件中将阐明优先行动方向，明确任务完成期限，确定机构责任、资金来源和监督指标。

研究并制定新的教育法草案，该法律法规与《教育发展战略》实施相协调，旨在为《教育发展战略》所规划的方向和具体目标奠定法律基础。通过教育法以及未来需要的其他法律文件，以保障在国家、地方和机构层面实施教育改革。法律、行政和公共政策机构的行动举措（包括教育改革人力资源潜能的形成和不断发展），将取得集聚效果，以促使整个教育体系的重组。

在缺乏更为详细的关于实施优先举措信息的情况下，实施当前战略需要大量资金，并且难以估计。据此，在战略规划进程中，特别是在研究制订中期预算预测和预算方案框架下，以及在优先发展方向的财政规划进程中，教育部和其他中央公共行政部门将对战略实施的具体成本进行评估。《教育发展战略》实施进程中的资金将来自国家预算、地方预算，并吸引资助、基金、捐赠赞助以及其他合法来源。所需资金以财政预算组成为重点，以预算方案和实际资金为基础。

即便实施《教育发展战略》的具体成本难以估计，但是在合理高效的规划进程中，根据《教育发展战略》中 2014—2016 年各部门中期预算支出和未来几年规划的外部协助项目的预算资金，战略实施总支出的基本框架也可以确定。

在预算规划的每个阶段中，未包含在预算支出统计的支出，将依据现有资金情况进行拨款。部分难以抵补的支出通过调动外部援助，使用额外资金进行拨款。教育部将保障外部援助资金应用于《教育发展战略》所规划的优先方向，避免资金使用效率低下。为此，教育部于 2013 年 9 月设立了国外援助委员会，并通过建立国外援助规划和实施的项目数据库，绘制外部援助统计图表。

在该战略实施的背景下，将采取相应措施进行监督以及对所取得的成果进行评估。监督和评估进程旨在保障实施《教育发展战略》规划的优先方向，实现《教育发展战略》的目标和愿景。

教育部将协调战略长期规划的所有行动以及短期和中期规划的进程。将以制定年度报告的形式进行监督。报告中将分析《教育发展战略》中所规划的优先行动在何种程度上得到详细分析、规划制定和实施。

在《教育发展战略》实施的进程中,摩尔多瓦教育部将先后两次提交详尽的专题报告,总结《教育发展战略》中规划的各项目标的实现程度,并指出改革实施进程中,教育出现的变化。在这些报告中将会进行分析,优先措施在何种程度上促进实现《教育发展战略》的目标和愿景。

第七部分 战略实施的风险

对当前形势的分析表明,教育问题造成的原因不仅仅在于人口下降,还在于教学方法落后,教师队伍专业发展体系不健全。教育制度并不能孤立于社会而存在。此外,教育制度还受到各方影响,如各级政府机构、社会组织、教师和教育机构负责人、家长、儿童。因此,在教育这样极其重要的领域内实施改革,在其进程中产生的风险将是多种多样的。只有当政府和社会各层面都积极承担改革的责任,《教育发展战略》规划才能得以成功实施,《教育发展战略》的愿景和目标才将会实现。

《教育战略(2020 年)》战略实施面临以下风险:

政治动荡和世界局势变化。

《教育发展战略》目标群体之间在政策观点和法律行动上缺乏政治共识。

中央和地方公共机关以及教育机构执行力较弱。

在制度层面和人为因素层面对《教育发展战略》规划的抵制。

《教育发展战略》规划实施财政资金不足。

对《教育发展战略》规划的行动进行协调和监督受到限制。

摩尔多瓦教育部将采取一切必要措施,旨在降低可预测的风险,同时避免出现一些不可预测的风险。教育部将就《教育发展战略》组织广泛的讨论与磋商,以期对《教育发展战略》规划的法律行动达成广泛的社会和政治共识,从而保障《教育发展战略》实施的可靠性。教育部拟对具有实施《教育发展战略》潜能的所有机构进行拨款。通过继续实施提高教育公共支出效率,节约部门资金,完善中期预算预测系统国内资金规划,吸引社会资金(包括外部资金),降低《教育发展战略》实施资金不足的风险。《教育发展战略》所规划的部分行动已经被纳入中期预算预测中,其他行动仍有待确定相应的资金来源。

实现《教育发展战略》所规划的目标,既取决于摩尔多瓦教育部的政治决心和能力,也取决于国家为实现《教育发展战略》愿景而做出的部署。整个政府层面,上下一心、齐心协力,共同实施《教育发展战略》,是实现目标、达成既定任务的关键。此外,《教育发展战略》的实施需要同地方公共权力机构、教育机构、管理和教学人员等教育领域相关机构协调相应行动。因此,协调《教育发展战略》规划而通过的教育法和其他相关法律对《教育发展战略》实施具有重大意义。

附　录

推动共建丝绸之路经济带
和 21 世纪海上丝绸之路的愿景与行动

国家发展改革委　外交部　商务部
（经国务院授权发布）
2015 年 3 月 28 日

前　言

2000 多年前，亚欧大陆上勤劳勇敢的人民，探索出多条连接亚欧非几大文明的贸易和人文交流通路，后人将其统称为"丝绸之路"。千百年来，"和平合作、开放包容、互学互鉴、互利共赢"的丝绸之路精神薪火相传，推进了人类文明进步，是促进沿线各国繁荣发展的重要纽带，是东西方交流合作的象征，是世界各国共有的历史文化遗产。

进入 21 世纪，在以和平、发展、合作、共赢为主题的新时代，面对复苏乏力的全球经济形势，纷繁复杂的国际和地区局面，传承和弘扬丝绸之路精神更显重要和珍贵。

2013 年 9 月和 10 月，中国国家主席习近平在出访中亚和东南亚国家期间，先后提出共建"丝绸之路经济带"和"21 世纪海上丝绸之路"（以下简称"一带一路"）的重大倡议，得到国际社会高度关注。中国国务院总理李克强参加 2013 年中国-东盟博览会时强调，铺就面向东盟的海上丝绸之路，打造带动腹地发展的战略支点。加快"一带一路"建设，有利于促进沿线各国经济繁荣与区域经济合作，加强不同文明交流互鉴，促进世界和平发展，是一项造福世界各国人民的伟大事业。

"一带一路"建设是一项系统工程，要坚持共商、共建、共享原则，积极推进沿线国家发展战略的相互对接。为推进实施"一带一路"重大倡议，让古丝绸之路焕发新的生机活力，以新的形式使亚欧非各国联系更加紧密，互利合作迈向新的历史高度，中国政府特制定并发布《推动共建丝绸之路经济带和 21 世纪海上丝绸之路的愿景与行动》。

一、时代背景

当今世界正发生复杂深刻的变化，国际金融危机深层次影响继续显现，世界经济缓慢复苏、发展分化，国际投资贸易格局和多边投资贸易规则酝酿深刻调整，各国面临的发展问题依然严峻。共建"一带一路"顺应世界多极化、经济全球化、文化多样化、社会信息化的潮流，秉持开放的区域合作精神，致力于维护全球自由贸易体系和开放型世界经济。共建"一带一路"旨在促进经济要素有序自由流动、资源高效配置和市场深度融合，推动沿线各国实现经济政策协调，开展更大范围、更高水平、更深层次的区域合作，共同打造开放、包容、均衡、普惠的区域经济合作架构。共建"一带一路"符合国际社会的根本利益，彰显人类社会共同理想和美好追求，是国际合作以及全球治理新模式的积极探索，将为世界和平发展增添新的正能量。

共建"一带一路"致力于亚欧非大陆及附近海洋的互联互通，建立和加强沿线各国互联互通伙伴关系，构建全方位、多层次、复合型的互联互通网络，实现沿线各国多元、自主、平衡、可持续的发展。"一带一路"的互联互通项目将推动沿线各国发展战略的对接与耦合，发掘区域内市场的潜力，促进投资和消费，创造需求和就业，增进沿线各国人民的人文交流与文明互鉴，让各国人民相逢相知、互信互敬，共享和谐、安宁、富裕的生活。

当前，中国经济和世界经济高度关联。中国将一以贯之地坚持对外开放的基本国策，构建全方位开放新格局，深度融入世界经济体系。推进"一带一路"建设既是中国扩大和深化对外开放的需要，也是加强和亚欧非及世界各国互利合作的需要，中国愿意在力所能及的范围内承担更多责任义务，为人类和平发展做出更大的贡献。

二、共建原则

恪守联合国宪章的宗旨和原则。遵守和平共处五项原则，即尊重各国主权和领土完整、互不侵犯、互不干涉内政、和平共处、平等互利。

坚持开放合作。"一带一路"相关的国家基于但不限于古代丝绸之路的范围，各国和国际、地区组织均可参与，让共建成果惠及更广泛的区域。

坚持和谐包容。倡导文明宽容，尊重各国发展道路和模式的选择，加强不同文明之间的对话，求同存异、兼容并蓄、和平共处、共生共荣。

坚持市场运作。遵循市场规律和国际通行规则，充分发挥市场在资源配置中的决定性作用和各类企业的主体作用，同时发挥好政府的作用。

坚持互利共赢。兼顾各方利益和关切，寻求利益契合点和合作最大公约数，体现各方智慧和创意，各施所长，各尽所能，把各方优势和潜力充分发挥出来。

三、框架思路

"一带一路"是促进共同发展、实现共同繁荣的合作共赢之路，是增进理解信任、加强全方位交流的和平友谊之路。中国政府倡议，秉持和平合作、开放包容、互学互鉴、互利共赢的理念，全方位推进务实合作，打造政治互信、经济融合、文化包容的利益共同体、命运共同体和责任共同体。

"一带一路"贯穿亚欧非大陆，一头是活跃的东亚经济圈，一头是发达的欧洲经济圈，中间广大腹地国家经济发展潜力巨大。丝绸之路经济带重点畅通中国经中亚、俄罗斯至欧洲(波罗的海);中国经中亚、西亚至波斯湾、地中海;中国至东南亚、南亚、印度洋。21世纪海上丝绸之路重点方向是从中国沿海港口过南海到印度洋,延伸至欧洲;从中国沿海港口过南海到南太平洋。

根据"一带一路"走向,陆上依托国际大通道,以沿线中心城市为支撑,以重点经贸产业园区为合作平台,共同打造新亚欧大陆桥、中蒙俄、中国-中亚-西亚、中国-中南半岛等国际经济合作走廊;海上以重点港口为节点,共同建设通畅安全高效的运输大通道。中巴、孟中印缅两个经济走廊与推进"一带一路"建设关联紧密,要进一步推动合作,取得更大进展。

"一带一路"建设是沿线各国开放合作的宏大经济愿景,需各国携手努力,朝着互利互惠、共同安全的目标相向而行。努力实现区域基础设施更加完善,安全高效的陆海空通道网络基本形成,互联互通达到新水平;投资贸易便利化水平进一步提升,高标准自由贸易区网络基本形成,经济联系更加紧密,政治互信更加深入;人文交流更加广泛深入,不同文明互鉴共荣,各国人民相知相交、和平友好。

四、合作重点

沿线各国资源禀赋各异,经济互补性较强,彼此合作潜力和空间很大。以政策沟通、设施联通、贸易畅通、资金融通、民心相通为主要内容,重点在以下方面加强合作。

政策沟通。加强政策沟通是"一带一路"建设的重要保障。加强政府间合作,积极构建多层次政府间宏观政策沟通交流机制,深化利益融合,促进政治互信,达成合作新共识。沿线各国可以就经济发展战略和对策进行充分交流对接,共同制定推进区域合作的规划和措施,协商解决合作中的问题,共同为务实合作及大型项目实施提供政策支持。

设施联通。基础设施互联互通是"一带一路"建设的优先领域。在尊重相关国家主权和安全关切的基础上,沿线国家宜加强基础设施建设规划、技术标准体系的对接,共同推进国际骨干通道建设,逐步形成连接亚洲各次区域以及亚欧非之间的基础设施网络。强化基础设施绿色低碳化建设和运营管理,在建设中充分考虑气候变化影响。

抓住交通基础设施的关键通道、关键节点和重点工程,优先打通缺失路段,畅通瓶颈路段,配套完善道路安全防护设施和交通管理设施设备,提升道路通达水平。推进建立统一的全程运输协调机制,促进国际通关、换装、多式联运有机衔接,逐步形成兼容规范的运输规则,实现国际运输便利化。推动口岸基础设施建设,畅通陆水联运通道,推进港口合作建设,增加海上航线和班次,加强海上物流信息化合作。拓展建立民航全面合作的平台和机制,加快提升航空基础设施水平。

加强能源基础设施互联互通合作,共同维护输油、输气管道等运输通道安全,推进跨境电力与输电通道建设,积极开展区域电网升级改造合作。

共同推进跨境光缆等通信干线网络建设,提高国际通信互联互通水平,畅通信息丝绸之路。加快推进双边跨境光缆等建设,规划建设洲际海底光缆项目,完善空中(卫星)

信息通道,扩大信息交流与合作。

贸易畅通。投资贸易合作是"一带一路"建设的重点内容。宜着力研究解决投资贸易便利化问题,消除投资和贸易壁垒,构建区域内和各国良好的营商环境,积极同沿线国家和地区共同商建自由贸易区,激发释放合作潜力,做大做好合作"蛋糕"。

沿线国家宜加强信息互换、监管互认、执法互助的海关合作,以及检验检疫、认证认可、标准计量、统计信息等方面的双多边合作,推动世界贸易组织《贸易便利化协定》生效和实施。改善边境口岸通关设施条件,加快边境口岸"单一窗口"建设,降低通关成本,提升通关能力。加强供应链安全与便利化合作,推进跨境监管程序协调,推动检验检疫证书国际互联网核查,开展"经认证的经营者"(AEO)互认。降低非关税壁垒,共同提高技术性贸易措施透明度,提高贸易自由化便利化水平。

拓宽贸易领域,优化贸易结构,挖掘贸易新增长点,促进贸易平衡。创新贸易方式,发展跨境电子商务等新的商业业态。建立健全服务贸易促进体系,巩固和扩大传统贸易,大力发展现代服务贸易。把投资和贸易有机结合起来,以投资带动贸易发展。

加快投资便利化进程,消除投资壁垒。加强双边投资保护协定、避免双重征税协定磋商,保护投资者的合法权益。

拓展相互投资领域,开展农林牧渔业、农机及农产品生产加工等领域深度合作,积极推进海水养殖、远洋渔业、水产品加工、海水淡化、海洋生物制药、海洋工程技术、环保产业和海上旅游等领域合作。加大煤炭、油气、金属矿产等传统能源资源勘探开发合作,积极推动水电、核电、风电、太阳能等清洁、可再生能源合作,推进能源资源就地就近加工转化合作,形成能源资源合作上下游一体化产业链。加强能源资源深加工技术、装备与工程服务合作。

推动新兴产业合作,按照优势互补、互利共赢的原则,促进沿线国家加强在新一代信息技术、生物、新能源、新材料等新兴产业领域的深入合作,推动建立创业投资合作机制。

优化产业链分工布局,推动上下游产业链和关联产业协同发展,鼓励建立研发、生产和营销体系,提升区域产业配套能力和综合竞争力。扩大服务业相互开放,推动区域服务业加快发展。探索投资合作新模式,鼓励合作建设境外经贸合作区、跨境经济合作区等各类产业园区,促进产业集群发展。在投资贸易中突出生态文明理念,加强生态环境、生物多样性和应对气候变化合作,共建绿色丝绸之路。

中国欢迎各国企业来华投资。鼓励本国企业参与沿线国家基础设施建设和产业投资。促进企业按属地化原则经营管理,积极帮助当地发展经济、增加就业、改善民生,主动承担社会责任,严格保护生物多样性和生态环境。

资金融通。资金融通是"一带一路"建设的重要支撑。深化金融合作,推进亚洲货币稳定体系、投融资体系和信用体系建设。扩大沿线国家双边本币互换、结算的范围和规模。推动亚洲债券市场的开放和发展。共同推进亚洲基础设施投资银行、金砖国家开发银行筹建,有关各方就建立上海合作组织融资机构开展磋商。加快丝路基金组建运营。深化中国-东盟银行联合体、上合组织银行联合体务实合作，以银团贷款、银行授信等方式开展多边金融合作。支持沿线国家政府和信用等级较高的企业以及金融机构在中国境内发行人民币债券。符合条件的中国境内金融机构和企业可以在境外发行人民币债券和外币债券，鼓励在沿线国家使用所筹资金。

加强金融监管合作，推动签署双边监管合作谅解备忘录，逐步在区域内建立高效监管协调机制。完善风险应对和危机处置制度安排，构建区域性金融风险预警系统，形成应对跨境风险和危机处置的交流合作机制。加强征信管理部门、征信机构和评级机构之间的跨境交流与合作。充分发挥丝路基金以及各国主权基金作用，引导商业性股权投资基金和社会资金共同参与"一带一路"重点项目建设。

民心相通。民心相通是"一带一路"建设的社会根基。传承和弘扬丝绸之路友好合作精神，广泛开展文化交流、学术往来、人才交流合作、媒体合作、青年和妇女交往、志愿者服务等，为深化双多边合作奠定坚实的民意基础。

扩大相互间留学生规模，开展合作办学，中国每年向沿线国家提供 1 万个政府奖学金名额。沿线国家间互办文化年、艺术节、电影节、电视周和图书展等活动，合作开展广播影视剧精品创作及翻译，联合申请世界文化遗产，共同开展世界遗产的联合保护工作。深化沿线国家间人才交流合作。

加强旅游合作，扩大旅游规模，互办旅游推广周、宣传月等活动，联合打造具有丝绸之路特色的国际精品旅游线路和旅游产品，提高沿线各国游客签证便利化水平。推动21 世纪海上丝绸之路邮轮旅游合作。积极开展体育交流活动，支持沿线国家申办重大国际体育赛事。

强化与周边国家在传染病疫情信息沟通、防治技术交流、专业人才培养等方面的合作，提高合作处理突发公共卫生事件的能力。为有关国家提供医疗援助和应急医疗救助，在妇幼健康、残疾人康复以及艾滋病、结核、疟疾等主要传染病领域开展务实合作，扩大在传统医药领域的合作。

加强科技合作，共建联合实验室（研究中心）、国际技术转移中心、海上合作中心，促进科技人员交流，合作开展重大科技攻关，共同提升科技创新能力。

整合现有资源，积极开拓和推进与沿线国家在青年就业、创业培训、职业技能开发、社会保障管理服务、公共行政管理等共同关心领域的务实合作。

充分发挥政党、议会交往的桥梁作用，加强沿线国家之间立法机构、主要党派和政治组织的友好往来。开展城市交流合作，欢迎沿线国家重要城市之间互结友好城市，以人文交流为重点，突出务实合作，形成更多鲜活的合作范例。欢迎沿线国家智库之间开展联合研究、合作举办论坛等。

加强沿线国家民间组织的交流合作，重点面向基层民众，广泛开展教育医疗、减贫开发、生物多样性和生态环保等各类公益慈善活动，促进沿线贫困地区生产生活条件改善。加强文化传媒的国际交流合作，积极利用网络平台，运用新媒体工具，塑造和谐友好的文化生态和舆论环境。

五、合作机制

当前,世界经济融合加速发展,区域合作方兴未艾。积极利用现有双多边合作机制,推动"一带一路"建设,促进区域合作蓬勃发展。

加强双边合作,开展多层次、多渠道沟通磋商,推动双边关系全面发展。推动签署合作备忘录或合作规划,建设一批双边合作示范。建立完善双边联合工作机制,研究推进"一带一路"建设的实施方案、行动路线图。充分发挥现有联委会、混委会、协委会、指导委员会、管理委员会等双边机制作用,协调推动合作项目实施。

强化多边合作机制作用,发挥上海合作组织(SCO)、中国-东盟"10+1"、亚太经合组织(APEC)、亚欧会议(ASEM)、亚洲合作对话(ACD)、亚信会议(CICA)、中阿合作论坛、中国-海合会战略对话、大湄公河次区域(GMS)经济合作、中亚区域经济合作(CAREC)等现有多边合作机制作用,相关国家加强沟通,让更多国家和地区参与"一带一路"建设。

继续发挥沿线各国区域、次区域相关国际论坛、展会以及博鳌亚洲论坛、中国-东盟博览会、中国-亚欧博览会、欧亚经济论坛、中国国际投资贸易洽谈会,以及中国-南亚博览会、中国-阿拉伯博览会、中国西部国际博览会、中国-俄罗斯博览会、前海合作论坛等平台的建设性作用。支持沿线国家地方、民间挖掘"一带一路"历史文化遗产,联合举办专项投资、贸易、文化交流活动,办好丝绸之路(敦煌)国际文化博览会、丝绸之路国际电影节和图书展。倡议建立"一带一路"国际高峰论坛。

六、中国各地方开放态势

推进"一带一路"建设,中国将充分发挥国内各地区比较优势,实行更加积极主动的开放战略,加强东中西互动合作,全面提升开放型经济水平。

西北、东北地区。发挥新疆独特的区位优势和向西开放重要窗口作用,深化与中亚、南亚、西亚等国家交流合作,形成丝绸之路经济带上重要的交通枢纽、商贸物流和文化科教中心,打造丝绸之路经济带核心区。发挥陕西、甘肃综合经济文化和宁夏、青海民族人文优势,打造西安内陆型改革开放新高地,加快兰州、西宁开发开放,推进宁夏内陆开放型经济试验区建设,形成面向中亚、南亚、西亚国家的通道、商贸物流枢纽、重要产业和人文交流基地。发挥内蒙古联通俄蒙的区位优势,完善黑龙江对俄铁路通道和区域铁路网,以及黑龙江、吉林、辽宁与俄远东地区陆海联运合作,推进构建北京—莫斯科欧亚高速运输走廊,建设向北开放的重要窗口。

西南地区。发挥广西与东盟国家陆海相邻的独特优势,加快北部湾经济区和珠江—西江经济带开放发展,构建面向东盟区域的国际通道,打造西南、中南地区开放发展新的战略支点,形成21世纪海上丝绸之路与丝绸之路经济带有机衔接的重要门户。发挥云南区位优势,推进与周边国家的国际运输通道建设,打造大湄公河次区域经济合作新高地,建设成为面向南亚、东南亚的辐射中心。推进西藏与尼泊尔等国家边境贸易和旅游文化合作。

沿海和港澳台地区。利用长三角、珠三角、海峡西岸、环渤海等经济区开放程度高、经济实力强、辐射带动作用大的优势，加快推进中国（上海）自由贸易试验区建设，支持福建建设 21 世纪海上丝绸之路核心区。充分发挥深圳前海、广州南沙、珠海横琴、福建平潭等开放合作区作用，深化与港澳台合作，打造粤港澳大湾区。推进浙江海洋经济发展示范区、福建海峡蓝色经济试验区和舟山群岛新区建设，加大海南国际旅游岛开发开放力度。加强上海、天津、宁波-舟山、广州、深圳、湛江、汕头、青岛、烟台、大连、福州、厦门、泉州、海口、三亚等沿海城市港口建设，强化上海、广州等国际枢纽机场功能。以扩大开放倒逼深层次改革，创新开放型经济体制机制，加大科技创新力度，形成参与和引领国际合作竞争新优势，成为"一带一路"特别是 21 世纪海上丝绸之路建设的排头兵和主力军。发挥海外侨胞以及香港、澳门特别行政区独特优势作用，积极参与和助力"一带一路"建设。为台湾地区参与"一带一路"建设做出妥善安排。

内陆地区。利用内陆纵深广阔、人力资源丰富、产业基础较好优势，依托长江中游城市群、成渝城市群、中原城市群、呼包鄂榆城市群、哈长城市群等重点区域，推动区域互动合作和产业集聚发展，打造重庆西部开发开放重要支撑和成都、郑州、武汉、长沙、南昌、合肥等内陆开放型经济高地。加快推动长江中上游地区和俄罗斯伏尔加河沿岸联邦区的合作。建立中欧通道铁路运输、口岸通关协调机制，打造"中欧班列"品牌，建设沟通境内外、连接东中西的运输通道。支持郑州、西安等内陆城市建设航空港、国际陆港，加强内陆口岸与沿海、沿边口岸通关合作，开展跨境贸易电子商务服务试点。优化海关特殊监管区域布局，创新加工贸易模式，深化与沿线国家的产业合作。

七、中国积极行动

一年多来，中国政府积极推动"一带一路"建设，加强与沿线国家的沟通磋商，推动与沿线国家的务实合作，实施了一系列政策措施，努力收获早期成果。

高层引领推动。习近平主席、李克强总理等国家领导人先后出访 20 多个国家，出席加强互联互通伙伴关系对话会、中阿合作论坛第六届部长级会议，就双边关系和地区发展问题，多次与有关国家元首和政府首脑进行会晤，深入阐释"一带一路"的深刻内涵和积极意义，就共建"一带一路"达成广泛共识。

签署合作框架。与部分国家签署了共建"一带一路"合作备忘录，与一些毗邻国家签署了地区合作和边境合作的备忘录以及经贸合作中长期发展规划。研究编制与一些毗邻国家的地区合作规划纲要。

推动项目建设。加强与沿线有关国家的沟通磋商，在基础设施互联互通、产业投资、资源开发、经贸合作、金融合作、人文交流、生态保护、海上合作等领域，推进了一批条件成熟的重点合作项目。

完善政策措施。中国政府统筹国内各种资源，强化政策支持。推动亚洲基础设施投资银行筹建，发起设立丝路基金，强化中国-欧亚经济合作基金投资功能。推动银行卡清算机构开展跨境清算业务和支付机构开展跨境支付业务。积极推进投资贸易便利化,推进区域通关一体化改革。

发挥平台作用。各地成功举办了一系列以"一带一路"为主题的国际峰会、论坛、研讨会、博览会,对增进理解、凝聚共识、深化合作发挥了重要作用。

八、共创美好未来

共建"一带一路"是中国的倡议,也是中国与沿线国家的共同愿望。站在新的起点上,中国愿与沿线国家一道,以共建"一带一路"为契机,平等协商,兼顾各方利益,反映各方诉求,携手推动更大范围、更高水平、更深层次的大开放、大交流、大融合。"一带一路"建设是开放的、包容的,欢迎世界各国和国际、地区组织积极参与。

共建"一带一路"的途径是以目标协调、政策沟通为主,不刻意追求一致性,可高度灵活,富有弹性,是多元开放的合作进程。中国愿与沿线国家一道,不断充实完善"一带一路"的合作内容和方式,共同制定时间表、路线图,积极对接沿线国家发展和区域合作规划。

中国愿与沿线国家一道,在既有双多边和区域次区域合作机制框架下,通过合作研究、论坛展会、人员培训、交流访问等多种形式,促进沿线国家对共建"一带一路"内涵、目标、任务等方面的进一步理解和认同。

中国愿与沿线国家一道,稳步推进示范项目建设,共同确定一批能够照顾双多边利益的项目,对各方认可、条件成熟的项目抓紧启动实施,争取早日开花结果。

"一带一路"是一条互尊互信之路,一条合作共赢之路,一条文明互鉴之路。只要沿线各国和衷共济、相向而行,就一定能够谱写建设丝绸之路经济带和 21 世纪海上丝绸之路的新篇章,让沿线各国人民共享"一带一路"共建成果。

教育部关于印发
《推进共建"一带一路"教育行动》的通知

教外〔2016〕46 号

各省、自治区、直辖市教育厅(教委),各计划单列市教育局,新疆生产建设兵团教育局,部属各高等学校,部内各司局、各直属单位:

为贯彻落实中办、国办《关于做好新时期教育对外开放工作的若干意见》和国家发展改革委、外交部、商务部经国务院授权发布的《推动共建丝绸之路经济带和 21 世纪海上丝绸之路的愿景与行动》,我部牵头制订了《推进共建"一带一路"教育行动》,并已经国家教育体制改革领导小组会议审议通过。现印发给你们,请结合实际认真贯彻执行。

教育部

2016 年 7 月 13 日

推进共建"一带一路"教育行动

推进共建"丝绸之路经济带"和"21 世纪海上丝绸之路"(以下简称"一带一路"),为推动区域教育大开放、大交流、大融合提供了大契机。"一带一路"沿线国家教育加强合作、共同行动,既是共建"一带一路"的重要组成部分,又为共建"一带一路"提供人才支撑。中国愿与沿线国家一道,扩大人文交流,加强人才培养,共同开创教育美好明天。

一、教育使命

教育为国家富强、民族繁荣、人民幸福之本,在共建"一带一路"中具有基础性和先导性作用。教育交流为沿线各国民心相通架设桥梁,人才培养为沿线各国政策沟通、设施联通、贸易畅通、资金融通提供支撑。沿线各国唇齿相依,教育交流源远流长,教育合作前景广阔,大家携手发展教育,合力推进共建"一带一路",是造福沿线各国人民的伟大事业。

中国将一以贯之地坚持教育对外开放,深度融入世界教育改革发展潮流。推进"一带一路"教育共同繁荣,既是加强与沿线各国教育互利合作的需要,也是推进中国教育改革发展的需要,中国愿意在力所能及的范围内承担更多责任义务,为区域教育大发展做出更大的贡献。

二、合作愿景

沿线各国携起手来,增进理解、扩大开放、加强合作、互学互鉴,谋求共同利益、直面共同命运、勇担共同责任,聚力构建"一带一路"教育共同体,形成平等、包容、互惠、活跃的教育合作态势,促进区域教育发展,全面支撑共建"一带一路",共同致力于:

推进民心相通。开展更大范围、更高水平、更深层次的人文交流,不断推进沿线各国人民相知相亲。

提供人才支撑。培养大批共建"一带一路"急需人才,支持沿线各国实现政策互通、设施联通、贸易畅通、资金融通。

实现共同发展。推动教育深度合作、互学互鉴,携手促进沿线各国教育发展,全面提升区域教育影响力。

三、合作原则

育人为本,人文先行。加强合作育人,提高区域人口素质,为共建"一带一路"提供人才支撑。坚持人文交流先行,建立区域人文交流机制,搭建民心相通桥梁。

政府引导,民间主体。沿线国家政府加强沟通协调,整合多种资源,引导教育融合发展。发挥学校、企业及其他社会力量的主体作用,活跃教育合作局面,丰富教育交流内涵。

共商共建,开放合作。坚持沿线国家共商、共建、共享,推进各国教育发展规划相互衔接,实现沿线各国教育融通发展、互动发展。

和谐包容,互利共赢。加强不同文明之间的对话,寻求教育发展最佳契合点和教育合作最大公约数,促进沿线各国在教育领域互利互惠。

四、合作重点

沿线各国教育特色鲜明、资源丰富、互补性强、合作空间巨大。中国将以基础性、支撑性、引领性三方面举措为建议框架,开展三方面重点合作,对接沿线各国意愿,互鉴先进教育经验,共享优质教育资源,全面推动各国教育提速发展。

(一)开展教育互联互通合作

加强教育政策沟通。开展"一带一路"教育法律、政策协同研究,构建沿线各国教育政策信息交流通报机制,为沿线各国政府推进教育政策互通提供决策建议,为沿线各国学校和社会力量开展教育合作交流提供政策咨询。积极签署双边、多边和次区域教育合作框架协议,制定沿线各国教育合作交流国际公约,逐步疏通教育合作交流政策性瓶颈,实现学分互认、学位互授联授,协力推进教育共同体建设。

助力教育合作渠道畅通。推进"一带一路"国家间签证便利化,扩大教育领域合作交流,形成往来频繁、合作众多、交流活跃、关系密切的携手发展局面。鼓励有合作基础、相同研究课题和发展目标的学校缔结姊妹关系,逐步深化拓展教育合作交流。举办沿线国家校长论坛,推进学校间开展多层次多领域的务实合作。支持高等学校依托学科优势专业,建立产学研用结合的国际合作联合实验室(研究中心)、国际技术转移中心,共同应对经济发展、资源利用、生态保护等沿线各国面临的重大挑战与机遇。打造"一带一路"学术交流平台,吸引各国专家学者、青年学生开展研究和学术交流。推进"一带一路"优质教育资源共享。

促进沿线国家语言互通。研究构建语言互通协调机制,共同开发语言互通开放课程,逐步将沿线国家语言课程纳入各国学校教育课程体系。拓展政府间语言学习交换项目,联合培养、相互培养高层次语言人才。发挥外国语院校人才培养优势,推进基础教育多语种师资队伍建设和外语教育教学工作。扩大语言学习国家公派留学人员规模,倡导沿线各国与中国院校合作在华开办本国语言专业。支持更多社会力量助力孔子学院和孔子课堂建设,加强汉语教师和汉语教学志愿者队伍建设,全力满足沿线国家汉语学习需求。

推进沿线国家民心相通。鼓励沿线国家学者开展或合作开展中国课题研究,增进沿线各国对中国发展模式、国家政策、教育文化等各方面的理解。建设国别和区域研究基地,与对象国合作开展经济、政治、教育、文化等领域研究。逐步将理解教育课程、丝路文化遗产保护纳入沿线各国中小学教育课程体系,加强青少年对不同国家文化的理解。加强"丝绸之路"青少年交流,注重利用社会实践和志愿服务、文化体验、体育竞赛、创新创业活动和新媒体社交等途径,增进不同国家青少年对其他国家文化的理解。

推动学历学位认证标准连通。推动落实联合国教科文组织《亚太地区承认高等教育资历公约》,支持教科文组织建立世界范围学历互认机制,实现区域内双边多边学历学位关联互认。呼吁各国完善教育质量保障体系和认证机制,加快推进本国教育资历框架开发,助力各国学习者在不同种类和不同阶段教育之间进行转换,促进终身学习社会建设。共商共建区域性职业教育资历框架,逐步实现就业市场的从业标准一体化。探索建立沿线各国教师专业发展标准,促进教师流动。

(二)开展人才培养培训合作

实施"丝绸之路"留学推进计划。设立"丝绸之路"中国政府奖学金,为沿线各国专项培养行业领军人才和优秀技能人才。全面提升来华留学人才培养质量,把中国打造成为深受沿线各国学子欢迎的留学目的地国家。以国家公派留学为引领,推动更多中国学生到沿线国家留学。坚持"出国留学和来华留学并重、公费留学和自费留学并重、扩大规模和提高质量并重、依法管理和完善服务并重、人才培养和发挥作用并重",完善全链条的留学人员管理服务体系,保障平安留学、健康留学、成功留学。

实施"丝绸之路"合作办学推进计划。有条件的中国高等学校开展境外办学要集中优势学科,选好合作契合点,做好前期论证工作,构建人才培养模式、运行管理模式、服务当地模式、公共关系模式,使学校顺利落地生根、开花结果。发挥政府引领、行业主导作用,促进高等学校、职业院校与行业企业深化产教融合。鼓励中国优质职业教育配合高铁、电信运营等行业企业走出去,探索开展多种形式的境外合作办学,合作设立职业院校、培训中心,合作开发教学资源和项目,开展多层次职业教育和培训,培养当地急需的各类"一带一路"建设者。整合资源,积极推进与沿线各国在青年就业培训等共同关心领域的务实合作。倡议沿线国家之间开展高水平合作办学。

实施"丝绸之路"师资培训推进计划。开展"丝绸之路"教师培训,加强先进教育经验交流,提升区域教育质量。加强"丝绸之路"教师交流,推动沿线各国校长交流访问、教师及管理人员交流研修,推进优质教育模式在沿线各国互学互鉴。大力推进沿线各国优质教学仪器设备、教材课件和整体教学解决方案输出,跟进教师培训工作,促进沿线各国教育资源和教学水平均衡发展。

实施"丝绸之路"人才联合培养推进计划。推进沿线国家间的研修访学活动。鼓励沿线各国高等学校在语言、交通运输、建筑、医学、能源、环境工程、水利工程、生物科学、海洋科学、生态保护、文化遗产保护等沿线国家发展急需的专业领域联合培养学生,推动联盟内或校际教育资源共享。

(三)共建丝路合作机制

加强"丝绸之路"人文交流高层磋商。开展沿线国家双边多边人文交流高层磋商,商定"一带一路"教育合作交流总体布局,协调推动沿线各国建立教育双边多边合作机制、教育质量保障协作机制和跨境教育市场监管协作机制,统筹推进"一带一路"教育共同行动。

充分发挥国际合作平台作用。发挥上海合作组织、东亚峰会、亚太经合组织、亚欧会议、亚洲相互协作与信任措施会议、中阿合作论坛、东南亚教育部长组织、中非合作论坛、中巴经济走廊、孟中印缅经济走廊、中蒙俄经济走廊等现有双边多边合作机制作用,增加教育合作的新内涵。借助联合国教科文组织等国际组织力量,推动沿线各国围绕实现世界教育发展目标形成协作机制。充分利用中国-东盟教育交流周、中日韩大学交流合作促进委员会、中阿大学校长论坛、中非高校 20＋20 合作计划、中日大学校长论坛、中韩大学校长论坛、中俄大学联盟等已有平台,开展务实教育合作交流。支持在共同区域、有合作基础、具备相同专业背景的学校组建联盟,不断延展教育务实合作平台。

实施"丝绸之路"教育援助计划。发挥教育援助在"一带一路"教育共同行动中的重要作用,逐步加大教育援助力度,重点投资于人、援助于人、惠及于人。发挥教育援助在"南南合作"中的重要作用,加大对沿线国家尤其是最不发达国家的支持力度。统筹利用国家、教育系统和民间资源,为沿线国家培养培训教师、学者和各类技能人才。积极开展优质教学仪器设备、整体教学方案、配套师资培训一体化援助。加强中国教育培训中心和教育援外基地建设。倡议各国建立政府引导、社会参与的多元化经费筹措机制，通过国家资助、社会融资、民间捐赠等渠道，拓宽教育经费来源，做大教育援助格局，实现教育共同发展。

开展"丝路金驼金帆"表彰工作。对于在"一带一路"教育合作交流和区域教育共同发展中做出杰出贡献、产生重要影响的国际人士、团队和组织给予表彰。

五、中国教育行动起来

中国倡导沿线各国建立教育共同体，聚力推进共建"一带一路"，首先需要中国教育领域和社会各界率先垂范、积极行动。

加强协调推动。加强国内各部门各地方的统筹协调工作，有序开展"一带一路"教育合作交流。推动中国教育治理体系完善、相关法律法规修订和教育综合改革，提升中国开展"一带一路"教育行动的质量和水平。教育部与国家发展改革委、外交部、商务部等部门和全国性行业组织紧密配合，围绕共建"一带一路"大局，寻找合作重点、建立运行保障机制，畅通教育国际合作交流渠道，对接沿线各国教育发展战略规划。

地方重点推进。突出地方推进共建"一带一路"的主体性、支撑性和落地性，要求各地发挥区位优势和地方特色，抓紧制订本地教育和经济携手走出去行动计划，紧密对接国家总体布局。有序与沿线国家地方政府建立"友好省州""姊妹城市"关系，做好做实彼此间人文交流。充分利用地方调配资源优势，积极搭建海内外平台，促进校企优势互补、良性合作、共同发展。多措并举，支持指导本地教育系统与"一带一路"沿线国家广泛开展合作交流，打造教育合作交流区域高地，助力做强本地教育。

各级学校有序前行。各级各类学校秉承"己欲立而立人"的中国传统，有序与沿线各国学校扩大合作交流，整合优质资源走出去，选择优质资源引进来，兼容并包、互学互鉴，共同提升教育国际化水平和服务共建"一带一路"能力。中小学校要广泛建立校际合作交流关系，重点开展师生交流、教师培训和国际理解教育。高等学校、职业院校要立足各自发展战略和本地区参与共建"一带一路"规划，与沿线各国开展形式多样的合作交流，重点做好完善现代大学制度、创新人才培养模式、提升来华留学质量、优化境外合作办学、助推企业成长等各项工作的协同发展。

社会力量顺势而行。开展更大范围、更深层次、更高水平的"一带一路"教育民间合作交流，吸纳更多民间智慧、民间力量、民间方案、民间行动。大力培育和发展我国非营利组织，通过购买服务、市场调配等举措，大力支持社会机构和专业组织投身教育对外开放事业，活跃民间教育国际合作交流。加快推动教学仪器和中医诊疗服务走出去步伐，支持企业和个人按照市场规则依法参与中外合作办学、合作科研、涉外服务等教育对外开放活动。企业要积极与学校合作走出去，联合开展人才培养、科技创新和成果转化，积极服务"一带一路"国家经贸发展。

助力形成早期成果。实施高度灵活、富有弹性的合作机制，优先启动各方认可度高、条件成熟的项目,明确时间节点,争取短期内开花结果。2016 年,各省市制订并呈报本地"一带一路"教育行动计划,有序推进教育互联互通、人才培养培训及丝路合作机制建设。2017 年,基于三方面重点合作的沿线各国教育共同行动深入开展。未来 3年,中国每年面向沿线国家公派留学生 2500 人;未来 5 年,建成 10 个海外科教基地,每年资助 1 万名沿线国家新生来华学习或研修。

六、共创教育美好明天

独行快,众行远。合作交流是沿线各国共建"一带一路"教育共同体的主要方式。通过教育合作交流,培养高素质人才,推进经济社会发展,提高沿线各国人民生活福祉,是我们共同的愿望。通过教育合作交流,扩大人文往来,筑牢地区和平基础,是我们共同的责任。

中国愿与沿线各国一道,秉持开放合作、互利共赢理念,共同构建多元化教育合作机制,制订时间表和路线图,推动弹性化合作进程,打造示范性合作项目,满足各方发展需要,促进共同发展。

中国教育部倡议沿线各国积极行动起来,加强战略规划对接和政策磋商,探索教育合作交流的机制与模式,增进教育合作交流的广度和深度,追求教育合作交流的质量和效益,互知互信、互帮互助、互学互鉴,携手推动教育发展,促进民心相通,构建"一带一路"教育共同体,共创人类美好生活新篇章。

后　记

　　本书是张德祥教授主持的中国高等教育学会高等教育科学研究"十三五"规划重大攻关课题"'一带一路'国家高等教育政策法规研究"（16ZG003）的研究成果。

　　本书由张德祥教授和李枭鹰教授负责总体规划、设计和架构，确定编译的主旨与核心，审阅书稿。由大连外国语大学研究生处的甘孝波负责组织人员搜集、选取、翻译和整理这些国家的相关教育政策法规。其中，《格鲁吉亚普通教育法》《格鲁吉亚高等教育法》《亚美尼亚教育法》《亚美尼亚高等教育和研究生专业教育法》由天津市教育科学研究院的薄云博士编译；《阿塞拜疆教育法》由大连理工大学高等教育研究院的李枭鹰教授编译；《摩尔多瓦教育法（草案）》由大连外国语大学英语笔译专业2017级硕士研究生李琮、董婷婷编译；《摩尔多瓦教育发展战略白皮书（2014—2020年）》由大连外国语大学俄语语言文学专业2017级硕士研究生李复辰编译。其中，《摩尔多瓦教育发展战略白皮书（2014—2020年）》文本的语言为俄语，其他政策法规文本的语言为英语。全书由薄云、李枭鹰、甘孝波终审校对。

　　本书的出版得到了中国高等教育学会、大连理工大学出版社的大力支持，课题组在此深表感谢！

课题组